KB025821

작은병원
생   존
마 케 팅

작은병원 ✚ 생존마케팅

A Practical Guide to Small Clinic Marketing

개원의를 위한 마케팅 의사 결정과
실행을 위한 현장지침서

김세희 지음

RADIO BOOK

차
례

01 병원 마케팅 성공과 실패 사이

02 구멍가게가 무슨 브랜딩입니까
성공 개원을 위한 브랜드 전략

03 툭 까놓고 돈 이야기
병원 여건에 맞는 마케팅 예산 설정하기

04 마케팅 누구를 시키오리까

05 요즘 환자 내원 경로 : 온라인 시장의 이해

06 간판 다음으로 중요한 병원 홈페이지

07 광고홍보 딱 한 가지만 한다면 블로그

10 의료광고법과 의료광고사전심의 이해

11 대행사는 알 수 없는 마케팅 운영 노하우

광고쟁이 의사와 결혼하다

추호도 나는 작은 치과에서 10년이라는 세월을 마케팅 담당자로 일하게 될 거라고 생각해 본 적이 없었다. 나는 내게 붙어 있는 모든 타이틀에 자부심을 가진 꽤나 건방진 X세대였다. 전국체전 1등까지 했던 리듬체조 선수 은퇴 후 미국 유학을 떠나 광고전공 학위를 받고 귀국했다. 귀국 후 광고 석사 학위를 받았고 IMF 직후 취업난이 심각할 때 당당하게 대기업 광고대행사에 취업했다. 광고인으로 활동하는 동안 나는 광고기획(AE), 매체기획(MP), 소비자 전략가(AP)로 폭넓게 경험을 쌓았다. 광고인이 되기로 마음먹은 그 순간부터 교수가 되기로 결정했기 때문이었다. 그리고 드디어 박사 학위를 시작했다. 그 사이 물론 결혼도 했다. 남편 직업이 치과의사이니 남들 보기 얼마나 번듯한 인생인가.

한껏 나르시시즘에 빠져 있던 어느 날 남편이 개원을 하겠다는 말을 꺼냈다. 어떤 이유에서인지 불길했다. 나는 'Gut Feeling'이라는 영어 단어를 무척 좋아한다. 배꼽 아래 단전에서부터 올라오는 내면의 소리는 인사말조차 잘 모르는 채로 14살에 시작한 해외 유학 생활에서 나의 생존을 보장하던 최강의 무기였다. 1년 가까이 개원 입지를 알아보던 닥터리(앞으로 이 책에서는 치과의사 남편을 '닥터리'라고 칭하겠다.)가 선택한 곳은 강남역과 신논현역 사이 대로변에 위치한 선배의 기존 치과 양수였다. 나는 여전히 내 창자가 내는 소리를 들으며 개원 자체를 반대했지만 결국 일어날 일은 일어나고 말았다. 개원을 반대하느라 실제 어떤 곳에 개원하는지 당시에는 몰랐다. 아니 관심이 없었다. 솔직히 말하자면 의사는 큰 부자는 못 돼도 망하지 않는 직업이라는 고정관념을 가지고 있었다. 그런데도 계속 불안했다.

역시 불안한 마음은 빗나가는 일이 없다. 개원 5개월 차 사정은 좋지 않았다. 강남 한복판을 첫 개원지로 선택한 것은 아무래도 실수였다. 한술 더해 마케팅 없이 시작한 것은 대참사였다. 반년이면 흑자전환이 될 거라는 막연한 기대는 무너졌다.

어느 날, 당시 닥터리 개원 업무를 도와주던 동생에게서 전화가 걸려왔다. 광고인인 누나가 병원이 안정될 때까지 와서 돕는 것이 어떠냐는 조언이었다. 이미 눈치는 채고 있었다. 마케팅 없이 그냥 적당히 운영될 가능성은 없었다. 고민 끝에 나는 큰 결정을 했다. 교수님께 딱 1년만 가서 자리 잡는 걸 돕고 등록금 받아 돌아오겠다는 말을 남기고 닥터리치과에 입사(?)했다. 지금 생각하면 당시에는 내가 어떤 고생길로 들어서는지 상상도 하지 못한 채로.

나는 내가 가진 지식을 활용하면 이까짓 구멍가게 치과 하나 단번에 성공시키고 화려하게 학교로 복귀할 줄 알았다. 하지만 정신을 차려보니 주 6일, 어떨 때는 주 7일을 일하고 있었다. 갑상선 기능저하가 생기고 하지불안증후군으로 잠에 들지 못했다. 컴퓨터를 너무 봐 안구건조증이 심해져 밤새 1시간마다 잠에서 깨는 지경에 이르렀다. 키보드 2개가 구멍 날 때까지 일했다. 결국 지금은 손가락 관절염으로 고생 중이다. 엎친 데 덮친 격으로 세상이 빙글빙글 돌기 시작했고 물만 마셔도 물총처럼 마신 물을 게워냈다. 메니에르 진단을 받았다. 이 작은 병원을 운영하는 일이 이렇게 어렵고 힘들다는 것을 내가 겪으면서도 믿지 못할 지경이었다. 사건사고는 끊이지 않았고 닥터리와 나는 몸에 있는 에너지를 2000% 쏟아붓고 있었다. '사자의 갈기를 부여잡고 달리는 것이 강남 개원'이라는 말이 뼈 속까지 사무쳐 이해됐다.

우리의 고난이 여러분의 병원 경영에 씨앗이 되기를 기원합니다

이 책은 개원의가 겪게 되는 마케팅과 병원 경영 산전수전을 닥터리와 나의 경험을 기반으로 구성했다. 마케팅의 '마'자에도 관심 없던 어느 의사와 광고전문가라고 콧대 높았지만 의료 현장에 대해서는 아는 바 없었던 어느 광고쟁이의 무자본 마케팅 생존기가 바탕이다.

개원 초 적자 상태에서 투자금이 없던 닥터리와 나는 단돈 500만 원으로 마케팅을 시작했다. 1차 효과를 확인한 후 신혼집 전세 자금 일부를 융통해 본격적으로 마케팅 활동을 했고 매출이 9배까지 성장하는 결과를 맛볼 수 있었다. 그리고 개원 10년 차가 되던 해 '조기 개원 은퇴'를 했다. 풍족하다고 할 수는 없지만 나름의 노후대책이 마련됐다는 결론에 이르렀다. 모은 자본을 부동산에 적절히 투자하고 제2의 인생을 즐기기로 했다.

강남을 떠나 1년간 안식년을 즐기며 평소 꿈도 꾸지 못했던 가족과의 시간을 즐기고 여행도 맘껏 했다. 평소 상상만 했던 사업도 추진하고 교수가 되지 못한 한풀이로 이렇게 책도 쓰고 강의도 하고 있다.

마케팅이라는 도구를 사용해 '생계를 위한 노동'에서 벗어날 수 있었다는 점에 감사한다. 아마도 닥터리와 내가 병원 경영에 욕심이 좀 더 많았다면 지금쯤 '작은 병원'을 넘어 '큰 병원'을 만들기 위해 달리고 있겠지만 우리는 이 정도에서 만족한다. 이 책을 지금 읽고 있는 여러분이 우리의 바통을 이어받아 작은 병원을 큰 병원으로 성장시키는 사례가 되어 주기를 기원한다.

혹자는 나에게 굳이 이렇게까지 노하우를 공개할 필요가 있냐고 물었다. 고난 끝에 얻게 된 나의 노하우가 가치를 얻게 되는 순간은 누군가 이 노하우를 활용해 더 큰 성공을 얻을 때라고 나는 믿는다.

이 책은 크게 3개 파트로 구성됐다. 1장부터 5장까지는 마케팅 전략 수립에 대해 소개한다. 이 책은 이론 서적이 아니다. 작은 병원이 성공하기 위해 마케팅이라는 개념을 어떻게 활용하였는가에 대한 경험담을 소개한다. 닥터리와 내가 현장에서 어떻게 브랜드라는 개념을 활용해 환자와 긍정적 라뽀를 형성했는지, 이를 위한 광고 예산을 어떻게 최소화했는지, 그 비결을 담았다. 개원의 혹은 그와 함께 하는 책임자가 아니면 겪을 일이 없는 마케팅 경영에 대해 소개한다.

6장에서 10장까지는 온라인 마케팅 실전을 다룬다. 작은 병원이 소액 혹은 내부 노동력만으로 병원 마케팅을 해낼 수 있는 방법을 제시한다. 닥터리병원은 개원 초 단돈 500만 원으로 마케팅을 시작해 1년 만에 온라인 유입 신환 수 월 100명 이상을 달성했다. 이후 10년간 매출의 4% 이상을 마케팅 예산으로 쓴 적이 없다. 강남 인근 병원들이 마케팅 예산으로 매출의 20~30%를 쓴다고 알려져 있는 것을 감안하면 귀여운 숫자다. 그만큼 작은 병원이나 마케팅이라는 개념이 막연한 병원에서도 충분히 따라 할 수 있게 하겠다는 의도를 가지고 작성했다. 이 파트를 내부 인력과 함께 공유하고 실행해 보기 바란다.

마지막으로 11장은 마케팅을 성공적으로 진행한 후 병원이 어느 정도 자리 잡았을 때 발생할 수 있는 다양한 문제와 해결 방법을 소개한다. 개원하면 주인으로서 피할 수 없는 다양한 경영 이슈를 소개하고 닥터리와 내가 찾은 나름의 해법을 공유한다.

최근 병원도 마케팅이 필수라는 이야기를 흔하게 듣는다. 이러한 흐름에 맞춰 다양한 관련 서적과 정보가 넘쳐나고 있다. 하지만 내용을 자세히 살펴보면 마케팅의 필요성과 중요성에 대한 정보는 많지만 개원의가 실제 이해하고 따라 할 수 있는 가이드를 상세히 제시하는 것은 아직 부족한 것이 현실이다. 그 가이드는 오직 한발 앞서 그 길을 걸어본 같은 입장의 경험자가 가장 도움 되는 형태로 제시할 수 있다고 믿는다. 지금부터 한발 앞서 걸어본 우리의 길을 낱낱이 소개하겠다. 100% 정답이라고 할 수는 없겠지만 막막한 개원에 도움이 되길 희망한다.

*이 책에서는 편의를 위해 '병의원' 대신 '병원'이란 단어를 사용했다.

제1장

병원 마케팅
성공과
실패 사이

01

개원 전 알 수 있는
대박 병원 구분법

개원을 준비하는 원장님이 대박이 날지, 쪽박을 찰지 미리 알수 있을까? 병원 양도를 알아보며 만난 한 개원 입지 컨설턴트는 "그렇다."라고 말했다. 그의 말에 따르면 개원 입지 컨설팅 첫날 알수 있다는 것이다. 예비 대박 병원 원장님은 상담 첫날 아직 존재하지 않는 자신의 병원 특성을 명확히 제시한다고 한다. 그 이야기를 듣고 있으면 향후 병원이 어떤 모습일지 머릿속에 현실처럼 그려진다. 단순히 월 매출 8,000만 원 이상, 경쟁 적은 자리 같은 희망 사항을 이야기하는 것이 아니라 원하는 바와 포기할 부분이 명확하다고 말했다. 그리고 스스로 제시한 조건에 부합하는 장소를 찾으면 망설임 없이 계약을 체결한다고 했다.

반대로 개원 후 어려움을 겪고 폐업까지 가는 의사들도 공통점이 있다고 했다. 원하는 바가 불명확하다는 것이다. 이런 경우 오히려 좋은 자리를 제안해도 결정을 미루다 결국 남에게 뺏기는 경우가 흔하다. 놓친 그 자리가 못내 아쉬워 여러 자리를 돌아보다가 정작 마지막에 선택하는 자리는 위험천만한 장소가 될 때가 많다는 설명이었다. 조금은 그 의사들을 한심해하는 말투였다.

아마도 닥터리와 내가 고심 끝에 명확한 콘셉트를 가지고 개원을 했을 것이라 추측하고 전한 이야기일 거다. 겉으로는 맞장구를 쳤다. 사업을 시작하며 사전에 명확한 방향성이 없으면 당연히 사업이 잘될 리가 없다고 말하며 웃었지만 속으로는 뜨끔했다. 일명 '쪽박' 병원이 바로 우리의 개원 전 모습이었기 때문이다.

돌이켜 생각해 보면 너무도 성급한 개원이었다. 우리의 개원은 잘못된 결혼과 흡사했다. 결혼 적령기를 넘겨 주변 시선과 조급한 마음에 서둘러 누군가를 만나 결혼 준비에 돌입하는 그런 흔한 이야기 말이다. 중요한 문서에 도장을 찍고 나서야 비로소 '아뿔싸' 싶은 그런 개원이었다.

하지만 이미 주사위는 던져졌다. 늦었지만 방법을 찾아야 했다. 첫 단추가 잘못 끼워졌으니 노력이 2배 더 필요한 상황이었다. 어느 추운 겨울, 나는 강남역 작은 병원 원장실에 간이 책걸상을 마련하고 업무를 시작했다.

출근 첫날 컴퓨터 앞에 앉았다. 그리고 앉아만 있었다. 다음날도 마찬가지였다. 컴퓨터 앞에 앉았다. 강남대로를 마주보는 자리였는데 창문 밖 사람들에게 자꾸만 시선이 갔다. 겨울방학을 맞아 학원가에 몰려드는 학생들로 강남대로가 시끌시끌했다. 저 사람 중에 0.1%만 우리 병원에 오면 좋겠다는 생각을 하며 여전히 자리에 앉아 있었다. 어디서, 무엇을, 어떻게 시작해야 할지 전혀 감이 오지 않았기 때문이다. 막막한 마음이 들었다. 대행업무만 해봤던 나는 일이 주어지지 않은 상황에서 무엇을 어떻게 해야 할지 몰랐다. 계속 컴퓨터를 보고 있으니 자꾸만 모니터가 스크린 세이버 모드로 전환돼 내 얼굴이 검은 화면에 비쳤다. 태어나서 처음 보는 못생긴 얼굴이었다. 그 얼굴이 보기 싫어 키보드에 손을 올리고 무의식적으로 치과 관련 정보를 검색하기 시작했다. 그저 스크린 세이버에 뜬 내 얼굴을 보지 않기 위해서였다. 그러다 생각이 떠올랐다. '그냥 할 수 있는 것을 일단 시작하면 되지 않을까?'

불현듯 내가 광고 커뮤니케이션 전문가라는 사실이 떠올랐다. 이 작은 병원이 나의 클라이언트라고 생각하고 업무를 시작하는 데 한 달의 시간이 흘렀다.

아마도 이 책을 읽고 있는 개원의 혹은 개원 준비 중인 원장님은 닥터리와 나와 유사한 상황에서 개원했을, 혹은 할 가능성이 높다. 그렇다고 실망하거나 좌절할 필요는 없다. 중간부터라도 방향을 잡아 대박 병원이 되면 된다.

02

3가지만 명확히 하면 우리도 대박 병원 : 마케팅 3C 분석

개원 6개월 만에 개원 전에 미리 해야 했을 업무를 시작했다. 다시 말해, 시장조사를 한 것이다. 개원 초기 신경 쓰지 않았던 '우리가 어떤 병원이 될 것인가'에 대한 철학적 기준을 세우기 위해 드디어 상황 파악에 나섰다. 우리 병원이 누구에게, 어떤 병원으로 다가갈 것인가를 실패 없이 올바르게 정하기 위해 시장에 대한 이해가 필요했다.

상황 파악의 목적은 하나다. 우리 병원의 명확한 방향을 설정하는 것이다. 앞에서 개원 컨설턴트가 말한 것처럼 우리 병원의 예상 모습을 구체화하는 것이다. 이때 병원의 주인인 원장님의 특성, 생각, 희망 사항 같은 주관적 개념도 중요하지만 그 외 2가지 요소를 포함해 조사를 해야 한다. 바로 고객과 경쟁자다. 적과 나, 그리고 고객을 알면 언제나 이기는 마케팅 전략을 수립할 수 있다.

마케팅에서는 이런 3가지 요소에 대한 분석을 거창하게 3C 분석이라 일컫는다. Company(회사), Consumer(고객), Competition(경쟁자), 이렇게 총 3가지 관점에서 시장을 분석하는 것이다. 시장에 우리가 제공하는 서비스를 선택할 소비자가 있는지 알아보고 소비자에게 우리 서비스가 아닌 대안이 있는지, 그리고 있다면 그 대안에 만족하고 있는지를 알아야 한다. 혹 우리가 후발주자로 시장에 진출한다면 기존 경쟁사가 가지고 있지 못한 무엇을 강조하면 우리 서비스를 팔 수 있을지 고민하는 것, 그것이 3C 분석이다.

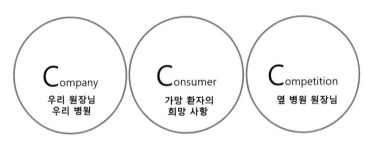

<마케팅 전략 수립을 위한 3C 분석>

기업은 3C 분석을 위해 유료 데이터를 구매하기도 하고 소비자를 모집해 좌담회 형식의 조사를 진행하기도 한다. 병원은 어떻게 해야 할까? 그럴 필요가 없다. 비용을 들이지 않고도 조금만 노력하면 정확한 파악이 가능하다. 나는 다음의 3가지 방식으로 조사를 진행했다.

첫째, 온라인 정보 수집이다. 가장 쉽고 시간과 공간의 제약이 없다. 우선 온라인에서 정보를 찾는다. 일단 주변 경쟁자부터 분석한다. 당시 원장실에 버려져 있던 커다란 달력 뒷면에 강남대로를 그렸다. 그리고 반경 2㎞ 근방의 모든 치과를 표기했다. 그리고 인터넷으로 각 병원 홈페이지부터 시작해 블로그를 포함한 각종 마케팅 채널에서의 활동을 꼼꼼히 찾아 달력 뒷면 나만의 경쟁 지도에 표시했다. 모두 살펴본 후 우리가 벤치마킹할 병원 5개를 선별해 인터넷에서 찾을 수 있는 자료를 모두 찾고 외울 정도로 분석했다.

두 번째 조사 방법은 사람을 만나 대화를 나누는 것이다. 처음에는 주변 지인을 대상으로 치과에 대한 질문을 하며 조사했지만 신통치 않았다. 각자 자신의 기준에서 경험을 기반으로 이야기하는데 생각보다 도움 되는 내용이 없었다. 실제 내가 우리 병원 콘셉트를 잡는데 가장 큰 도움을 준 것은 당시 스태프와 우리를 찾던 환자들이었다. 나는 컨설팅을 하러 병원에 방문할 때 되도록 스태프나 실장님께 질문을 하는데 의외로 원장님이 놓치는 부분에 대해 더 정확히 알고 있는 경우가 많다.

또, 환자가 하는 말에 귀를 기울인다. 스쳐 지나가는 칭찬이나 인사말 중 우리만의 차별점이 될 부분이 있는지 유심히 듣는다. 내가 모르는 장점을 환자가 먼저 아는 경우를 나는 현장에서 꽤 자주 발견했다.

마지막으로 몸이 움직일 시간이다. 운동화를 신고 발로 뛴다. 개인적으로 가장 중요한 조사방법이라고 생각한다. 환자 입장에서 그들이 우리 병원에 도달하는 코스를 상상하며 병원 주변을 돌아다녔다. 그리고 주변 치과를 하나도 빠짐없이 기웃거렸다. 물론 다 들어가서 환자인 척할 수는 없지만 가능한 곳은 들어가 보고, 병원 입구에 서서 어떤 환자들이 내원하는지 살펴보기도 했다. 실제 직접 찾아가 입구만 봐도 인터넷에서는 찾을 수 없는 의외의 부분을 발견하기도 한다.

닥터리병원 콘셉트를 도출하기 위해 나는 이런 시장조사를 대략 3개월 정도 했다. 규모가 작고 예산이 없으니 마케팅 전략은 매우 뾰족해야 한다는 막연한 생각만 가지고 있었다. 그러던 어느 날 그려 놓은 치과 지도를 멍하니 바라보는데 이런 생각이 떠올랐다. '왜 강남역에는 심미치과가 없지?' 당시에는 심미치과들이 청담이나 신사에 주로 몰려 있어 강남역에서는 찾을 수 없었다. 그러자 며칠 전 닥터리에게 어떨 때 의사로 가장 만족스러운지 물었던 것이 떠올랐다. 닥터리는 "환자 치료를 마치고 체어를 올린 후 거울을 드렸는데 치아를 보며 '예쁘다'라고 환하게 웃을 때가 가장 기분이 좋다."라고 말했다.

진료실 팀장님 이야기도 떠올랐다. "우리 원장님은 젊은 여자들이 좋아해요." 뭔가 머릿속에서 퍼즐이 맞춰지는 느낌이었다. 닥터리는 젊은 여자 환자에게 인기가 많다. 그리고 닥터리는 예뻐졌다고 기뻐하는 환자를 보면 기분이 좋다. 그리고 우리가 위치한 강남역에는 심미치과가 없다. 옳거니, 우리 위치는 9호선, 2호선 더블 역세권이다. 고속터미널을 이용해 지방에서 오는 환자는 물론 고속도로를 이용하는 환자의 접근도 용이하다. 지리적 이점이다. 예뻐지고 싶으면 멀리서도 병원을 찾게 되어 있다. 그렇다면 심미를 원하는 환자를 위한 강남역 심미치과를 해야겠다는 생각이 떠올랐다. 지방에서 올라오는 환자들은 청담이나 신사 방향으로 이동하는 게 편하지 않다. 강남역은 그에 비해 교통이 편하면서도 여전히 강남이라는 입지적 매력을 가진다. 닥터리치과에 입사한 나는 3개월간 시장을 보고 또 보다 드디어 우리가 가야 할 방향을 도출했다.

03

소액 마케팅 예산으로
얻을 수 있는 뜻밖의 효과

"마케팅하려면 얼마나 써야 합니까?" 내가 원장님들께 자주 듣는 질문이다. 나는 그때마다 이렇게 답한다. "원장님이 원하시는 만큼이요." 이상한 답변이라 생각할 수 있지만 나는 진심으로 하는 말이다. 마케팅 비용은 각 병원이 처한 상황과 목표에 따라 0원이 필요할 수도 있고 억대로 투자해야 할 수도 있다. 그리고 이를 결정하는 것은 그 누구도 아닌 원장님, 본인이어야 한다는 것이 나의 생각이다.

지금부터 원장님이 직접 병원 마케팅 예산을 설정해야 하는 이유와 실제 닥터리와 내가 어떻게 예산을 설정해 초기 마케팅을 진행했는지 사례를 통해 이야기하겠다.

개인적으로 초기 병원이 사용하는 마케팅 비용은 효과를 볼 가능성이 매우 낮다고 생각한다. 이유는 클라이언트인 병원 원장님 혹은 담당자가 마케팅 경험이 없기 때문이다. 능숙하게 외주를 활용하고 동시에 적절하게 필요한 내부 마케팅을 진행한다고 해도 성공 가능성이 적다. 마케팅을 해본 적이 없다면 경험 없이 뛰어드는 상황이 될 가능성이 높다. 따라서 이 초기 마케팅 비용은 능력 있는 마케팅 담당자가 되기 위한 투자라고 생각하는 것이 바람직하다. 만일 효과를 보지 못한다고 해도 이 경험을 통해 배움을 얻을 수 있고 추후 더 좋은 마케팅 방향을 찾기 위한 밑거름으로 사용해도 무방한 정도의 비용을 선정하는 것이 적절하다.

물론 예산이 적으면 적을수록 경험의 범위가 좁아진다. 개원 초라면 시도와 배움을 위해 어느 정도 예산을 편성하는 것이 바람직하다. 얼마 전 닥터리에게 다시 개원한다면 초기 마케팅 예산을 얼마 정도 생각하냐 물으니 동네 병원을 차린다는 기준으로 볼 때 3,000만 원 정도를 초기 투자비용으로 고려할 것이라고 답했다.

그렇다면 우리가 강남에 개원하던 그 당시는 어땠을까? 우리는 500만 원이라는 예산을 정하고 업무를 시작했다. 이유는 물론 그 당시 끌어모을 수 있는 예산이 그것밖에 없었고 그 예산을 쓰고도 효과가 없으면 다시 한번 추가 시도할 수 있는 수준의 비용이었기 때문이다.

개원 초기 나는 수중에 500만 원이라는 예산을 손에 쥐고 고민에 빠졌다. 이 돈으로 무엇을 할 것인가, 어떻게 해야 이 돈을 이용해 병원을 살릴 수 있을 것인가. 예산을 쓸 데가 3곳 떠올랐다. 홈페이지 제작, 블로그 운영, 키워드 광고였다. 아무리 좁혀도 이렇게 3가지는 시도해야 하는데 500만 원으로 가능할지 당시에도 고민되는 금액이었다.

일단 100만 원은 과감하게 교육비로 투자하기로 결정했다. 아무리 광고로 잔뼈가 굵었다고 하지만 의료나 온라인 마케팅은 처음이었고 혼자 고생하느니, 경험 있는 사람의 이야기를 들으며 진행해야겠다고 생각했다. 당시는 온라인 마케팅이나 의료 마케팅 관련 강의나 책이 많지 않았지만 찾을 수 있는 선에서 모두 찾아 듣고, 읽었다. 200만 원은 홈페이지 제작비로 책정했다. 당시 제작비를 알아보니 최소 50만 원에서 수천만 원까지 다양했다. 그래도 강남에 있는 병원이 의료진 소개와 병원 위치만 템플릿에 올린 홈페이지로는 안 될 거 같다는 막연한 느낌이 들어 나름 예산을 써 200만 원을 책정했다. 나머지 200만 원은 홈페이지 제작 완료 시 키워드 광고 집행과 블로그 외주 운영비용 정도로 감안하고 드디어 본격적인 마케팅 활동에 돌입했다.

투자에 대한 확신? 솔직히 전혀 없었다. 하지만 최악의 경우 내가 실력이 늘 것이고 그럼 내 노동력으로 무언가 이루게 될 것이라는 막연한 자신감의 끈은 놓지 않은 채 이것이 정답이라고 생각하고 긴 여정의 출발선에 섰다. 돌이켜 생각해 보면 이때 500만 원 지출은 닥터리치과를 성장시키는 밑거름으로 그 역할을 톡톡히 했다.

04

개원 초 가장 흔한
홈페이지 제작 시행착오

홈페이지 제작은 당시 나에게는 영어 한마디 못하고 떠난 유학보다도 막연했다. 누가 만드는지, 어떻게 만드는지, 아는 바가 전혀 없었다. 당시 나는 30대 초중반의 광고대행사 출신으로 주변은 대부분 직장인이고 사업하는 사람은 없었다. 조언을 받을 곳이 없다 보니 며칠을 인터넷에서 홈페이지 제작업체만 뒤지고 또 뒤졌다. 도대체 어떤 업체를 선정해야 할지 결정조차 못하고 있을 때 지인에게서 연락이 왔다. 이런저런 이야기를 나누다 본인이 홈페이지를 만들 수 있다는 말을 했다. 제작비는 진료비로 대체하기로 했다. 광고대행사와 게임회사에서 일한 경험이 있는 녀석이고 가족 같은 사이니 내가 신경 쓰지 않아도 잘 만들어 줄 것이라는 믿음이 생겼다. 살 것 같았다. 이렇게 손 안 데고 코 풀 수 있다니 얼마나 기쁜 일인가.

　　결과는 어땠을까? 오픈 1주일 만에 버렸다. 당시는 잘 몰랐는데 나중에 살펴보니 카페24 템플릿을 활용해 병원 정보를 올린 홈페이지는 쳐다보는 것만으로도 나의 눈에 고통을 줬다. 아직도 잊지 못한다. 당시 진료비 230만 원을 받지 않고 얻은 홈페이지는 한마디로 쓰레기였다. 누가 대신해줬으면 하는 마음, 요행을 바란 나의 마음이 만들어낸 현실이었다. 반성하고 미련을 갖지 않기로 했다. 이런 제작 업무는 전문가에게 적절한 비용을 지불하고 만드는 게 맞다는 판단을 하고 다시 업체를 찾았다.

　　결국 예산 200만 원으로 병원 홈페이지를 여러 번 만들어본 업체와 계약했다. 계약이 완료되자 홈페이지 뼈대와 함께 병원에서 채워야 할 내용과 참고할 만한 샘플을 전달받았다. 역시 느낌이 좋았다. 처음부터 전문가를 찾았어야 했는데 지인과 3개월 이상 시간을 허비한 것이 아까웠다. 업체에서 요청한 내용을 작성해 전달하고 1달쯤 지났을 때 담당자에게서 전화가 왔다. 폐업을 한다고 했다. 개발이 완료되지 않았으니 지불했던 선금 100만 원을 환불해준다고 했다. 지금 생각하면 그나마 양심적인 업체를 만났던 것이다. 수중에 기획한 사이트맵과 일부 페이지에 들어갈 내용 자료를 가지고 다시 시작점에 서고 말았다.

　　시간이 지나며 내 눈은 점점 높아지기 시작했다. 4달 동안 강남에 있는 병원 홈페이지를 보고 또 보다 보니 원하는 바가 달라졌다. 그러다 당시 벤치마킹하던 강남 모 치과의 새 홈페이지가 눈에 띄었다. 다수의 게시판을 기반으로 만든 홈페이지에 다양한 콘텐츠가 업로드돼 있었다. 정보가 많다 보니 환자들 반응도 좋고 홈페이지가 살아 있다는 느낌을 받았다. '이거다.' 싶었다. 우리 홈페이지도 이렇게 살아있는 홈페이지를 만들어야겠다는 생각을 했다. 그리고 이런 다수의 게시판으로 구성되는 홈페이지를 100만 원에 만들어 주겠다는 업체와 계약을 했다. 당연히 100만 원에 개발이 불가능한 홈페이지 구성이었다.

사연은 이러했다. 계약 당일, 업체 대표님께서 자리를 비운 사이 경험이 부족한 직원이 실수로 한 계약이었다. 나중에 사장님 말씀으로는 적어도 300만 원은 받았어야 할 계약을 100만 원에 했다고 했다. 나는 결국 이런저런 몇 가지 업무 요청과 함께 50만 원을 더해 150만 원에 홈페이지를 완성할 수 있었다. 지금 생각해도 300만 원으로도 만들기 어려운 결과물이었다. 아마도 내가 간절히 바라니 하늘이 기회를 주신 것 같다. 이 업체와는 지금까지도 좋은 인연을 이어가는 중이다.

홈페이지 제작은 첫 시도에 만족스러운 결과를 얻기 힘들다. 일단 일을 지시하는 클라이언트로서 경험이 부족하고 원하는 바가 명확치 않으니 아무리 실력 있는 업체를 만나도 결과가 좋기 어렵다. 되도록 첫 홈페이지는 스스로의 실력을 쌓기 위한 투자금이라 생각하고 제작해 볼 것을 추천한다. 홈페이지 외주를 주고 결과를 얻는 과정에서 생긴 경험은 추후 다른 마케팅 업체를 관리하는 경험이 된다.

05

마케팅을 해도
환자 유입으로
이어지지 않는 이유

홈페이지가 완성되면 이제 네이버 파워링크에 광고를 걸면 노출이 되고 환자가 찾아오는 그런 구조를 상상했다. 하지만 홈페이지가 완성되자 또 다른 문제가 나를 기다리고 있었다. 벤치마킹한 게시판으로 구성한 홈페이지가 문제였다. 각각의 홈페이지 게시판이 한마디로 텅 비어 있었다. 게시판에 콘텐츠가 가득 차고 그 콘텐츠에 방문자가 반응해야 살아있는 홈페이지인데 우리 홈페이지는 게시판에 콘텐츠가 하나도 없는, 빈 공간만 가득한 무슨 망한 식당 같은 느낌이었다. 총 분리된 게시판 카테고리만 25개였다. 텅 텅 비어 있으니 스산하게까지 느껴졌다.

그로부터 몇 달간 나는 정신없이 이 빈 게시판을 채우기 시작했다. 온라인에 없는 치과 정보를 찾았다. 해외 사이트를 뒤져 영어 콘텐츠를 최대한 번역하고 재구성해 올리기 시작했다. 하루 5~8개 게시물을 올렸다. 지금 생각하면 손가락 관절염은 이때 생긴 것 같다. 어느 정도 콘텐츠가 채워지자 광고를 걸지도 않았는데 홈페이지 방문객이 생기기 시작했다. 신기한 일이었다. 그럼 파워링크 광고까지 하면 시너지 효과가 날 거라고 기대하고 업체를 선정해 광고 집행을 시작했다.

결과는 처참했다. 광고비는 잘도 빠져나가는데 홈페이지를 보고 내원하는 환자는 단 한 명도 없었다. 80만 원씩, 3달 정도 광고를 집행한 후 일단 중단했다. 왜 효과가 없는지 도무지 파악이 되지 않았다. 문제점을 찾고 나서 다시 집행하기로 하고 광고비 지출을 중단했다. 쓴 비용이 아까웠지만 잃은 것만 있는 것은 아니었다. 일단 광고대행사에서 다양한 병원 마케팅 관련 트렌드 정보를 제공해줘서 공부를 할 수 있었다. 대행사에서 제공하는 무상 통계 자료를 보며 사람들이 어떤 키워드를 치고 홈페이지에 들어오는지 메인 키워드와 세부 키워드의 차이점을 배웠다. 200만 원어치 정보를 샀다고 생각했다.

파워링크 광고를 집행하며 대행사에서 광고하기 좋은 키워드 목록을 받기 전까지는 단순히 '치아교정', '충치치료', '라미네이트' 같이 머릿속에서 쉽게 떠오르는 단어를 사용해 주제를 잡았다. 이런 키워드를 메인 키워드라고 부른다는 사실조차 몰랐다. 하지만 대행사에서 제공해준 키워드 목록에는 관련된 세부 키워드가 가득했다. 예를 들면, '뻐드렁니 치료', '돌출앞니 교정', '비발치 교정' 등 환자가 진료를 받아야 하는 필요성을 잘 드러나는 키워드가 가득했다. 물론 치아교정 같은 메인 키워드와 비교하면 조회 수는 적지만 실제 집행하면 환자가 병원으로 유입될 가능성이 매우 높은 세부 키워드였다. 광고 집행은 중단했지만 이때 얻은 키워드 목록으로 블로그와 홈페이지 콘텐츠 작성을 시작했고 6개월 정도 지났을 때는 보유한 모든 키워드로 작성한 글이 네이버 검색에서 상위 노출됐다.

그 결과 광고를 중단하고도 꾸준히 방문객이 늘었고 몇 달 후부터는 홈페이지를 보고 내원하는 환자가 생겼다. 하루 5개 이상씩 올려 둔 콘텐츠가 구글과 네이버 검색에서 웹문서로 노출되며 환자가 유입되기 시작한 것이다. 재미를 보기 시작한 나는 네이버가 제공하는 모든 온·오프라인 강의를 수강했다. 그러던 어느 날 강남의 어느 성형외과 광고담당자 강의 영상을 보게 됐다. 그 규모나 광고 퀄리티가 그저 부럽다는 생각이 드는 마케팅을 잘하는 병원이었다. 강의 내용은 실제 병원에 환자가 내원하게 만드는 키워드 수집에 관한 것이었다. 다른 병원이 다 쓰는 주요 키워드 말고 자신들이 쓰는 조회 수 적은 세부 키워드가 어떻게 매출을 창출하는지에 대한 내용이었다. 나는 속으로 '유레카'를 외쳤다. 왜 우리가 200만 원을 날렸는지, 드디어 원인을 찾았던 것이다. 환자를 끌어오는 미끼 역할을 하는 키워드에 대한 기본 개념 없이 무작정 광고를 하니 당연히 효과가 없을 수밖에 없었다. 이때부터 지금까지 나는 세부 키워드 목록을 비상금 통장처럼 소중하게 숨겨서 관리하고 있다.

파워링크에 쓴 200만 원은 단 1명의 환자도 유입시키지 못했지만 이 비용을 지출하는 과정에서 네이버 광고사이트에 대해 알게 됐고 그 사이트에서 강의를 듣고 통계 자료를 보기 시작했다. 솔직히 이것만으로도 충분히 200만 원 이상의 값어치를 한 투자였다고 생각한다.

06

같은 광고대행사인데
병원마다 효과가 다른 이유

    초기에 홈페이지와 함께 블로그를 운영했다. 솔직히 블로그가 뭔지도 잘 몰랐다. 그저 강남에 있는 치과와 성형외과, 피부과 등을 둘러보니 모두 블로그를 운영하는 것이 눈에 띄어 시작했다. 그런데 도무지 어떤 이유로, 어떤 블로그 글은 모두 검색 상위에 노출되는데 내가 쓴 글은 검색해도 찾아보기 힘든 지 알 수 없었다. 관련 교육을 듣는 것과 함께 내가 한 선택은 또 다시 대행사를 활용하는 것이었다. 대행사를 통한 광고 집행이 효과가 없어도 내가 배울 것이 있을 것 같았다. 이런 생각에 빠져 있는데 병원 데스크에 원장님을 만나고 싶다는 광고대행사 대표님이 찾아왔다.

    개원하면 초반에 거의 매일 같이 찾아오는 대행사 분들과는 좀 달랐다. 일단 대표님이 직접 왔고 자신들의 업무 계획을 정확히 자료로 준비해 보여줬다. 게다가 월 15개의 포스팅을 해주는데 1년간은 월 30만 원만 받겠다고 했다. 이제 막 개업한 신생 회사로 일단 성공 사례를 만드는 게 중요하다는 것이 이유였다. 점잖은 태도와 자료, 그리고 가격이 너무도 마음에 들어 바로 진행했다.

이미 홈페이지와 직접 운영하는 블로그에 올라온 콘텐츠를 재구성해 포스팅을 하니 글은 노출도 잘되고 반응도 좋았다. 나는 이 과정에서 내가 쓴 글을 어떻게 대행사가 수정해 검색에 상위 노출시키는지 구경할 수 있었다. 나의 경우 의료 정보를 닥터리나 진료 스태프에게 물어 정보를 수집한 후 환자 입장에서 이해하기 쉽고, 우리를 신뢰하도록 각색해 게시물을 작성했다. 대행사는 나의 이런 글을 재구성해 포털 검색에서 상위 노출시켰다. 키워드별로 경쟁 정도나 우리 블로그 지수를 감안해 노출이 보장되도록 활용한 것이다. 예를 들면, 내가 '라미네이트 비용'에 대한 글을 작성했는데 상위 노출이 되지 않았다면 대행사는 같은 글을 '앞니 라미네이트 가격'이라는 제목으로 바꾸고 글의 내용을 조금 더 늘려서 상위 노출되게 하는 식이었다. 몇 달 하다 중단할 계획이었지만 의외로 몇 년을 같은 대행사와 일했다. 물론 비용은 중간에 인상했다.

처음부터 대행사에 블로그 글 작성을 모두 맡겼다면 아마 효과가 좋지 않았을 거다. 하지만 우리는 내부에서 닥터리와 내가 직접 콘텐츠를 대량으로 만들어 업로드하면 그 콘텐츠를 대행사가 재사용하는 방식으로 다양한 치과 정보를 제공했다. 그러다 보니 우리만의 색깔이 생기기 시작했다. 대행사 말에 따르면 우리와 똑같은 집행을 요구하는 병원들이 생겼는데 그게 오히려 고민이라고 했다. 광고주가 다르고 그 병원은 자체 콘텐츠를 만들지 않는데 어떻게 똑같이 해주냐며 한숨을 쉬던 게 생각난다. 광고대행사는 환자를 모셔오라는 우리의 소원을 들어주는 요술램프 속 지니가 아니다.

07

본격적인 마케팅 예산
투입 시점을 알려주는 신호

총 500만 원을 투자한 결과 나는 홈페이지를 얻었고 의료 콘텐츠 제작법을 배웠다. 또, 온라인 마케팅 성공을 위해서는 1차적으로 우리 콘텐츠가 온라인에 상위 노출돼야 하는데 이 상위 노출을 결정짓는 가장 큰 요인이 키워드 선택이라는 것을 알게 됐다. 동일한 본문이라도 제목에 어떤 키워드를 넣는지가 조회 수 차이를 만들고, 그 조회 수가 내원하는 환자 수를 결정하는 것을 직접 목격했다. 거기다 광고주로서 광고대행사를 어떻게 활용할 수 있을지도 이제 좀 알 것 같았다. 물론 500만 원이 환자를 병원까지 끌어오는 직접적인 역할을 하지는 않았지만 분명 얻은 것이 많았다.

슬쩍 자신감이 생기던 어느 날 환자 한 명이 이런 이야기를 했다. "이 병원 앞니로 유명하잖아요. 그래서 멀리서 찾아왔어요." 당시 나는 데스크에서 상담도 하고 있어서 이 아름다운 이야기를 내 귀로 직접 들었다. 온몸에 소름이 돋고 쑥스럽고 민망하지만 입가에선 웃음이 꾸역꾸역 밀고 올라오는 걸 겨우 참았다. 터지는 웃음을 참으며 매우 당연한 이야기를 하신다는 듯 상담을 마무리했지만 실은 그날 밤 잠을 잘 수가 없었다. '유명한 병원, 우리가 유명한 병원이라고?' 전국체전에서 처음 금메달을 땄을 때보다 더 즐거웠다. 최소한의 예산으로 정말 맨손으로 일궈낸 결과였다. 이제 진짜 뭐라도 할 수 있을 것 같은 자신감이 샘솟았다.

우연인지 당연한 것인지 같은 시기 닥터리도 조금 더 투자해 병원을 성장시키고 싶어 했다. 우리는 이번에는 함께 용기를 냈다. 살고 있던 신혼집 전세금에서 5,000만 원을 융통해 투자금으로 사용하기로 한 것이다. 그리고 우리는 용감하게 반월세 아파트로 이사했다.

조금은 쑥스럽고 '굳이 이런 이야기까지 해야 하나?'라는 생각이 들기도 했지만 우리의 올챙이적 이야기다. 돌이켜 생각해 보면 이때가 가장 어려웠기 때문에 전하는 말이다. 아는 것도 없고, 돈도 없고, 막막한 상황에서 그저 한 발 한 발 움직였고 그때마다 기대하지 못했던 결과를 얻을 수 있었다. 개원과 함께 마케팅이라는 듣지도 보지도 못한 업무에 내몰린 원장님들께 용기를 주는 이야기이기를 바란다.

08

작은 병원 마케팅 실전 가이드 1 :
다음 4가지 질문에 답이 있다면
성공적 마케팅이 가능하다

잠시 고민해 봤다. 나도 개원하는 원장님을 만날 때 이분이 성공적인 마케팅을 진행할 수 있을지, 없을지 바로 판단이 될까? 그리고 생각보다 쉽게 결과를 예측하고 있다는 점을 깨달았다. 실은 컨설팅을 위해 원장님을 만나는 첫날, 나는 설문지를 하나 가지고 간다. 원장님이 생각하는 병원의 모습을 확인하기 위한 설문지다. 이 설문의 답을 보면 원장님이 얼마나 빠르게 마케팅을 적용하고 병원을 안정시켜 나갈지 판단이 된다. 설문지에서 가장 핵심이 되는 질문 4가지를 소개하니 스스로 답변해 보기 바란다.

만일 4가지 질문 모두에 명확한 나만의 답을 가지고 있다면 이 책을 마무리할 때쯤에는 상당한 마케팅 효과를 기대할 수 있을 것이다. 하지만 만일 답이 없거나 모호하다면 마케팅이라는 기술적

접근에 앞서 스스로 우리 병원의 이상적인 모습을 먼저 상상하고 결과에 도달하기 위해 할 수 있는 나만의 방법에 대해 고민하는 시간이 필요하다.

1) 이거 하나는 내가 최고라고 말할 수 있습니다

겸손은 잠시 고이 접어 서랍 속에 보관해두자. 겸손 따위는 잊고 더도 덜도 말고 딱 하나만 개원의로서 내가 가장 잘하는 것을 떠올려보자. 놀라운 진료 스킬일 수도 있고 환자를 위한 마음일 수도 있다. 또는 남들이 보지 못하는 시장의 요구를 빠르게 파악하는 직감일 수도 있다. 나만의 강점이 떠오르지 않는다면 최대한 좁혀서 생각해 보자. 우리 동네에서 내가 제일 친절할 수도 있고 마취를 가장 안 아프게 할 수도 있다.

대단한 것으로 보이지 않아도 내가 최고라 생각되는 이 씨앗 하나에서 마케팅이라는 싹은 트게 돼 있다. 아무리 좁혀도 떠오르는 바가 없다면 마케팅 활동은 잠시 미루고 그 하나를 만들어내는 데 집중해야 한다.

2) 이런 환자분이 저를 매우 좋아합니다

집단을 상상하지 말고 한 명의 환자를 명확히 떠올려보자. 실제 만나본 환자일 수도 있고 상상 속의 환자일 수도 있다. 마케팅은 결국 시장을 나누고, 그 나눈 시장 중 내가 만족을 줄 수 있는 소수를 골라 나의 가치를 전달하는 것이다. 다시 말해, 마케팅은 무작위로 다수에게 어필하는 메시지를 전달하는 것으로 보이지만 실상은 그렇지 않다. 우리 이야기에 관심을 가지고 우리를 좋아할 수 있는 그 대상을 고르는 것에서 시작한다. 특히 병원은 전 국민을 대상으로 설득할 필요가 전혀 없다. 우리 병원에 내원할 가능성이 높은 사람에게만 마케팅 메시지를 전달하면 된다. 메시지 대상이 좁혀져야 예산을 줄이고 효과가 우수한 커뮤니케이션 전략 수립이 가능하다.

만일 당장 떠오르는 대상이 없다면 무조건 대상을 만들어내야 한다. 이때 돈이 될 만한 환자에 집중하기보다는 의사로서 내가 보고 싶은, 나에게 만족을 주는 그런 환자 집단이 누구인지 한 번은 고민해 보기를 추천한다.

3) 이분들의 경영과 마케팅을 따라 해 보고 싶습니다

따라 하고 싶은 업계 선배님을 3명 떠올려 보자. 모방은 창조의 어머니다. 마케팅 초기에는 벤치마킹만큼 비용을 아끼고 성공 가능성을 높이는 방법이 없다. 만일 없다면 상당히 심각한 상황이다. 최소한의 시장조사가 이뤄지지 않았다는 증거이기 때문이다.

내가 개원 초 닥터리병원의 방향을 설정하기 위해 시장조사를 시작하고 꼭 따라 하고 싶은 병원 3곳을 찾아내는데 대략 3개월의 시간이 걸렸다. 만일 떠오르는 곳이 없다면 지금 당장 조사를 시작하고 3곳을 찾아보자. 되도록 각기 다른 매력을 가진 곳이면 좋다.

이 3개 병원이 우리의 마케팅 여정의 나침반이 되어 줄 것이니 심사숙고해서 선택해 보자.

4) 가장 이상적인 우리 병원 모습은 이렇습니다

목적지를 명확히 해야 에너지 소모를 줄일 수 있다. 지금 현재 우리 상황을 잠시 잊고 오직 원하는 바를 상상해 이상적인 병원의 모습을 현실처럼 머릿속에 그려보자. 나는 닥터리병원 입사 첫해에 일기장에 그림을 그렸다. 3명의 원장님을 상상했는데 나이대와 성격까지 정했다. 그리고 마케팅팀을 키워 독립해 외부에 사무실을 둔 내 모습도 그렸다. 진료실 스태프 구조와 데스크의 모양 그리고 공간이 좁아져서 이전을 준비하는 모습까지 담았다. 그리고 5년 후 '내가 저 그림을 왜 저렇게 그려서 지금 이 고생 중이지?'라는 고민을 할 정도로 그 모습 그대로 현실이 됐다.

심리학에서 이야기하는 '자기 충족적 예언(Self-fulfilling prophecy)'이 떠올랐다. 우리 병원은 저런 모습이 될 거라고 예언하니 현실이 됐다. 만일 상상하는 우리 병원의 모습이 아직 없다면 겸손이나 현실감각은 잠시 접어두고 원하는 바를 최대한 마음껏 상상해 보자. 누군가에게 공유하기 민망하다면 나처럼 아무도 보지 않는 일기장 한켠에 적어 두면 된다. 이렇듯 스스로 정한 이상적인 병원 모습은 의식적으로 그리고 무의식적으로 병원 마케팅 방향에 영향을 미친다.

제2장 ──────────

구멍가게가 무슨 브랜딩입니까 : 성공 개원을 위한 브랜드 전략

01

마케팅, 브랜딩,
광고홍보에 대한 오해

광고회사를 다닐 때 브랜드 관련 업무를 자주 접했던 나는 석사학위 과정에서 자연스럽게 브랜드에 광고 효과가 미치는 영향을 주제로 논문을 썼다. 수백편의 브랜드와 마케팅 논문을 읽고 관련 연구를 진행했다. 그런데 조금은 창피한 고백을 하고자 한다. 나는 아주 오랜 기간 누군가 나에게 "브랜드는 무엇이고 마케팅과 무엇이 다르냐?"라고 물으면 답하는 것을 꺼렸다. 마치 누군가 '인생이란 무엇인가?'라는 심오한 질문을 하는 것처럼 느껴졌기 때문이다. 마케팅, 브랜딩 그리고 그 사이 어디쯤 있는 광고에 대해 알려 주는 게 너무도 어려운 과제로 여겨졌다.

1) 마케팅이란 무엇인가

　이 책을 읽고 있는 여러분께 물어보고 싶다. 여러분은 병원 마케팅을 해야 한다고 생각해서 이 책을 읽고 있을 것이다. 그렇다면 정확히 그게 무엇이라고 생각하는가? 왜 해야 한다고 생각하는가? 나는 이 질문에 스스로 답을 찾는 것이 실제 마케팅이나 브랜딩 활동을 시작하는 것보다도 훨씬 시급하고 중요하며, 이 질문에 답을 찾은 병원이 마케팅에 성공하리라는 확신이 있다.

　보통 마케팅을 하겠다고 말하는 원장님들은 병원을 알려서 매출을 올려야겠다는 생각을 한다. 진짜 마케팅이 그런 것일까? 그렇다면 브랜딩은 어떤가? 병원이 브랜드가 될 수 있을까? 다양한 마케팅과 광고홍보 방법 그리고 이를 통해 우리가 얻어야 할 브랜딩이라는 결과에 대한 하우 투(How to)를 논하기 전에 이것들이 무엇이며 병원은 어떤 기준으로 마케팅과 브랜딩을 바라보고 목표 설정을 해야 하는지에 대해 이야기해 보자.

　내 나이 19살, 나는 세상에서 광고 만드는 일이 가장 멋진 일이라 믿는 대학 신입생이었다. 그리고 그 시절 첫 광고 수업이 기억난다. 기대와 부푼 꿈을 가득 가슴에 안고 참석한 첫 광고 수업에서 교수님은 광고가 마케팅의 극히 일부로 우리의 일은 꽤나 하찮은 일임을 강조했다. "광고는 마케팅의 구성요소인 제품(Product), 가격(Price), 장소(Place), 프로모션(Promotion), 이 4가지 중 프로모션의 극히 일부를 차지하는 사업의 영역입니다. 여러분이 전공하고자 하는 광고를 만드는 일은 마케팅이라는 큰 영역의 아주 작은 부분일 뿐이죠." 그리고 광고인이 얼마나 브랜드의 주인인 마케터의 말을 잘 듣고 따라야 하는지에 대해 상당히 오랜 시간 설명했다.

보통 원장님이 마케팅을 해야겠다고 얘기할 때는 이런 마케팅의 일부인 프로모션 중 광고와 홍보를 지칭할 때가 많다. 물론 틀린 생각은 아니다. 병원을 알리는 것도 중요하다. 하지만 이 프로모션, 즉 알린다는 것이 효과를 미치기 위해서는 그 앞에 3가지 전제조건이 모두 적합해야 한다. 즉, 제품(Product)이라 할 수 있는 우리 병원의 차별점과 우리만의 장점을 가졌는지 고민해봐야 한다. 그리고 가격(Price)이라고 할 수 있는 진료비가 적절한지, 경쟁자 대비 환자가 내가 정한 비용을 지불할 충분한 근거나 가치가 있는지 확인해야 한다. 장소(Place)도 중요하다. 우리 병원 콘셉트나 진료과목이 그 지역에 적합한지도 확인해야 한다. 이런 마케팅의 앞단 구성요소가 적절할 때 이를 알리는 프로모션(Promotion)이 효과를 발휘한다.

10년간 강남역에서 주변 치과 마케팅을 살피면서 내가 최고로 꼽는 마케팅 사례를 하나 소개해 보겠다. 어느 날 닥터리치과에 한 장의 편지가 도착했다. 처음 보는 치과명이 적혀 있었다. 내용을 읽어보고 조금 충격을 받았다. 강남역에 개원하는 치과였다. 그 치과는 오직 사랑니 발치만을 진료한다고 적혀 있었다. 다른 진료를 위한 장비 자체가 없어 사랑니 발치 환자를 보내주면 발치만 하고 고이 돌려보내겠다는 내용이었다.

지금부터 마케팅의 4P를 기준으로 살펴보자. 사랑니만 발치하는 병원이라니 서비스(Product)의 완전한 차별화였다. 대학병원으로 리퍼할 경우 몇 달씩 대기하는 경우도 생기는데 경험상 이 병원으로 리퍼 시 환자가 1주일 안에 발치를 하고 돌아왔다. 환자도 리퍼한 치과도 만족할 만한 특징이었다. 진료비는 보험 진료만을 하기로 해 고민거리가 아니었다. 사랑니 발치는 아무래도 고령층보다는 젊은 층이 주로 하는데 위치(Place)가 강남역이었다. 중심가에 있으니 서울과 경기 지역 어느 병원에서 리퍼를 해도 환자가 내원할 가능성이 있었다. 프로모션도 흥미로웠다. 일반적인 광고는 진행하지 않았다. 치과에서 사랑니 발치를 리퍼할 때 혹여 환자를 뺏기지 않을까 우려할 수 있다는 점을 감안해 오직 사랑니만 뽑는 치과라는 점을 편지로 프로모션(Promotion)한 것이다. 서울과 경기 지역 모든 치과에 편지를 전달했다고 가정해도 비용이 참 저렴하고 효과적이었다. 물론 이 치과는 성공했고 현재는 이런 사업모델을 따라하는 치과들이 전국에 생기고 있다.

<사랑니 발치만 하는 치과의 4P 분석>

그저 무조건 병원을 알리려고 한다면 광고비를 많이 써도 효과를 보지 못하거나 비용을 쓸 때만 일시적으로 효과가 있을 수 있

다. 하지만 이렇게 제공하는 서비스 자체에 차별화가 명확한 상태에서 마케팅 전략이 수립되면 장기적으로 비용을 절감하면서 우수한 효과를 낼 수 있다. 만일 마케팅이 필요하다는 생각이 든다면 우리를 알릴 생각에 앞서 우리가 누구이며 어떤 장점을 가졌는지에 대해 먼저 고민해 보고 만일 그런 특징이 없다면 먼저 특징을 만드는 것이 바람직하다.

2) 브랜딩이란 무엇인가?

그럼 브랜딩은 어떻게 바라봐야 할까? 마케팅의 정의가 '사실적이고 물리적인 기업의 특징을 기획하고 실행하는 일'이라면 반대로 브랜딩의 정의는 '무형의 가치를 창출하는 일'이다. 다시 말해, 기업의 '페르소나(Persona)'를 관리하는 일이라고 말할 수 있다.

다양하고 복잡하지만 한마디로 브랜딩을 설명하라고 한다면 '브랜딩은 연애와 같다'라고 말하고 싶다. 마음에 드는 이성에게 나를 어필하는 것과 브랜딩은 상당히 흡사하다. 학벌, 연봉, 직업, 성격 등 마케팅믹스 4P에 포함되는 구성요소도 중요하다. 분명 어느 정도 영향을 미친다. 하지만 그것만으로 좋아하는 상대를 선택하는 사람은 드물다. 우리는 결국 이성을 선택할 때 '느낌적 느낌'으로 상대를 선택한다. 태도, 매너, 사고방식 등 물리적으로 손에 잡히지는 않지만 그 사람의 성격을 구성하는 다양한 요소가 그 사람을 매력적으로 만든다. 브랜딩은 이런 매력적인 사람의 성격을 기업(병원)이 가지도록 관리하는 업무라고 생각할 수 있다.

<연애에 대입한 마케팅과 브랜딩의 차이>

브랜드 관리란 우리 병원이 가지고자 하는 페르소나를 설정하고 그 페르소나를 꾸준히 일관되게 만들어가는 과정이다. 상당한 시간이 걸리고 많은 노력이 필요하다. 그렇다면 브랜딩을 어떻게 해야 할까? 우연히 너무도 명쾌한 답변을 오프라 윈프리가 알려준다. "사람들이 자꾸 저한테 브랜드래요. 전 브랜드가 뭔지도 모르는데 말이죠. 저는 그냥 오프라예요. 평생 오프라로서 오프라답게 살았더니 어느 날부턴가 제가 사랑받는 브랜드라고 주변에서 이야기하더군요." 더 이상 설명이 필요 없는 명쾌한 브랜딩 방법을 표현한 말이다.

브랜드가 된다는 것은 결국 사람들에게 좋은 인상을 주는 것인데 이는 일관성과 장기적 노력의 결과다. 어떤 이성을 만났는데 오늘은 쾌활하고 내일은 우울하다면 정신병을 의심할 것이다. 기업도 마찬가지다. 일관된 이미지를 다양한 방면에서 꾸준히 전달해 우리를 호감 가고 신뢰 있는 대상으로 소비자에게 인식시키는 것이 브랜딩이다.

3) 광고홍보란 무엇인가?

광고의 한자를 찾아보니 흥미롭다. '넓을 광(廣)'에 '고할 고(告)'다. 놀랍도록 정확한 의미다. 광고는 어떤 정보를 널리 알려주는 도구다. 결국 마케팅에서 정한 전략적 방향과 브랜딩의 목표인 느낌적 느낌을 널리 알리는 것이 광고의 목적이다. 이때 무엇을 알릴지가 정확하고 알릴 내용이 매력적이면 높은 효과를 기대할 수 있는 것이다.

결국 마케팅, 브랜딩, 광고홍보는 한 팀이다. 마케팅 전략이 잘 서면 광고나 홍보를 통해 필요한 환자에게 우리를 잘 알리게 된다. 이를 통해 환자가 내원했을 때 그 환자와 적절한 라뽀를 형성하고 우리에 대해 좋은 이미지를 꾸준히 전달하면 시간이 지나 브랜드가 구축된다. 이 3가지 구성요소가 모두 적절하게 본인의 역할을 했을 때 겉으로는 광고가 효과를 본 것으로 인식된다.

02

우리 병원 브랜드 방향
정하는 방법

1) 병원 브랜드 큰 그림 그리기

브랜드를 어떻게 구축해야 하는지 또는 브랜드는 어떤 요소로 구성돼 있는지를 정의하는 이론은 넘쳐난다. 나는 이중 가장 간단한 브랜드 구성요소를 소개하는 이론을 기준으로 병원의 브랜드 전략을 수립한다. 브랜드 에센스(Brand Essence)를 기준으로 기획하는 것이다.

브랜드 에센스는 모든 브랜드를 구성하는 2가지 요소를 설명하는 다이어그램이다. 다음 그림과 같다. 성공적인 브랜드는 필히 이성적인 에센스와 감성적인 에센스를 모두 가진다. 잠시 책 읽기를 멈추고 스스로 좋아하는 브랜드를 떠올려보자. BMW, 래미안,

나이키 등등. 성공한 모든 브랜드는 이성적 장점과 감성적 장점을 모두 가지고 있다는 사실을 알 수 있다.

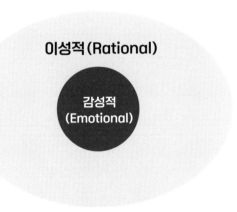

<브랜드의 본질을 설명하는 계란 프라이 모양의 브랜드 에센스>

문제는 우리 병원의 브랜드 에센스를 정하는 것이다. 처음 해 보는 일이니 당연히 어렵게 느껴질 수 있다.

이성적 브랜드 에센스를 떠올리는 상당히 효과적인 방법에 대해 애플 에반젤리스트로 스티브 잡스와 오래 일한 가이 가와사키 (Guy Kawasaki)가 소개하는 방식이 도움이 된다. 그는 우선 우리 기업이 존재해야 할 이유에 대해 고민해 보라고 조언한다. 조금이라도 세상을 더 나은 곳으로 바꿀 나만의 의미를 먼저 찾으라는 조언이다. 그리고 그 의미를 잘 표현할 '만트라(Mantra)'를 만들라고 조언한다. 만트라는 우리 기업의 의미를 3~4단어로 표현하는 것이다. 예를 들어, 애플의 만트라는 '컴퓨터의 민주화

(Democratizing computer)'라고 한다. 구글은 '정보의 민주화'가 될 수 있고 유튜브는 '모두의 비디오 활용'이 될 수 있다. 이렇게 만트라를 만들면 스스로 가치와 존재 이유를 상기할 수 있고 타인과 공유할 수 있다. 이를 통해 흔들리지 않고 같은 방향으로 나아갈 수 있다.

감성적 브랜드 에센스도 필요하다. 감성적 에센스는 느낌을 구성하는 요소다. 오히려 명확한 실체가 없어 오랜 기간 브랜드를 관리하다 보면 방향이 흔들릴 수 있다. 따라서 초기에 명확하게 구체화하는 것이 좋다. 작은 병원에서 쉽게 따라 할 수 있는 방법으로 3개의 단어를 도출하는 방법을 추천한다. 원장님 병원에서 지금부터 10년 넘게 꾸준히 끌고 갈 병원 이미지 3가지를 떠올려보자.

보통 이런 단어를 도출하라고 하면 흔히 '신뢰', '친절', '최고' 같은 단어를 나열할 때가 많다. 물론 병원 마케팅이나 브랜딩은 궁극적으로 환자의 신뢰를 얻어야 하지만 '신뢰'라는 단어를 쓴다고 얻어지는 것은 아니다. 쉽게 상상해 보면 일상에서 누군가 "저는 정말 믿을 만한 사람입니다. 저를 신뢰하셔도 됩니다."라고 말하면 오히려 의심이 들기도 한다. 신뢰는 결과이지 방법이 될 수 없다. 친절이나 최고도 마찬가지다. 결과적으로 환자의 느낌일 수는 있지만 우리 브랜드가 주장하는 감정적 에센스가 될 수는 없다. 무작정 고민해 보라고 하면 막연할 수 있으니 내가 닥터리병원의 브랜딩을 위해 고민했던 것을 소개해 보겠다.

닥터리병원의 경우 존재 이유가 영어로 쉽게 머리에 떠올랐었다. 'Less invasive beauty' 우리말로 번역하면 '최소의 시술로 얻는 아름다움' 정도다. 당시는 라미네이트가 대중화되던 초기로 치아 삭제량이 많고 시술하는 치아 개수도 많은 편이었다. 어느 날 닥터리가 "가장 건강한 치아가 실은 가장 예쁜 치아입니다."라고 표현하는 것을 듣고 우리가 후발주자로 자리 잡을 수 있는 방법은 그들이 관심을 아직 가지지 않는 손상은 덜 시키면서 심미를 포기하지 않는 것이라고 판단했다. 슬로건은 닥터리의 표현을 그대로 살려 'Healthy Teeth, Healthy Smile'로 결정했다.

닥터리병원의 감성적 에센스를 고민할 때 나는 3가지 단어를 떠올렸다. '깐깐함', '미적감각', '보수적 성향'이다. 진료실에서 함께 일하는 스태프들이 나에게 간혹 했던 얘기가 원장님 진료가 상대적으로 '까다롭다'는 것이었다. 아주 작은 실수도 매우 민감하게 반응해 함께 일하는 스태프 입장에서 힘들다는 이야기였다. 이 부분은 분명 단점일수도 있지만 환자 입장에서는 장점이 되기도 한다. 나는 이를 '깐깐함'이라는 단어로 도출했다.

닥터리는 그림도 잘 그리는 편이고 예쁜 것을 좋아한다. 진작부터 알던 성향이다. 진료를 할 때도 그랬다. 예뻐지는 진료를 좋아했다. 이를 감안해서 '미적감각'이라는 단어를 도출했다. 마지막으로 '보수적 성향'이라는 단어도 포함했다. 장점일 수도 있고 단점일 수도 있는 단어다. 어느 날 근처 치과에서 새로운 진료 방법을 홍보하는 것을 봤다. 닥터리에게 우리도 이런 진료를 시도해 보자고 말했더니 "남들이 어떻게 하든 나는 소심해서 내 환자 앞장세워 실험하고 싶지는 않네요."라고 말했다. 분명 환자 중에는 새로운 진료를 시도하는 도전적인 의사를 선호하는 환자도 있지만 조금 보수적으로 안전을 추구하는 환자도 있다. 나는 후자가 닥터리와 어울린다고 판단했다.

결국 앞에서 말한 만트라와 3개의 단어는 우리와 끝까지 함께했다. 만일 내가 진행하는 마케팅이 이런 단어의 의미에서 벗어나면 과감하게 포기했다. 언제나 동일하고 일관된 이미지를 전달하는 것이 무엇보다 중요하다. 자, 이제 원장님 병원에 어울리는 단어 3개를 도출해 보기 바란다.

2) 결국 브랜드가 남는 이유

아마 이런 의구심이 들 수도 있다. '구멍가게 차리면서 애플이나 구글 같은 대기업도 아니고 브랜드까지 고민해야 하나?'라는. 나는 "그렇다."라고 답하고 싶다. 물론 대기업처럼 브랜드 자체로 기업의 성장 동력을 만들기 위함은 아니다. 브랜드를 중심에 둬야 하는 이유는 크게 3가지다.

첫째, 환자와의 관계 형성을 위해서다. 병원의 장기적인 성장은 결국 환자와의 관계에서 결정된다. 지역 주민들에게 형성되는 평판도 중요하다. 브랜드는 이런 관계나 평판을 만드는 좋은 도구가 돼 준다. 사람과 사람의 관계처럼 병원에 브랜드를 입힌다는 것은 우리 병원의 성격, 즉 페르소나를 가지는 것이다. 환자 입장에서 페르소나를 가진 병원은 좋은 감정으로 대하기 때문에 오래 기억할 수 있다. 결국 브랜딩이라는 것은 우리 병원에 사람처럼 성격을 부여하고 그 성격대로 살아가도록 관리하는 것이다. 그리고 이로 인해 고객이 우리와 관계를 맺고 싶게 하는 경영 방법이다.

둘째, 인간이 어떻게 제품이나 서비스의 구매 의사결정을 내리는지 이해하면 브랜드가 얼마나 중요한지 좀 더 쉽게 이해된다. 2000년도까지만 해도 인간의 의사결정은 이성적 정보처리와 감성적 정보처리 과정이 통합적으로 활용돼 나오는 결과물로 봤다. 나는 대학을 다니는 내내 정보화 가능성 모델(Elaboration Likelihood Model)로 소비자의 정보처리를 이해했고, 그것이 당연했다. 간략히 설명하면 인간은 정보처리를 할 때 관여도가 높으면 중심경로(Central Route)를 통해 이성적 정보처리를 하고 관여도가 낮을 때는 주변경로(Peripheral Route)를 통해 주변의 다양한 큐(Cue:신호)를 감지해 느낌적 느낌으로 의사결정을 한다는 인지심리학의 핵심 이론이다. 이 이론을 창시한 페티와 카시오포는 여기에 한 가지 전제조건을 달았다. 정보를 처리해야 할 당사자가 정보처리를 위한 충분한 지식을 갖추지 못했을 때는 관여도의 정도와 관계없이 오직 주변경로를 통해 정보처리를 한다는 것이다.

병원에 내원하는 환자에 대입해서 생각해 보자. 환자는 의료정보를 처리할 충분한 지식이 없다. 따라서 그들은 주변경로를 통해 정보를 처리할 가능성이 크다. 다양한 큐에 의지해 의사결정을 내린다는 뜻이다.

아무리 최고의 진료를 제공하고 환자를 위한 다양한 서비스를 준비해도 환자는 이성적으로 그 사실을 인지하고 판단할 능력을 갖추지 못했을 가능성이 크다. 결국 '그 병원 친절하다.', '병원이 크다.', '의사가 많다.'등과 같은 큐가 핵심이 되는데 이런 '느낌적 느낌'을 관리하지 않을 수 없지 않은가.

셋째, 심화되는 경쟁을 이길 수 있는 유일한 방법일 수 있다. 내가 의료계에 입성한 이후 지금까지 꾸준히 느끼는 한 가지는 시간이 지날수록 신환 유입이 쉽지 않고 비용이 높아진다는 것이다. 이런 경쟁 심화 상황에서 가장 저렴하고 효과적인 해답은 기존 환자를 활용하는 것이다.

광고회사에 입사해 소비자 전략을 세우는 업무를 처음 시작했을 때였다. 어느 날 사부님이 내게 이런 질문을 했다. "세희야 세상에서 가장 저렴한 마케팅이 뭔지 아니?" 또 무슨 소리를 하려고 하나 궁금해 눈을 반짝이니 "깐 이마 또 까기."라고 말했다. 새로운 고객을 유입하기 위한 마케팅은 비용이 많이 든다. 하지만 이미 나의 고객으로 자리매김한 사람에게 물건을 하나 더 팔거나 서비스를 다시 사용하게 하는 것은 비용 부담을 줄이는 마케팅이다. '객단가를 높인다'라고 표현하기도 한다. 고객이 나와 좋은 관계를 맺고 유지하기 위해 필수적인 요소는 그들이 나를 좋아하게 만드는 것이고 그것이 바로 브랜딩이다.

브랜드는 오늘 고민하거나 노력한다고 해서 바로 결실이 나오는 그런 종류의 것이 아니다. 하지만 시간이 지나며 누적될 때 미래의 경쟁을 줄여주고 우리 병원의 강력한 자산으로 역할을 한다. 따라서 길게 보고 장기적 목표로 브랜딩을 시도하는 것을 추천한다.

03

병원 브랜드 기본 구성요소 4가지 만들기

자, 이제 목표를 장기적인 브랜드 구축에 두고 병원 경영을 시작한다고 가정해 보자. 실무는 도대체 어디서부터 시작해야 할까? 앞서 브랜드 에센스를 도출했다면 지금부터는 브랜드의 유형적 구성요소에서 시작해 보자.

1) 병원명 짓기(Brand Naming)

병원 개원 시 가장 중요하지만 간과하는 부분이 이름 짓기다. 생각해 보면 병원이 개원 초 구축한 다양한 요소들은 시간을 두고 교체된다. 장비도 바꾸고, 인테리어도 고칠 수 있고, 개원 초 만든 홈페이지도 새로 만들 수 있고, 스태프도 바뀐다. 오직 두 가지가 그대로 남는다. 대표 원장님과 병원명이다. 병원명은 실제 가장 오래 써야 하는 병원의 자산(Brand Asset)이다. 우리 병원의 브랜드 콘셉트를 잘 대변하며 우리를 찾을 환자의 특징을 나타내고 주변 병원명과 차별화가 되는 그런 이름을 쓰는 게 유리하다. 하지만 길을 가다 보면 병원 이름을 이해하기 어렵거나 아주 급조된 느낌을 받을 때가 많다.

개원 초기 고민할 것이 한두 가지도 아니고 병원의 브랜드 콘셉트가 명확하지 않은 상태에서 이름을 짓다 보니 당연히 급조 형태를 띄게 된다. 개인적으로 고백하자면 마케팅을 하는데 이름 짓기가 가장 어려운 문제로 느껴진다. 위에서 언급한 것처럼 수정이 어렵다는 심적 부담감이 크다는 것이 첫 번째 이유다. 두 번째는 우리 브랜드 방향을 함축한 뭔가 대단하고 창의적인 것을 바라지만 이를 만족하는 결과물이 나오지 않는 느낌을 받을 때가 많다는 것이다.

만일 병원 이름 짓기로 고민 중이라면 이름 짓기 자체가 시간이 걸리고 오랜 고민 끝에 마침내 하늘이 주는 선물과 같은 것이니 조급한 마음을 내려 두고 충분히 고민할 것을 추천한다.

좋은 이름을 짓기 위해서 물론 고려해야 할 사항들이 존재한다. 병원 이름을 지을 때 고려해야 할 네 가지 핵심 사항은 다음과 같다.

① 발음하기 쉬워야 한다
병원은 앞서 설명한 바와 같이 형태가 없는 무형의 서비스를 제공한다. 고객이 우리 브랜드가 적힌 제품을 소유하거나 활용하지 않는다. 브랜드와 고객 사이에 접점이 적고 기억을 상기시킬 실물이 존재하지 않는다는 뜻이다. 따라서 간판이나 온라인 매체를 통해 노출된 명칭을 고객이 외우기 쉽게 도와야 한다. 구전으로 병원의 이름이 전달될 가능성이 높은데 일단 기억을 해야 전달할 수 있다. 찰나의 순간에 우리 병원명이 잠시 노출된다 가정하고 이름을 짓는 것이 바람직하다. 이런 이유로 발음이 쉬운 명칭을 추천한다. 참고로 나의 기준은 다음과 같다.

첫째, 우리 병원 구환에게 리콜을 한다고 가정한다. 그리고 실제 큰소리로 말해본다. "안녕하세요. ○○치과입니다." 이때 상대가 "어디요?"라고 되묻지 않을 이름이어야 한다. 가족이나 지인에게 전화해서 확인해 볼 수 있다. 의외로 좋은 뜻이지만 입에 붙지 않고 알아듣기 어려운 이름이 분명 존재한다.

② 기억에 남아야 한다

10년간 전체 신환의 90%를 온라인 마케팅으로 유입하는 병원에서 근무했다. 마케팅뿐 아니라 환자 상담도 병행하며 느낀 바가 있었다. 온라인 검색을 하며 정보를 수집하는 많은 환자들은 자신이 수집한 정보와 그 정보를 제공한 병원을 매칭하지 못한다는 사실이다. "병원 홈페이지에서 교정 안 해도 된다는 이야기를 봤어요." 내지는 "저기 병원은 보톡스가 2회 10만 원이라던데요." 등의 이야기를 상담을 하며 자주 들었다. 나는 호기심에 정확히 그 병원이 어디냐고 물을 때가 많았다. 환자가 병원 이름을 기억하는 확률은 매우 낮았다. 환자에게 "잘 생각해 보세요."라고 요구하면 "처음 들어보는 단어였어요." 또는 "외국말 같기도 해요." 등의 답변이 대부분이었다. 내가 그 병원 원장이라고 생각하면 얼마나 억울할까. 내 돈 주고 전달한 메시지를 보고 환자는 지금 다른 병원에 가 있는 것이다.

만일 이때 이름이 독특하고 기억에 잘 남는다면 오히려 타인의 광고 효과마저 끌어올 수 있다. 이렇듯 기억에 잘 남는 브랜드명을 만드는 방법에 대해 브랜드 네이밍 전문가들은 다양한 기법 중 라이밍(Rhyming)이나 두음법을 사용할 것을 권장한다. 사례로 코카콜라, 페이팔, 구글, 킷캣, 요기요, 여기어때 등을 떠올려볼 수 있다. 한번 들으면 귀에 붙고 입에서 편한 그런 발음들이다.

③ 합당하게 쓸 수 있어야 한다

만일 마음에 쏙 드는 병원명이 떠올랐다면 사용을 결정하기 전 필히 법적으로 활용할 수 있는지 확인해야 한다. 같은 지역에 동일한 이름의 병원이 이미 있다면 사용이 불가하다는 것은 대부분이 알고 있다. 상표등록이 돼 있는 병원명은 지역을 불문하고 사용할 수 없다. 따라서 서울이라면 같은 구에 동일 병원명이 있는지 확인하고 추가적으로 상표등록 여부도 확인해야 한다. 상표등록 여부 확인은 특허청 정보넷 '키프리스(kipris.or.kr)'에서 상표 검색으로 확인할 수 있다. 최근 상표등록 여부를 확인하지 않고 병원명을 결정했다가 중간에 바꾸는 문제가 종종 발생한다. 안 그래도 바쁘고 힘든 시기에 병원명을 교체하는 불상사가 없도록 사전에 철저한 확인이 필요하다.

<키프리스 상표명 검색 화면(출처 : 키프리스)>

④ 우리 병원만의 의미 부여가 있어야 한다

병원 마케팅의 궁극적 목표는 차별화다. 브랜드명이란 결국 경쟁사와 비교해 내가 누구인지를 차별적으로 소비자에게 전달하는 도구 중 하나다. 우리 병원 가치를 담고 있는지, 그 가치가 옆 병원과 차별적 우위를 가졌는지에 대해 한 번은 생각해 보고 명칭을 선택하기 바란다.

상대적으로 어떻게 의미 있는 이름을 지을 것인가를 고민하다 보면 더욱 네이밍이 막연하게 느껴질 수 있다. 이럴 때는 현재 시장에 나와 있는 다양한 병원명을 연구해 보는 것이 도움이 된다.

내가 병원명 조사를 해본 결과 우리나라에서 자주 사용되는 병원 이름은 크게 9가지 형태로 분류할 수 있고 이를 3가지 카테고리로 정리할 수 있었다. 하나씩 살펴보고 어떤 카테고리의 이름을 지을지 스스로 판단해 보기 바란다.

의미 활용	의미 부여	의미 창조
지역명	직접 연관 단어	약자 / 약어
학교 / 종교	간접 연관 단어	추상적 단어
진료과목 설명	본명 사용	비연관단어

<우리나라에서 자주 사용되는 병원명 카테고리 분류>

첫 번째는 '의미 활용' 카테고리다. 이미 존재하는 의미를 가진 단어를 활용하는 방법이다. 우리 병원이 위치한 지역명을 사용하거나 졸업한 학교 명칭을 사용하기도 한다.

지역명	학교명	진료과목 설명
강남○○한의원 평촌○○치과 ..	·서울**병원 연세**병원 ..	**플란트 **톡스 ..

<의미 활용 병원명 사례.
지역명, 학교명, 진료과목 설명으로 구분된다.>

'강남역 ○○의원'이라 이름으로 개원한 병원을 보고 상당히 놀랐던 기억이 있다. 지역명과 다른 단어를 조합해 사용하는 것이 보편적인데 강남역이라는 특수한 지역에서 검색 상위 노출을 노린 네이밍으로 추측된다. 아무래도 이런 지역명 활용은 온라인 검색 노출에서 유리할 수 있다. 하지만 지역명을 단독으로 쓸 때는 오히려 브랜드 콘셉트가 명확하지 않게 느껴진다. 또, 상표등록 가능성이 낮다.

의미 활용 방법으로 학교명을 사용하는 케이스도 흔하다. 목적은 당연히 후광효과다. 여기에 다른 단어를 조합해 사용한다. '서울○○병원'이나 '연세○○병원' 등을 자주 볼 수 있다.

의미 활용 방법의 마지막은 진료과목을 설명하는 문구나 단어가 직접적으로 병원 이름에 포함되는 케이스다. 치과계에서는 '○플란트'라고 하며 임플란트 진료를 보는 치과라는 점을 강조한다. 보톡스 시술이 많은 병원의 경우 '톡스'라는 단어를 쓰기도 한다. 병원명에 진료명이 포함되면 환자 입장에서는 간판만 보고도 그 병원이 어떤 진료를 주력으로 하는지 파악할 수 있다는 장점이 있다. 만일 주변 경쟁 병원에서 잘 하지 않는 진료를 주력으로 하고, 그 주력 진료가 병원의 캐시카우라면 진료명을 활용한 네이밍은 좋은 선택지가 될 수 있다.

두 번째는 '의미 부여'다. 직접적으로 우리 병원과 연관된 단어를 사용할 수 있다. 예를 들면 '튼튼마디', '클린업', '밝은눈', '내이처럼' 등 환자에게 제공하는 진료 혜택을 직접적으로 표현하는 단어를 사용하는 방법이다. 이름만 들어도 환자가 이 병원의 가치가 무엇인지 파악할 수 있다는 것이 장점이다. 개인적으로 가장 선호하는 형태나 실제 창의성이 가장 필요한 네이밍이기도 하다.

직접 연관 단어	간접 연관 단어	본명 사용
밝은눈 튼튼마디 클린업 빙빙	에이스 베스트 탑 아름다운 온세상	닥터* 오엔영 이지함 원진

<의미 부여 병원명 사례.
직접 연관, 간접 연관, 본명 사용으로 구분된다.>

비슷하게 의미 부여를 하지만 조금 더 간접적 단어를 사용하기도 한다. '베스트', '에이스', '탑', '아름다운', '온세상' 등이 여기 포함된다. 우리 병원의 가치를 '쇼잉(Showing)'보다는 '텔링(Telling)'하는 형태다. 이런 의미 부여는 환자에게 직접적으로 뜻이 전달되지 않는다는 단점이 있다. 하지만 장기적으로 병원 진료 과목을 확장할 때 한계가 적어 유리할 수 있다.

의미 부여를 원장님 성함 사용으로 대신하는 병원도 있다. 직접 본명을 쓰기도 하고 '닥터○'로 표기하기도 한다. 공동 개원의 경우 성함 '오엔영', '이지함' 등으로 쓰기도 한다. 환자 입장에서 의사 선생님 이름 자체는 큰 의미가 없지만 우리나라 정서상 이름 걸고 사업을 할 때는 최소한의 양심을 지킨다는 어느 정도의 믿음이 존재한다. 또, 같은 이름을 다른 병원이 사용할 가능성이 적다는 것도 장점이다.

마지막으로 '의미 창조'다. 일반적으로 환자가 들었을 때 병원

이름에서 어떤 의미도 유추하기 어려운 케이스다.

약자 / 약어	추상적 단어	비연관 단어
ID DA	바노바기 나나	토마토 애플 고릴라

< 의미 창조 병원명 사례.

약자/약어, 추상적 단어, 비연관 단어 사용으로 구분된다.>

일단 약자나 약어가 있다. 'ID', 'DA' 등 약자를 쓰는 병원을 본 적이 있을 것이다. 상표등록이 수월할 수 있다. 하지만 마케팅 집 행 시 환자에게 그 의미를 설명하고 기억시켜야 하기에 광고비가 많이 드는 네이밍일 수 있다. 대형병원에 조금 더 적합한 방법이 다.

이외 추상적인 단어를 만들어 사용하는 병원도 있다. 예를 들 면 '바노바기'가 떠오른다. 마치 삼성의 '비스포크'처럼 단어 자체 만 들어서는 어떤 의미인지 알기 어렵다. 단지 두음법을 사용했다 는 점이 눈에 띈다. 이런 네이밍 역시 독점할 수 있다는 장점은 있 지만 광고비가 많이 필요한 네이밍이다. 지역의 작은 병원보다는 마케팅 예산이 많은 대형병원에 적합하다.

마지막으로 비연관 단어를 쓰는 병원명이다. 예를 들면 '토마 토', '애플', '고릴라' 등이 있다. 의외로 우리가 길을 지나다 자주 보는 네이밍 방법이다. 단어 자체가 환자에게 특정 의미로 받아들여지지 않기 때문에 병원에서 왜 이 이름을 사용했는지 설명해야 한다. 개인적으로 설명을 추가해야 한다는 점에서 선호하는 네이밍 방법은 아니다. 병원은 애플이 아니다. 애플이라는 기업이 브랜드 가치를 가지기 위해 소비한 마케팅 능력과 예산을 기억해야 한다.

정리하면 의미 창조는 상표등록으로 브랜드명을 독점해야 하는 대형병원에 적합하다. 이런 병원들은 진료 이외의 다양한 상품이나 서비스로 사업을 확장할 수 있기 때문에 특히 의미가 좁지 않은 단어를 창작하거나 지정해 사용하는 것이 적합하다. 마케팅 비용을 쓰면 충분히 독점할 수 있는 브랜드 네이밍이 돼 줄 것이다. 하지만 대형병원이 의미 창조 방법을 사용한다고 해서 이것이 작은 지역 병원에도 동일하게 적용되지 않는다는 점을 감안해야 한다.

의미 창조는 최근보다 과거에 주로 사용된 브랜드명이기도 하다. 경쟁이 심하지 않고 병원 수가 적을 때는 개원하는 지역명과 출신 학교명을 의미 창조와 조합하면 좋은 병원명이 되기도 했다. 하지만 경쟁이 심하고 마케팅 예산이 적을 때는 적합하지 않다. 오히려 의료계에 경쟁이 심해지며 최근 눈에 띄는 것은 우리 병원만의 특정 진료과목을 강조하는 브랜드명이다. 최소한 그 진료과목 하나를 지역 시장에서 독점하는데 도움이 되는 네이밍이다.

만일 특정 지역을 기반으로 병원을 개원한다면 의미 부여 방법을 활용하는 것이 무난하다. 환자가 이름을 접하는 순간 이해할 수 있고 의미가 존재할 때 기억하기도 수월하다는 강점을 가진다. 의미 부여 3가지 방법 중 가장 환자 입장에서 이해하기 쉬운 네이밍은 직접 연관 단어다. 일단 직접 연관 단어를 활용한 네이밍을 1차로 시도해 보고 어렵다면 간접 연관이나 본명을 활용할 것을 추천한다.

2) 슬로건 만들기

① 슬로건은 무엇인가

브랜드명이 나왔다면 이제 우리 병원을 한 단어로 대변할 1차 무기가 장착된 것이다. 전쟁을 총 하나로 할 수 없듯이 이제 다른 무기를 하나씩 추가해야 한다. 가장 먼저 생각해 볼 다음 무기는 슬로건(Slogan)이다. 슬로건은 기업이 브랜드명과 함께 사용하는 짧은 문장이다. 앞서 언급한 만트라나 기업의 의미를 도출하는 것과는 달리 슬로건은 소비자와 집적 소통하는 메시지다. 최종적으로 병원이 활용하는 다양한 광고 채널이나 병원 내부 인테리어, 명함 등에 작성될 최종적인 한마디라고 이해하면 된다.

슬로건이라는 단어를 몰라도 일상에서 자주 접하게 된다. 애플의 'Think different'는 기억할 것이다. 몇 가지 사례를 더 들어보면 '사랑해요 LG', 'Just do it Nike', '우리 강산 푸르게 푸르게 유한킴벌리', '바른 먹거리 풀무원', 'Always low price 월마트', '세상에서 가장 작은 카페 카누' 등이 있다.

우리나라 일부 대학병원의 슬로건을 살펴보자. 서울대학교병원은 '환자 중심, 믿음직한 의료 서비스', 연세대학교의과대학 세 브랜스는 '눈높이를 낮추고, 더 많은 사람에게 도움이 되는 병원'이다. 간략히 슬로건을 정의해 보면 브랜드가 고객에게 제공하는 가치를 문장으로 기억에 남도록 표현하는 것이라 할 수 있다.

② 슬로건의 목적

슬로건의 목적은 결국 우리 병원이 환자에게 제시하는 포지셔닝, 즉 우리만의 가치를 대략 2~5개의 단어 조합으로 표현하는 것이다. 짧고 임팩트 있는 문장을 만들어 고객에게 우리 병원의 차별화 포인트를 반복 학습시키고 기억하도록 하는 것이 목적이다. 쉽게 생각하면 우리 병원의 철학, 우리가 환자에게 제공하고자 하는 가치를 짧고, 듣기 편하고, 기억하기 좋은 형태로 만드는 것이다.

슬로건은 장기적으로 우리 브랜드가 나아가야 할 방향을 한곳으로 모아주는 가이드가 될 수 있다. 병원이 제작하는 모든 메시지가 슬로건과 잘 조화되는지 확인하며 마케팅 방향을 잡아 나아갈 수 있다. 그만큼 초기에 심사숙고해 제작해야 한다. 물론 브랜드명과는 달리 병원이 성장하는 과정에서 슬로건은 교체될 수도 있다. 하지만 조직의 방향이 명확할 때 불필요한 비용 손실을 줄이고 빠른 시일 내 목표지점에 도달할 수 있다. 이런 점을 감안해 슬로건을 제작할 때는 병원의 주인인 원장님 생각과 철학을 반영해 직접 만들기 바란다. 이렇게 제작된 슬로건은 환자뿐 아니라 내부 직원과 마케팅 조력자 모두를 옳은 방향으로 나아가도록 도와주는 나침반 역할을 해줄 것이다.

나는 치과 입사 초기 슬로건 만드는 일에 집중했다. 며칠을 고

심해 화려하지는 않지만 원장님 철학이 잘 담긴 문장을 간결하게 만들자는 취지에서 'Healthy Teeth, Healthy Smile'이라고 만들었다. 그리고 직원이 입사하면 우리가 왜 이런 슬로건을 만들게 되었는지, 원하는 방향이 무엇인지 주지시켰다.

어느 날 진료실 팀장님이 임시 치아 제작 연습 때 입을 앞치마를 구매하겠다는 이야기를 했다. 진료 과정에서 재료들이 묻어 유니폼이 지저분해진다고 했다. 며칠 후 '양심 진료, 양심 치과'라는 표어가 적힌 앞치마가 도착했고, 이를 입고 점심 식사 후 임시 연습을 하는 스태프들을 볼 수 있었다. 개인적으로 직설적인 메시지를 좋아하지 않아 팀장님께 이거 좀 너무 문장이 쑥스럽다고 이야기하자 "우리는 진짜 양심적으로 진료하는 치과 맞잖아요. 거짓말 아니잖아요."라며 내 눈을 똑바로 쳐다보며 말했다. 방향만 잡아주면 저절로 갈 길을 찾는 모습을 보며 '내가 슬로건을 잘 만들었구나.'라는 생각을 했던 기억이 난다.

③ 슬로건 제작 가이드라인

좋은 슬로건은 짧고 간결하다. 그 유명한 나이키의 슬로건은 'Just Do It'이고 애플의 슬로건은 'Think Different'다. 고객 관점에서 추구하는 가치를 한 문장으로 표현하고 있다. 앞서 소개한 기업의 존재 의미나 만트라가 기업 입장에서 가치를 표현한다면 슬로건은 그 기업의 의미가 소비자 삶에 어떤 의미를 부여하는지를 나타낸다. 의료업에서는 스포츠웨어나 핸드폰만큼 문장에 꾸밈이 필요하지는 않다. 단지 이해하기 쉽게 잘 외워지는 간결한 문장이면 충분하다.

이쯤 되면 그래서 슬로건을 어떻게 만들어야 하나, 걱정되고 여전히 막막한 분이 있을 거다. 매우 당연하고 정상이다. 마케팅 활동 중에 가장 난이도가 높은 업무라 해도 과언은 아니다. 나의 조언은 다다익선이다. 일단 다수의 후보를 만들어보는 것이다. 최소한 30개 정도를 목표로 공책에 작성해 본다. 그리고 이중에 내가 원하는 병원 모습과 가장 유사한 방향으로 좁혀간다. 초반 브레인스토밍 단계에서는 되도록 주변 사람 생각을 묻지 않을 것을 추천한다. 내 병원의 철학은 타인이 아닌 병원 주인의 것이다. 3~5개 정도로 좁혀지기 전 여러 사람의 조언을 듣는 것은 오히려 혼돈만 가중시킬 수 있다.

3~5개 정도로 후보군이 좁혀졌다면 이제 주변 지인에게 보여주고 어떻게 생각하는지 들어볼 차례다. 내가 작성한 의도대로 그들이 문장을 이해하는지, 오해는 없는지 파악해 최종 슬로건을 선택하면 된다.

슬로건을 만드는 것에 대해 너무 걱정할 필요는 없다. 앞서 얘기했듯이 병원이 성장하는 과정에서 슬로건은 바뀔 수도 있다. 하지만 이런 고객과 소통할 메시지의 핵심을 스스로 작성해 보는 과정은 장기적으로 마케팅 활동에 큰 도움을 줄 수 있다.

3) 로고(Logo) 만들기

① 왜 로고를 만들어야 하나?

병원도 로고가 필요할까? 로고는 기업이 시각적으로 자신의 정체성을 고객에게 제시하는 하나의 표현 방법이다. 간결한 이미지 하나를 제시해 내가 누구인지, 경쟁자와 차별화하는 것이다. 다음 기업의 로고를 떠올려보자. BMW, 아우디, 현대자동차. 큰 노력 없이 각 기업의 로고가 머리에 떠오를 것이다.

<(왼쪽부터)BMW와 아우디, 현대자동차 로고>

기업들은 로고를 자신을 차별화하는 도구로 사용한다. 그렇다면 병원은 어떨까? 대형병원이라면 동일하게 차별화를 위한 전략적 로고가 필요하다. 하지만 간혹 이런 이야기를 듣게 된다. 동네 작은 병원인데 로고가 필요한가 하는 문제다. 결론부터 말하자면 그래도 다음의 3가지 이유로 로고는 만들어야 한다고 생각한다.

첫째는 '있어빌리티'다. 병원의 간판, 명함, 쇼핑백, 인테리어, 홈페이지, 블로그, 인스타그램 등 다양한 채널을 통해 환자와 소통하게 되는데 이때 로고가 있는 것과 없는 것은 큰 차이다. 요즘은 보이는 것이 중요한 세상 아닌가. 로고가 없어 무료 폰트를 사용해 병원명을 표기하는 것보다는 그래도 우리만 사용하는 로고를 쓴다면 요즘 말로 '있어빌리티'가 상승한다.

둘째는 '상표등록 용이성'이다. 상표등록을 진행할 때 단순히 단어만으로 상표등록이 어렵다면 로고를 포함해 시도하는 것도 방법이다. 상표명에 로고를 포함시키면 등록 처리 가능성이 높아진다. 물론 이렇게 되면 로고가 없이 상표명만으로는 상표 보호를 받지 못하게 되지만 다양한 사업 확장이 필요하지 않은 병원에게는 대안이 될 수 있다.

마지막으로 '첫 디자인 프로젝트'로 적합하다. 개원하는 원장님이 디자인 관련 업무를 지시해 본 경험이 있을 가능성은 거의 없다. 전반적인 병원의 색상이나 디자인 콘셉트를 잡는 초기 과정에서 시도해 보기 좋은 작은 디자인 프로젝트다. 인테리어나 간판과는 달리 예산이 적고 수정이 간단하다. 인테리어를 결정하고 간판을 만들고 홈페이지를 구축하는 등 디자인 요소가 많고 비용이 많이 드는 프로젝트 이전에 연습도 하고 우리 병원의 색상과 디자인 방향을 잡아보기 위한 소규모 프로젝트로 적합하다.

② 로고 제작 가이드

광고회사에서 근무할 때 나는 기획팀에서 일했다. 디자인 업무는 제작팀 일이었다. 기획팀에서 세운 전략 방향에 따라 제작팀에서 창의적 메시지와 그에 맞는 디자인을 만들어 준다. 나는 당시에는 이 소통 과정에 어려움을 겪은 적이 없었다. 함께 일하는 카피라이터는 입사 동기이고 후배 디자이너는 나와 책상을 마주하고 앉아 있어 언제든 업무를 하다 의자에서 일어서면 그녀 얼굴이 보였다. 하루 8시간을 같은 공간에서 비슷한 밥을 먹고 수시로 소통하니 그들에게 내가 생각하는 방향을 전달하는 것이 어렵지 않았다. 하지만 병원에 입사해 외주로 디자인 업무를 지시하다 화병으로 메니에르가 생겼다 해도 과언이 아니다. 내 머릿속의 막연한 이미지를 평소 함께 일하지 않는 외주업체에게 만들어 달라고 요구하는 일은 쉽지 않았다. 로고 제작은 이런 디자인 업무 지시 능력을 테스트하고 향상시킬 수 있는 매우 적합한 소규모 프로젝트다. 디자인 외주를 진행하는 과정을 간략히 정리했으니 참고해서 프로젝트를 직접 진행해 보기 바란다.

로고 제작비용은 적게는 수십만 원에서 수천만 원까지 범위가 매우 넓다. 로컬 병원의 경우 큰 비용을 지불하기보다는 크몽이나 숨고 같은 재능마켓에서 디자이너를 선택해 100만 원 미만으로 제작하는 것을 추천한다. 나는 닥터리병원 개원 초기 80만 원을 지출해 로고를 제작했다. 현재도 당시와 큰 차이 없는 비용으로 제작이 가능하다. 무리하지 않는 선에서 적은 비용으로 로고를 제작할 것을 추천한다.

로고 제작 외주를 요청할 때의 시나리오를 간략히 소개하겠다. 일단 위에 소개한 재능마켓 플랫폼에서 내가 원하는 방향과 유사한 포트폴리오를 가진 디자이너를 찾는다. 제작과 관련된 조건이나 비용, 로고 제작에 포함되는 서비스 내용 등을 확인한다. 이 과정에서 작업자의 업무방식이 나와 맞는지 파악한다. 계약을 하면 작업이 진행된다. 디자이너는 대략적으로 클라이언트에게 원하는 샘플이나 참고 사항을 요구할 수 있다. 이때 우리 병원명, 브랜드 페르소나, 슬로건 등을 전달한다. 특별히 원하는 활용계획이 있다면 이때 상세히 전달한다. 마음에 드는 다른 기업 로고가 있다면 함께 전달할 수도 있다.

실제 이 단계가 매우 중요하다. 이때 디자이너에게 우리가 원하는 바를 정확히 전달해야 원하는 결과를 얻을 수 있다. 마음속에서 이렇게까지 설명해야 하나라고 생각할 수도 있지만 그것의 2.5배 정도 더 자세히 설명해야 한다. 추후 결과물이 나오면 알게 되지만 디자이너가 나의 요구를 들은 게 맞나 하는 의구심이 생길 수 있다. 외주 디자인에서는 흔한 일이다.

이제 디자이너의 작업이 시작된다. 1차로 2~3가지 시안을 제시할 가능성이 높다. 제시된 시안 중 마음에 드는 것이 있다면 선택하고 필요하면 수정을 요청한다. 1차 전달받은 시안이 모두 마음에 들지 않을 수도 있다. 의외로 흔하다. 디자이너 실력을 탓하기보다 내가 원하는 바를 제대로 전달하지 못한 것이 아닌지 확인하고 되도록 충분히 상대가 이해할 수 있는 방향을 제시하며 추가 시안을 정중히 요청하면 된다.

결과적으로 최종 시안을 하나 선택하면 디자이너는 최종 시안을 조금 더 고도화해 완성 로고를 만든다. 그리고 그 로고와 이를 어떻게 활용해야 하는지 설명하는 매뉴얼과 함께 명함, 편지봉투, 쇼핑백 등 몇 가지 자주 활용되는 디자인을 함께 완성해 전달해 준다. 특별한 로고 활용처가 있다면 이때 디자이너에게 작업을 요청할 수 있다.

병원에서 최종적으로 디자인을 확인하고 확정하면 디자이너는 대게 일러스트 파일(AI 파일)과 일반 이미지 파일(JPG 파일)을 전달한다. 병원 내부에 디자이너가 없다면 이때 배경이 투명해 진료 전후 사진에 활용 가능한 PNG 파일을 함께 달라고 요청하면 좋다. 병원에서 일러스트 파일을 열수 없다면 PNG 파일을 다양한 크기와 색상으로 요청한다. 추후 병원 내부에서 블로그 운영이나 홈페이지 관리를 할 때 워터마크로 사용하기 위해 미리 준비하는 것이다.

작은 병원에서 프리랜서 디자이너와 함께 로고를 제작할 때 거칠 법한 매우 간략한 과정에 대해 설명했다. 참고하고 상황에 맞춰 제작해 보기 바란다.

③ 인테리어와 간판

브랜드를 관리하고 마케팅을 통한 커뮤니케이션을 하는 데 있어 가장 중요한 것을 하나 꼽으라고 한다면 차별성과 일관성이다. 경쟁자와 나를 달리 만들어야 하고 이 다름을 고객에게 일관되게 어필해야 한다. 지금까지 앞에서 차별화된 우리만의 정체성을 만드는 이야기를 했다면 이제는 그 차별점을 일관성 있게 고객에게 전달하는 단계다.

병원명, 슬로건과 로고까지 만들었다면 이제 이 같은 브랜드 구성요소를 활용하는 집행 단계에 들어서게 된다. 이 시점에서 흔하게 발생할 수 있는 실수는 브랜드 요소를 그대로 서랍장이나 컴퓨터 파일 속에 재워 두고 그것과 무관하게 병원 꾸리기에 돌입하는 것이다. 개원 초기에는 인테리어나 간판을 디자인하고 꾸미는 업무에서 이런 오류가 발생할 수 있다. 간판과 병원 인테리어는 환자 입장에서 병원과 마주하는 첫 실물 접점이다. 사람의 첫인상이 중요하듯 병원도 환자에게 남기는 첫인상이 매우 중요하다. 이 시점에서 그동안 고민해온 병원 철학과 방향을 잠시 잊고 그저 예쁜 것, 보기 좋은 것에 집중하는 경우를 종종 본다.

병원 인테리어가 호텔이나 카페처럼 예쁠 필요는 없다. 청결성을 의심받을 가능성을 완전히 제거하고 의료진과 환자 동선 등 다양한 기능적 요소를 고려하면서 브랜드 관점에서 우리 병원 정체성을 명확히 전달하는 방향으로 디자인을 고민해야 한다. 환자가 우리 병원에서 접하는 모든 접점에서 브랜드 정체성을 녹여내겠다는 대표의 의지가 필요하다.

04

병원 브랜드에 숨은
3가지 구성요소

앞서 소개한 브랜드의 기본 구성요소가 병원을 개원할 때 고민해서 창작해야 하는 것들이라면 지금부터는 병원을 운영하는 과정 즉, 관리 차원에서 신경 써야 할 사항을 소개한다. 아이가 태어나면 이름을 지어주고, 옷을 입히고, 밥을 준다고 해서 양육이 다 끝나는 것이 아니다. 마찬가지로 브랜드도 평소 아이를 키우는 것 같은 관심과 애정이 필요하다. 그렇다고 브랜드 관리 전략을 복잡하게 생각하면 한도 끝도 없어진다. 오히려 마음 속에 애정을 가지고 지켜보고 장단점을 살피고 우리 브랜드가 세상과 관계를 잘 맺고 살아갈 수 있게 신경 쓴다고 생각하면 된다. 그렇다면 우리가 어떤 부분에 신경을 써야 하는지, 병원 운영을 시작하는 원장님이 간과할 수도 있는 병원 브랜드의 4가지 숨은 요소를 소개해 보겠다.

1) 의료진 캐릭터

역지사지로 생각해 보면 의료진 캐릭터는 병원 브랜드의 핵심일 수밖에 없다. 여러분이 의료인이 되기 전 오래 다닌 병원이 있다면 어떤 곳인지 기억해 보자. 아마도 그 병원 원장님이나 스태프 얼굴이 떠오를 가능성이 크다. 조금 더 기억을 상기해 보면 의료진 캐릭터가 기억날 것이다. 친절하고 언제나 쾌활한 원장님이 있을 수도 있고, 내가 아프면 과할 정도의 표정을 지으며 아픔에 공감해 주던 데스크 스태프가 떠오를 수도 있다. 그들의 말투나 행동이 상세히 기억나기도 한다.

전지적 환자 시점에서 바라보면 병원 실력이나 객관적 장비보다 원장님의 캐릭터가 더 중요하다. 환자 대부분이 객관적 정보처리를 해낼 능력이 부족하기 때문에 정보처리와 의사결정에 활용하는 가장 강력한 큐는 나를 치료해 주는 사람일 수밖에 없다.

이런 브랜드 요소인 의료진 페르소나를 병원에서 의도적으로 기획하고 관리할 필요가 있다. 우리 의료진을 환자들이 어떻게 바라보는지, 그것이 우리 병원이 희망하는 전체적인 브랜드 방향성에 부합하는지 질문하고 의도적으로 브랜드와 의료진 캐릭터를 동기화해 나가야 한다.

닥터리병원 마케팅 담당을 시작하고 2년 정도 경과했을 때의 일이다. 갑작스러운 매출 폭등으로 인력이 부족해져 오후에는 거의 데스크 상담 업무에 투입되고 있었다. 성심껏 마케팅을 진행하고 있었지만 너무도 갑작스러운 성장이 의아하기까지 했다. 이때 나는 내원한 환자에게서 답을 찾았다. 한 환자가 진료비를 지불하며 이런 이야기를 했다. "이 병원은 홈페이지에서 본 말을 원장님이 똑같은 느낌으로 말하고, 그 원장님 말을 진료실 전원이 똑같이 따라하고, 데스크에서도 똑같이 말해요. 재밌는 건 말투에서 표정, 손짓까지 똑같아요. 꼭 한 사람 같아요." 닥터리병원 의료진의 페르소나가 일관된 하나로 유지된다는 칭찬이었다. 아마 병원을 운영해 본 원장님들은 이미 겪어 봤겠지만 나와 스태프의 페르소나가 동기화되는 것은 우연히 일어날 수 있는 그런 일이 아니다. 정확한 방향과 그 방향에 대해 스태프에게 꾸준히 상기시키는 노력이 필요하다.

나는 이후로도 환자분들께 동일한 이야기를 상당히 자주 들었다. 그리고 환자와의 소통에서 이런 칭찬을 듣지 못할 때는 뭔가 우리 브랜드 페르소나에 적신호가 켜졌다고 판단했다. 그리고 항상 그 시점에 일시적으로 매출 하락이 동반된다는 것도 경험을 통해 알게 됐다.

2) 핵심 진료 상품화

가족이 손을 다쳐 급히 정형외과에 입원해 수술을 받았다. 일주일 입원 기간 동안 나는 같은 입원실을 쓰는 환자들의 행동이 흥미로워 유심히 살펴봤다. 온라인에서 검색해서 온 곳이 아니고 급히 어디선가 의뢰받아 내원한 곳인지라 입원 후 병원 탐색을 시작하는 환자들을 한 공간에서 보는 것은 내 입장에서는 처음 접하는 광경이었다. 대부분 사고로 다쳐 온 분들로 죽을 병이 아니었기에 입원한 주변 사람들과 즐겁게 대화하는 분위기였다.

환자들은 내원 후 1차적으로 이 병원의 주력 진료과목이 무엇인지 빠르기 탐색했다. 흥미로웠다. 나를 담당하는 원장님 특징보다도 먼저 이 병원이 어떤 진료를 주력으로 하는지를 파악하고 이 병원이 나를 위해 무엇을 해줄 수 있는지 찾는 모습이 입원 환자들에게 나타났다. 환자 입장에서는 이 병원이 나를 위해 해줄 수 있는 '무엇'을 먼저 파악하고 그 무엇을 중심으로 병원 정체성을 인지적으로 구성하는 과정을 거치고 있었다. 닥터리병원을 알리는 일을 할 때 핵심 진료과목을 정의하는 것이 마케팅의 성공 요인이라고 예상은 하고 있었지만 환자 반응을 눈앞에서 보며 이론을 검증하는 기회는 처음이었다. 결국 병원이 정하는 핵심 진료가 환자 머릿속에 우리 병원 정체성을 정의하는 골격과도 같은 것이다.

따라서 핵심 진료는 의도를 가지고 환자에게 어떻게 제시할지 고민할 필요가 있다. 간혹 길을 가다 치과에서 내놓은 배너 홍보물을 볼 때가 있다. 임플란트, 치아교정, 라미네이트, 치아미백, 충치 치료 등 고가 진료를 나열한 메시지를 볼 때면 '저게 아닌데...'라는 생각을 하게 된다. 다 할 수 있다는 것은 결국 그 무엇도 전문성을 가지지 못했다는 인상을 줄 수 있다. 나를 찾을 이유를 만들 만큼 강렬한 인상을 남기기 위해서는 환자가 기억할 만한 핵심 요소를 짚어 주는 노력이 필요하다. 만일 이 많은 진료과목을 모두 전문으로 한다고 말하고 싶다면 최소한 환자가 그 메시지에 수긍할 수 있는 근거를 제시해 설득을 시도하고 기억하기 좋게 구색을 갖춰 전달해야 한다.

가장 흔하게 사용되는 방법은 주력 진료과목을 하나만 어필하는 방법이다. 또 다른 방법은 특정 증상을 기반으로 포지셔닝을 하는 것이다. 두 가지 예를 하나씩 들어 보겠다.

첫 번째로 진료과목을 기반으로 메시지를 만드는 방법이다. 피부과는 보톡스 필러를 주력으로 진료한다는 메시지를 만들기도 하고 치과는 사랑니 발치 전문이라는 메시지를 핵심으로 내세우기도 한다. 정형외과에선 최근 도수치료라는 단어가 자주 보인다. 수술을 무서워하는 환자를 위해 비수술적 시술을 주력으로 하는 병원이라는 메시지를 내세우는 것이다. 아마도 각각의 사례를 보면 이를 기반으로 성공한 병원들이 떠오를 것이다.

두 번째로 증상을 기반으로 메시지를 만드는 방법이다. 시술이 아니라 증상을 기반으로 한다는 것은 환자가 느끼는 불편함 즉, 문제를 마케팅 메시지로 활용하는 것을 뜻한다. 예를 들어, 어지럼증, 탈모, 돌출 입, 문신 제거, 장 누수, 작은 얼굴같이 환자 입장에서 자신의 문제를 꼬집어 해결해 준다는 메시지를 만들 수도 있다. 이런 증상을 기반으로 한 병원 마케팅은 경쟁이 심한 시장에 후발주자로 진입할 때 유용하다. 이미 경쟁자가 시술명을 기반으로 시장을 선점했다면 증상을 기반으로 시장에 진입하는 것은 마케팅 업계에서 흔히 말하는 게임의 룰을 바꾸는 것이다. 다시 말해, 후발주자에게 유리하게 경기 종목을 바꿔서 싸우는 마케팅 전략이 될 수 있다.

3) 우리 병원만의 스토리

2015년 마이크로소프트(MS)에서 흥미로운 연구를 진행했다. 인간의 평균 집중시간을 연구했고, 그 결과 8.25초로 밝혀졌다. 붕어의 집중력이 9초라고 하는데 이보다도 짧다. 2000년에도 인간의 집중시간에 대한 연구가 있었는데 그때는 12초였다고 한다. 세월이 갈수록 인간의 집중력은 점차 짧아지는 추세인 듯하다.

우리는 이렇듯 집중력이 붕어보다도 못한 고객을 대상으로 정보를 전달해야 한다. 게다가 그들은 그 짧은 집중력을 활용해 하루 평균 3만 5,000여 건의 의사결정을 내리는 중이다. 정리하자면 우리 고객이 우리 메시지를 듣고 우리가 원하는 의사결정을 내릴 가능성은 매우 희박하다는 것이다.

개인적으로 심리학자들은 참 대단하다고 생각하는데 이들은 인간의 짧은 기억력이란 문제를 그냥 지나치지 않고 연구를 거쳐 해결책으로 '스토리텔링'이라는 도구를 제시한다. 결국 인간을 설득하고 의사결정에 영향을 미치는 가장 강력한 도구가 이야기라는 것이다.

최근 뇌과학자들은 인간이 스토리에 노출될 때 신경전달물질이 자극받는다는 사실을 알아내었다. 옥시토신, 도파민, 엔도르핀, 코르티졸이 분비된다는 것이다. 미국의 신경경제학자 폴 잭은 실험 참가자들에게 죽어가는 어린 아들을 둔 아버지의 스토리를 영상으로 보여줬다. 그 결과 옥시토신이 48% 증가하는 것을 확인했다. 그리고 이 불쌍한 아들을 위해 기부를 할 의향이 높아진다는 것도 발견했다.

　신경전달물질과 병원을 운영하는 나와 어떤 연관이 있는지 이해가 안 된다면 다음의 흥미로운 연구에 관심을 기울이기 바란다. 뉴욕타임스 저널리스트 롭 워커는 스토리텔링이 인간에게 얼마나 강력한 무기인가를 알리기로 결심했다. 그는 이베이(eBay)에서 크게 쓸모가 없어 보이는 물건을 구매했다. 총 197달러를 들여 돼지 저금통, 머그컵, 나무로 만든 말머리 등을 구매했다. 평균 가격은 1.25달러였다.

<일반적인 물건에 스토리를 부여할 때 가치 상승 정도를 확인하

기 위한 워커의 연구에 사용된 물품들(출처 : PSFK Originals 유
튜브 채널)>

그리고 전문작가 200명에게 연락해 스토리의 힘을 알릴 연구
에 동참해 줄 것을 요청했고 놀랍게도 모두가 동의했다. 각 물건에
전문작가가 스토리를 작성하고 다시 이베이에 물건을 업로드했
다. 결과는 어땠을까? 197달러에 구매한 200개의 물건을 되판 금
액은 총 8,000달러로 물건 가격이 6,395% 증가했다. 물건에 이야
기를 부여하니 없던 가치가 생긴 것이다. 이것이 스토리의 힘이다.

병원도 마찬가지다. 환자를 이성적으로 설득하려 아무리 노력
해도 효과가 없었다면 스토리를 통해 의외의 결과를 얻을 수 있다.
잘 들여다보면 병원에는 스토리가 넘쳐난다. 나는 환자와의 상담
이나 온라인에 올라온 후기 등에서 스토리를 수집한다. 또, 데스크
에 요청해 특이한 이야기를 하는 환자가 있으면 놓치지 말고 마케
팅팀에 전달해 줄 것을 요구했다. 이 이야기를 잘 각색하면 환자를
설득하는 효과적인 무기가 된다. 아나운서 시험을 준비하던 환자
의 라미네이트 시술 이야기, 항공승무원 시험에 3번 떨어진 후 앞
니 교정을 받았던 환자 이야기 등이 있다. 치아가 5개 남은 엄마를
모셔온 딸 이야기도 내가 상담을 할 때나 마케팅에서 자주 쓴 레퍼
토리다. 환자 입장에서 나와 동일한 문제를 가진 누군가가 이미 이
병원에서 치료를 받고 긍정적인 결과를 얻었다는 메시지보다 강
력한 설득 메시지를 아직 찾지 못했다.

우리 병원을 내원하는 주인공들의 이야기에 관심을 기울이기

바란다. 관심을 가지면 의외로 다양한 이야기가 펼쳐진다. 그들이 원하는 것, 그것을 얻기 위해 제거해야 할 난관, 그리고 이때 우리 병원은 어떻게 조력자 역할을 할 수 있는지 고민해 스토리를 만들어 보기 바란다.

작은 병원 마케팅 실전 가이드 2 :
3가지 질문의 답이 브랜딩이다

1) 우리 병원이 사람이라면 어떤 성격을 가진 사람인지 세 단어로 표현해 보기

브랜드로 성공한 사람들은 모두 브랜딩의 시작은 '키워드', 즉 그 브랜드를 표현하는 핵심 단어를 찾는 것에서 시작된다고 말한다. 브랜드 매니지먼트라는 것이 매우 복잡한 과정을 거치는 것 같지만 그 시작은 결국 우리의 철학을 가장 잘 표현하는 단어를 찾는 데서 시작된다는 것이다.

만일 우리 병원을 대표하는 키워드가 3개 정도 떠오르지 않는 다면 아직 우리는 브랜딩이라는 긴 여정을 시작하지 못한 것이다. 브랜드의 궁극적 목적은 고객에게 좋은 느낌으로 기억되는 것이다. 그리고 그 기억의 중심에 키워드가 있다. 그래서 브랜드 전문가들은 입을 모아 끊임없이 키워드의 중요성에 대해 강조한다.

우리가 평소 기업을 기억하는 방법을 한번 떠올려보자. 마켓컬리 하면 '새벽배송'이 떠오른다. 쿠팡은 '로켓배송', 신세계는 '쓱닷컴'이 연상된다. 이 브랜드들의 성공에는 고객이 기억하고 연상할 수 있는 단어가 있다. 반대로 같은 업종 카테고리에 있으면서 성장세가 둔화된 브랜드를 떠올려보기 바란다. 아무래도 바로 연상되는 단어가 없을 가능성이 크다. 브랜드의 가장 큰 목적은 고객에게 우리를 기억시키는 것이다. 고객이 우리를 기억하게 만들기 위해서는 기억을 돕는 노력이 필요하다. 브랜드와 연관이 높고 의미를 가지는 단어는 고객이 우리 브랜드를 기억하도록 돕는 연상장치(Mnemonic Device)로 작용한다.

이런 멋진 키워드를 소유하는 브랜딩 과정의 첫 단계는 내가 원하는 방향을 명확히 하기 위해 재료가 될 단어를 도출하는 것이다. 우리 병원을 대변할 단어를 3개 찾길 바란다. 앞서 소개한 바와 같이 닥터리병원의 경우 초기에 깐깐함, 미적감각, 보수적 성향이라는 세 단어를 도출한 후 그 단어 범주에서 만트라와 슬로건을 만들어 나갔다.

단어 도출이 어렵다면 주변에 성공한 병원의 숨은 핵심 단어를 추적하는 것으로 연습해 볼 수 있다. '석플란트'하면 어떤 단어가 떠오르는지, '바노바기성형외과'나 '톡스엔필'은 어떤 단어가 떠오르는지 연상되는 단어를 찾아보자. 나의 경우 강남역에 있는 모든 경쟁 가능한 치과명을 모아 각각의 병원이 가지는 키워드를 도출해 분석해 봤다. 나를 아는 게 어려울 때는 적을 먼저 분석해 보는 것이 좋은 방법이다.

2) 우리 병원 내부자들은 한마디로 스스로를 '무엇'이라고 표현하는가?

10년간 닥터리병원의 마케팅을 담당하면서 내가 느낀 병원 마케팅이 어려운 이유는 우리만의 장점을 환자에게 전달하는 것이 쉽지 않다는 것이었다. 의료 서비스는 일단 형체가 없는 무형의 서비스다. 거기다 환자는 우리 의료 결과를 객관적으로 판단할 수 있는 지식을 가지고 있지 않다. 추가로 의료법상 함부로 우리의 강점을 표현하는 것이 불법이 될 여지도 있다.

경험을 통해 나는 이 문제를 해결하는 가장 저렴하고 효과적인 방법을 찾았다. 우리 동료 즉, 병원 전 스태프가 우리 병원의 존재 이유와 가치를 명확히 공유하는 것이다. 이 사실을 몇 년 만 더 빨리 알았다면 아마도 더 큰 수익을 얻을 수 있었을 것이다. 스태프들에게 우리 병원을 한마디로 표현해 보라고 질문해 보자. 일관된 답을 듣는다면 이미 우리는 브랜드 관리를 시작한 것이다.

'무기가 되는 스토리'의 저자 도널드 밀러(Donald Miller)는 그의 팟케스트에서 내부자에게 기업의 가치를 잘 전달하고 유지하는 요령을 소개한 바 있다. 일단 3개의 문장을 만든다. 첫째로 고객이 가지는 문제를 정의하고, 둘째로 우리 기업이 제시하는 해결책을 작성하고, 마지막으로 우리의 해결책을 통해 고객이 얻게 되는 가치를 작성한다. 총 3줄의 문장이 완성되는데 읽어보면 우리 기업에 대해 모르는 사람에게 말해도 우리가 어떤 기업인지 이해할 수 있는 흐름이다. 그는 이를 '원라이너(One liner)'라고 불렀다. 그리고 전 직원에게 원라이너를 공유하고 무조건 외울 것을 요구했다. 아래는 도널드 밀러가 소유한 회사의 원라이너다.

도널드 밀러 기업의 One liner

고객이 직면한 문제
Most businesses struggle to talk about what they offer.
기업은 자신이 제공하는 가치를 메시지화 하는 것을 어려워합니다.

우리가 제공하는 해결책
We have a process that helps them clarify their messages.
우리는 기업을 가치를 메시지로 정리해줍니다.

고객에게 전하는 가치
So their companies start growing again.
기업은 이 메시지를 활용하여 추가적 성장을 도모할 수 있습니다.

<도널드 밀러가 본인 회사를 위해 작성한 원라이너
(출처 : EntreLeadership 유튜브 채널)>

그리고 복도에서 직원을 만났을 때 랜덤하게 이 원라이너를 외우고 있는지 확인하고 잘 외운 직원에게 5달러를 줬다. 그는 500달러를 쓴다고 가정했을 때 세상에서 가장 저렴한 브랜딩의 시작이라 설명한다. 기업이 목표한 브랜드 방향을 조직이 모두 공유하는 것은 의외로 쉬운 일이 아닌데 500달러라는 상대적으로 적은 비용을 들여 해결한 여우 같은 방법이다. 앞서 소개한 키워드 도출도 하루아침에 쉽게 끝나는 일이 아니다. 마찬가지로 조직이 우리 브랜드 방향을 모두 공유하는 것 역시 단 시간 내 이뤄질 수 없다. 하지만 이런 업무의 중요도를 인지하고 노력하는 과정에서 브랜딩은 자연스럽게 이뤄질 것이다.

3) 환자가 우리 병원을 지인에게 어떻게 소개할까?

학교에서 브랜드에 대해 공부하면 브랜드 자산의 구성요소로 브랜드 인지(Brand Awareness)와 브랜드 연상(Brand Recall)에 대해 배운다. 결국 브랜드를 관리하는 가장 큰 이유가 이 두 가지인 것이다. 우리를 기억하게 하는 것, 그리고 우리를 어떻게 기억하게 하는가다. 즉, 치과라면 이가 아플 때 우리 치과가 떠오르게 하는 것이 목적이다. 여기서 믿을 만한 실력 있는 치과로 떠오른다면 두 가지 모두 성공한 것이다.

브랜드 인지도	브랜드 회상

"저기 4층에 안과가 내가
어릴 때 다니던 곳이네~"

"실력 있는 친절한 원장님이
계셨는데 다시 가야지~"

<브랜드 인지도와 브랜드 회상의 차이>

결국 브랜드를 관리하는 이유는 고객인 환자가 우리를 기억하게 하는데 있어 의도적으로 무엇으로 기억되게 할 것인가를 정해서 그들의 기억 속에 남기 위함이다. 닥터리병원을 관리하던 어느 날, 대기실 환자가 친구와 나누는 이야기를 우연히 듣게 됐다. "응, 여기는 이를 건강하게 만드는 게 중요한 치과야. 믿어도 돼." 순간 가서 절이라도 해주고 싶은 심정이었다. 감사했다. 우리 의도를 알아줘서. 이후 나는 모든 마케팅을 진행할 때 우리 환자가 자신의 지인에게 위 사례처럼 얘기할 수 있게 메시지를 전달하고 있는지 살폈다. 이런 목적이 생기자 마케팅을 운영하는 과정에서 겪게 되는 다양한 의사결정이 수월하게 느껴졌다.

브랜드 관리가 멀게 느껴진다면 간략하게 우리 환자가 나를 무엇이라고 기억하게 할 것인가라는 질문에 답을 하고 그 답을 현실화하기 위해 노력해 보기 바란다. 언젠가 "그 병원 브랜딩 좀 한다."라는 소리를 듣게 될 것이다.

제3장

툭 까놓고 돈 이야기
: 병원 여건에 맞는
마케팅 예산
설정하기

01 ————————————

병원 마케팅 예산
교과서대로 집행해도 될까?

　대학원 시절 MBA 코스에서 진행하는 글로벌 마케팅 강의를 수강한 적이 있다. 이때 처음으로 기업 마케팅 예산을 어떻게 산정할지에 대해 들었다. 광고를 전공한 나는 마케팅 예산 설정에 대한 교육을 받은 적이 없다. 광고대행사는 광고주가 정해주는 예산을 충실히, 최대한 효과 나게 집행하고 그 효과에 대해 보고만 하면 되기에 관심을 가져 본 적도 없었다.

　처음으로 듣는 이야기에 흥미로워 귀를 기울이니 교수님은 이렇게 말씀하셨다. "기업이 평균적으로 산정하는 마케팅 총비용은 매출의 10%가 보편적입니다." 그랬다. 교과서적으로 적정한 마케팅 예산은 매출의 10%인 것이다. 하지만 이후 교수님은 이 10%라는 비율은 각 기업의 다양한 내부 변수에 따라 달라질 수 있다고 한참을 설명하셨다. 정리해 보면 결국 평균은 10%지만 기업의 실제 순이익에 따라 더 쓸 수도 있고 덜 써야 할 때도 있는 것이다. 결국 교과서적으로는 매출의 10%가 기준이지만 이 금액을 절대적으로 믿어서는 안 된다.

매출의 10%와는 거리가 먼 사례를 하나 소개하겠다. 화장품 카테고리다. 평균적으로 매출의 60% 이상을 마케팅 비용이 차지한다. 그럴 법도 한 게 화장품은 생산단가가 워낙 낮다. 최근 자료를 찾아봐도 화장품 제조단가는 성분과 용기를 포함해 2,000원~3,000원 정도다. 상당한 마진을 확보할 수 있는 구조다. 1만 원에 화장품을 팔면서 광고비 3,000원을 써도 순이익이 남는다.

추가적으로 화장품은 다른 상품에 비해 독특한 특성을 가진다. 판매하는 상품의 기능이 아닌 소비자의 느낌이 구매의 가장 큰 요인이라는 점이다. 다시 말해 화장품은 브랜드가 전부다. 화장품을 구매하는 고객은 아름다움을 사는 것이지 주름방지 기능을 사는 것이 아니다. 따라서 이런 특수성을 감안해 화장품의 경우에는 마케팅 예산이 유달리 많은 것이 보편적이다.

그렇다면 병원은 어떨까? 우리는 도대체 마케팅 예산을 얼마로 산정해야 할까? 10%면 되는 걸까? 실제 병원에서 근무를 시작한 나는 이 문제에 봉착했을 때 여느 원장님들과 마찬가지로 큰 고민에 빠졌다. 어쩌면 아는 게 많으니 더 고민이 됐는지도 모른다. 처음에는 광고나 마케팅 업계가 사용하는 지표를 기반으로 고민했다. 전체 병원 운영에 들어가는 투자금 대비 수익율(ROI:Return On Investment)이나 집행한 광고비용 대비 효율(ROAS:Return On

Ad Spend)을 상상해 나름 계산기를 두들겨 보기도 했다. 하지만 마음에 드는 답을 찾지 못했다.

아니 실제 이 이론에 맞는 답을 추후에 찾기는 했다. 병원을 운영하고 마케팅 활동을 진행한지 3년 정도가 흘렀을 때 환자가 병원에 도달하게 하기 위해 몇 명의 가망 고객에게 우리를 노출시켜야 하는지에 대한 기본적인 수치를 확인했다. 또, 도달한 환자와 상담 후 동의율을 예측할 수 있어야 했고, 환자당 객단가도 유추해야 했다. 이런 데이터가 누적되면 환자 한 명을 내원시키는데 드는 마케팅 비용이 대략적으로 산출된다. 실제 이런 데이터가 누적된 후 효과를 측정해 마케팅 활동을 진행할 때는 업무에 자신감이 붙고 집행 전 이미 어느 정도 환자가 내원할지 미리 예상하고 준비할 수 있었다. 하지만 이는 마케팅을 꾸준히 하며 그 결과로 나오는 데이터를 꼼꼼히 챙겨 잘 관리했을 때 가능한 결과다. 개원 초 ROAS를 들먹이며 마케팅 예산을 산정하는 것은 비현실적이다.

02

개원 초기
마케팅 비용 계산법

　경험도 데이터도 없던 나는 어쩔 수 없이 조금은 단순하게 내가 할 수 있는 방법을 선택했다. 대행사 시절 내가 본 광고주의 수치를 기반으로 테스트해 보기로 결정한 것이다. 가장 최근 담당했던 광고주가 떠올랐다. 월간 매출표를 광고대행사에 공유해줘 자세히 봤던 기억이 났다. 그 기업은 당시 연간 매출이 대략 1조 원에 연간 마케팅 비용은 약 1,000억 원을 지출했다. 이중 700억 원정도가 광고 매체비로 나갔고 나머지 비용이 광고 제작비, 모델료, 홍보, 프로모션, 이벤트, 홈페이지 운영 등에 사용됐다. 일단 이것을 기준으로 삼았다. 내가 희망하는 매출을 상상하고 그 매출의 10%를 예산으로 설정했다.

　마케팅 예산은 대부분 모두 광고비라고 생각할 수 있지만 마케팅 활동에는 광고 외 홍보 활동이나 각종 프로모션이 있을 수 있고 위기 관리 예산도 필요하다. 또, 홈페이지 개발과 운영비 등의 커뮤니케이션 활동이 마케팅 예산에 포함될 수 있다. 따라서 매출의 10% 예산을 모두 광고비로 산정하지 않고 이중 30% 정도는 광고비 외로 소진될 수 있다고 판단하고 운영했다. 경우에 따라 새로운 채널에 활동을 시도하거나 집행할 때는 예산을 초과할 때도 있었다. 특히 홈페이지를 개발하거나 페이스북이나 인스타그램, 유튜브 같이 새로운 채널을 처음 시도할 때는 투자라고 생각하고 마케팅 예산이 10%를 넘을 수 있다는 가정에서 운영했다. 꼭 맞지는 않았지만 기준이 있다는 것이 마음을 편하게 했다.

중요한 것은 매출의 10% 마케팅 예산은 가이드지 목표가 아니어야 한다는 점이다. 나의 목표는 언제나 '광고비 0원'이었다. 내가 마케팅을 하는 이유는 언젠가는 마케팅비를 안 쓰는 구조를 만들기 위함이었다.

병원 경영은 기업과는 다르다. 지속 가능하게 운영될 수는 있지만 지속 성장은 어렵다. 제품은 10개 팔다 1만 개를 만들어 팔 수 있지만 의료 서비스는 결국 의료인의 시간을 제공하는 것으로 무한 성장이 어렵다는 것이 나의 판단이었다. 따라서 병원 매출이 어느 정도 안정되면 순이익을 향상시키기 위해 광고비는 당연히 줄여야 할 1순위 대상이다. 이런 생각으로 10년을 운영하니 해마다 마케팅 예산이 줄어 개원 5년 차부터는 내 인건비 포함 매출의 3%를 넘겨 마케팅 예산을 쓴 적이 없다.

돈을 덜 쓰려면 당연히 그만큼 노력이 필요하다. 초기 목표를 세운 후에는 내가 한 마케팅 활동의 효과를 정확히 측정할 수 있는 방법에 대해 꾸준히 고민했다. 최근에는 퍼포먼스 마케팅이라고 해서 데이터를 기반으로 효과를 측정해 최적의 마케팅 방법을 찾는 방식이 각광받고 있다. 문제는 이런 방법이 병원에 바로 적용되기 어렵다는 것이다. 환자의 병원 서비스 구매 여정이 온라인에서 모두 완성되지 않기 때문이다.

예를 들면 다음과 같다. 고객이 온라인 쇼핑몰에서 화장품을 구매한다. 쇼핑몰에 도달한 세희 씨가 어떤 경로를 통해 우리 사이트에 도달했는지, 몇 번 방문했는지, 장바구니에 상품을 담고 바로 구매를 했는지, 아니면 시간이 경과했는지, 최종적으로 언제, 얼마에, 몇 개 상품을 구매했는지를 데이터로 수집해 확인할 수 있다. 또, 상품 구매 후 재방문, 재구매도 추적해 분석할 수 있다. 따라서 고객 한 명이 우리 사이트에 방문해 제품을 구매하기까지 소요된 비용도 추측해 볼 수 있고, 객단가 역시 간단히 계산할 수 있다.

문제는 병원은 이렇게 환자 여정이 이뤄지지 않는다는 데 있다. 정확히 어떤 마케팅 메시지가 전화상담 환자나 내원 환자에게 노출됐는지 알기 어렵다. 내원 환자는 병원 입장에서 볼 때 소개를 받고 왔을 수도 있고 그저 지나가다 걸어 들어왔을 수도 있다. 혹은 네이버에서 다양한 정보를 검색하고 왔을 수도 있다. 온라인 쇼핑몰에서 제품을 판매하는 것과 달리 내원 환자 데이터를 병원에서 직접 수집해 분석하는 노력 없이는 마케팅 효과를 정확히 측정할 방법이 없다. 쉽게 풀어서 이야기하자면 마케팅 집행은 대행사를 활용할 수 있지만 실제 정확한 효과 측정은 그들이 해줄 수 없는 영역에 걸쳐 있다는 것이다. 돈 쓴 내가 고민하고 노력해야 할 부분이 여기다.

앞서 설명한 대략적인 기준을 세우고 마케팅 활동을 시작한다면 최대한 빠른 시일 내에 내원 환자 데이터를 수집하고 정리해야 한다. 전화를 걸어오는 환자 외에 온라인에서 카카오톡이나 네이버톡톡으로 상담하는 환자 등 모든 접점에서 정보를 수집하는 노력을 기울이기 바란다. 근사한 데이터베이스를 만들지 않더라도 이번 달 몇 명이 전화 상담을 했는지, 신환이 몇 명 내원했는데 온라인 마케팅에 노출됐다고 한 환자는 몇 명인지 등의 간략한 정보부터 수집해 지금 운영하는 마케팅 활동과 연결해 고민하는 노력부터 시작하면 된다.

월	매출(원)	환자 수			전체 조회 수		
		전체 환자	신환	구환	온라인 총 조회 수	홈페이지 조회 수	블로그 조회 수
1월	5000만 원	90명	60명	30명	80,000회	30,000회	50,000회
2월	6000만 원	100명	70명	30명	90,000회	30,000회	60,000회
3월	8000만 원	120명	100명	20명	100,000회	30,000회	70,000회
4월	6000만 원	70명	60명	10명	120,000회	70,000회	50,000회
5월	5000만 원	70명	40명	30명	80,000회	30,000회	50,000회

*이해를 돕기 위해 만든 사례임

<간략하게 매출액, 신환, 마케팅 효과를 비교할 수 있는
자료 수집 예시>

엑셀에 정리하거나 공책에 작성하는 것부터 시작해 보자. 내가 닥터리병원에서 업무를 시작하던 초기에는 위 예시처럼 매출액, 환자 수, 블로그와 홈페이지 조회 수를 일기장에 적어서 비교하는 것에서 시작했다. 단순한 작업이지만 지금 운영 중인 마케팅이 신환 내원과 매출에 어떤 영향을 미치고 있는지 대략적으로 파악할 수 있다. 시간이 점차 지나면 추가하고 싶은 자료들이 생기고 숫자를 보는 눈이 생길 것이다.

03

돈을 써도
효과가 없는 이유

　내가 만나본 원장님들 중에는 마케팅을 해봤지만 효과가 없었다는 이야기를 하시는 분이 꽤 많다. 당연한 결과라고 본다. 이렇듯 효과가 나지 않는 마케팅을 하는 병원이 많은 첫 번째 이유는 마케팅이라는 활동을 좁게 바라보는 시각 때문이다. 두 번째는 광고홍보와 같은 커뮤니케이션 효과가 나타나는 원리에 대한 이해가 부족하기 때문이다.

　앞서 마케팅을 4P 관점에서 포괄적으로 이해해야 한다는 것을 설명했다. 마케팅을 해도 효과가 없다고 말씀하는 분들 중에는 마케팅을 단순히 광고홍보 의미로 좁혀 바라보는 것이 문제일 때가 많다. 하지만 만일 4P 전략의 앞 3P(제품, 장소, 가격)를 충분히 전략적으로 구현했는데도 효과가 없다면 이것은 두 번째 이유 즉, 커뮤니케이션 효과 원리에 그 이유가 있을 가능성이 크다. 만일 커뮤니케이션 효과 문제가 의심된다면 도달(Reach), 빈도(Frequency), 메시지 소구(Appeal)포인트, 이렇게 3가지를 체크해야 한다. 하나씩 살펴보자.

첫째, 가망 고객에게 메시지가 도달(Reach)하지 않는 문제다. 예를 들어, 전악 임플란트 환자를 타깃으로 한다고 가정해 보자. 치아가 하나도 없는 환자는 상식적으로 생각할 때 최소 60세 이상의 고령층일 가능성이 높다. 이런 분들에게 메시지를 도달시켜야하는데 만일 인스타그램에 광고를 한다면 효과가 얼마나 있을까? 고령층은 인스타그램 주 사용자가 아니다. 인스타그램에 광고비를 쓴다면 20~30대에 젊고 치아가 모두 있는 사람들에게만 광고 메시지가 노출될 가능성이 크다. 그리고 그들은 전악 임플란트에 관심이 없다. 하늘을 봐야 별을 딸 수 있듯 우리를 찾을 환자가 누구인지, 어디에 주로 모여 있는지를 정확히 파악하고 그들이 있는 곳에서 소리쳐야 한다.

둘째, 가망 고객에게 메시지가 도달은 했지만 빈도(Frequency)가 충분하지 않은 문제다. 광고학 개론 수업을 들으면 도달률과 빈도에 대해 학기 초에 배운다. 도달률이란 우리 타깃의 몇 퍼센트가 우리 메시지에 노출됐는지를 살피는 것이고 빈도는 동일 타깃에게 우리 메시지가 몇 회에 거쳐 노출됐는가를 보는 것이다. 학술적으로는 도달은 당연히 우리가 예상하는 타깃에게 노출시키는 것을 목표로 해야 하고 빈도는 최소 3회가 필요하다는 것이 정설이다.

하지만 이는 TV와 라디오, 신문, 잡지 등 4대 매체를 기준으로 한 연구가 기반이다. 온라인으로 시장이 변화하면서 최근에는 8~20회 이상의 빈도로 노출이 필요하다는 이야기도 나온다. 쉽게 말하자면 고객이 우리 메시지를 한번 듣고 설득돼 우리 병원에 내원할 가능성은 없다는 것이다. 최소 3번은 노출돼야 우리 병원 내원을 고려할 가능성이 생긴다는 뜻이다. 우리에게 100회 메시지 전달이라는 기회가 있다면 무작위로 100명의 고객에게 메시지 1회를 전달하는 것 보다 우리 병원에 내원할 가능성이 높은 고객 10명을 선정해 10회씩 정보를 전달하는 것이 효과적이라고 이해하면 된다.

광고업계에서는 '역치(Threshold)'라는 단어를 자주 쓴다. 광고 집행량이 어느 지점을 넘어서야만 효과가 나타나기 시작한다는 뜻이다. 개인적으로 광고회사를 다닐 때는 이 역치를 느껴 본 적이 없다. 선배들이 그렇다고 하니 그런 줄로만 알고 있었다. 하지만 병원 마케팅을 담당하며 실제 이 역치를 환자 반응으로 매우 직접적으로 확인할 수 있었다.

어느 날인가 신환이 몰려 데스크에서 실장님을 도와 환자 상담을 하고 있었다. 앞니 모양에 불만이 있는 여자 환자가 내원했는데 이런 이야기를 했다. "앞니가 마음에 안 들어 검색을 꽤 많이 했는데요. 어떻게 검색해도 여기가 보이더라고요. 자꾸 보다 보니 여기라는 확신이 들어서 멀리서 찾아왔어요." 이 이야기를 들은 날을 기점으로 이후 비슷한 이야기를 환자분들께 자주 들었다. 준비했던 마케팅이 역치를 넘어서는 시점이었다. 놀라울 정도로 기존에 효과가 없던 바이럴 게시물까지 직접적인 효과로 한꺼번에 터진다는 느낌을 받았다. 결국 마케팅 효과는 누적을 통해 역치를 넘어서서 환자 한 명 한 명에게 충분한 빈도로 도달할 때 발휘된다는 것을 광고 일을 시작한 지 10년이 넘어 현장에서 확인했다.

셋째, 가망 고객을 설득할 수 있는 메시지 소구 포인트가 없을 가능성이다. 나는 '무기가 되는 스토리'의 저자 도널드 밀러의 인스타그램을 팔로우하고 있다. 어느 날 그가 올린 짧은 영상이 마음에 와닿았다. "인간이 돈을 쓰는 유일한 이유는 자신이 가진 문제의 해결을 위함입니다. 오직 우리는 문제 해결을 위해서만 돈을 써요. 만일 제품이나 서비스를 판매하고자 한다면 필히 나의 제품이 고객이 가진 문제를 어떻게 해결할 수 있을지 충분히 보여주는 메시지를 만들어야 합니다."

100% 아니 1000% 공감 가는 메시지다. 간혹 병원 마케팅 메시지를 조사하다 놀랍다는 생각을 할 때가 있다. 도대체 저 메시지는 고객에게 어떤 가치를 제시하는 것인지 불명확 할 때가 있다. 이런 메시지의 경우 충분한 도달율과 빈도를 만든다고 해도 고객 마음을 얻을 수 없다. 만일 마케팅 활동을 충분한 예산을 들여 집행했는데 효과가 없다면 내 메시지가 고객의 어떤 문제를, 얼마나 잘 해결한다고 이야기하고 있는지, 그 메시지를 고객이 쉽게 이해할 수 있게 전달했는지 확인해 봐야 한다.

04

대형병원이 마케팅에
유리한 이유

마케팅이나 광고를 전공한 사람이라면 필히 읽어봤을 법한 업계 바이블이 있다. '마케팅 불변의 법칙'이라는 고전 서적이다. 원서 제목은 '22 immutable laws of marketing'으로 교과서 중의 교과서다. 학부 때부터 시작해 아직도 나의 책상 한자리를 차지하는 가이드북이다. 마케팅 불변의 법칙은 마케팅 환경에서 일어나는 절대 변할 수 없는 22가지 법칙을 소개하는데 그 마지막 장이 흥미롭다.

22번째 법칙은 '재원의 법칙(The law of resources)'이다. 아무리 좋은 아이디어를 가진 기업이라도 그 아이디어를 시장에 내놓고 크게 성장하기 위해서는 충분한 돈이 필요하다는 내용이다. 마케팅 비용은 다다익선이라는 법칙을 내놓은 것이다. 결국 누가 마케팅에 활용할 자금을 성공적으로 조달하는가가 최종 승자를 가른다고 얘기하고 있다. 제1법칙에서 제21법칙까지는 시장 선두주자가 되었을 때의 중요성이나 인식의 법칙이라고 하여 진실보다 인식이 중요하다는 다양한 마케팅 전략을 이야기하지만 마지막 장에 가서 돈 많이 쓰는 자가 승자라는 이야기로 마무리가 된다. 2017년경 우리의 현재 마케팅 예산으로는 더 이상 추가 성장이 어렵지 않을까라는 고민에 빠져 집어 든 책의 마지막 페이지에서 답을 찾은 것이다.

　작은 병원이 마케팅 예산을 충분히 확보하고 공격적으로 시장을 공략하는 대형병원과 정면승부해서 이기기는 어렵다. 이기는 경쟁을 하기 위해선 나 역시 예산을 확보하고 대응해야 한다. 하지만 병원은 보통 지역을 기반으로 한다. 따라서 그들과 매번 직접 경쟁을 위해 예산을 투입할 필요는 없다. 단, 어느 정도 성장을 이뤘고 추가적인 성장을 희망하는 시점이 다가온다면 미리 수익에서 향후 투자금을 확보하라고 조언하고 싶다. 닥터리와 나는 개원 5년 차부터는 1년이 마감되는 시점에 그해의 수익을 확인해 일부를 다음 해 투자금으로 설정하고 별도 관리했다. 물론 이 예산을 모두 쓴 적은 없지만 이 자금이 없었다면 해마다 매출을 증가시키는 성장은 어려웠을 거라고 생각한다.

작은 병원 마케팅 실전 가이드 3 :
그래서 얼마면 됩니까?

1) 개원 초 마케팅 예산 이렇게 정하자

-김 이사 : 만일 다시 개원한다고 하면 경험자 입장에서 초기 마케팅 예산을 얼마로 잡을 거야?

-닥터리 : 흐흐, 당연히 최소로 쓰고 싶지. 근데 지금은 그게 꼭 필요한 걸 아니까. 위치와 상황에 따라 다르겠지만 적어도 2,000만~3,000만 원은 초기 마케팅 예산으로 빼두겠지?

-김 이사 : 2,000만~3,000만 원?

-닥터리 : 아마 실제 개원하는 위치나 주변 환경 특징을 고려해서 결정하겠지. 근데 지금 생각으로는 전체 개원 예산에서 대략 10% 정도는 마케팅 예산으로 책정할 거 같아.

-김 이사 : 그래도 예전보다 비용을 꽤 많이 생각하네?

-닥터리 : 보통 원장들이 마케팅 예산을 1회성 비용이라 생각해서 아까워하지. 근데 해보니까 그렇지 않다는 걸 이제 아니까. 투자 관점에서 볼 때 지금은 10% 정도는 마케팅 비용으로 써도 된다는 판단이 서네.

-김 이사 : 그럼 2,000만 원을 쓴다고 생각하면 예산 편성을 어떻게 할 거 같아?

-닥터리 : 강남이 아니라 특정 동네에 개원한다고 가정할게. 오프라인으로 버스, 마트, 지하철 역사 광고나 아파트 엘리베이터 광고 같은 옥외매체 운영하는데 한 500만 원 정도 초기 비용 예상되는데, 물론 경쟁이 별로 없는 지역이라면 아예 안 쓸 수도 있지만 가정은 일단 이렇게 하자고. 나머지 1,500만 원은 온라인 마케팅에 쓰지 않을까 싶어. 온라인은 댁이 더 잘 알잖아.

-김 이사 : 음... 나라면 일단 홈페이지 제작비로 한 500만~700만 원은 쓸 것 같아. 물론 나야 워낙 홈페이지를 중요하게 여기니까 이것도 최소 예산이긴 하지. 그리고 병원 로고나 내부 포스터 제작하는데 대략 100만 원 정도는 들 거고, 나머지 800만 원 정도 바이럴 마케팅이나 키워드 광고, 그리고 네이버플레이스 광고 같은 곳에 쓸듯 한데? 물론 나야 내가 직접 블로그나 네이버플레이스 세팅 정도는 할 테니 분명 남은 돈으로 카메라 장비 구매하고 편집 프로그램 사서 유튜브 찍고 있겠지? 외주 주기 전에 일단 배우겠다고 한동안 난리 치겠지.

-닥터리 : 근데 아마 작은 병원 개원하는 분들은 2,000만 원

도 크다고 생각할 거야. 1,000만 원 정도가 현실적이지 않을까?

-김 이사 : 그럼 200만~300만 원에 홈페이지 하나 만들고 일반적으로 원장님들은 직접 네이버플레이스 세팅이 어려울 테니 이거 외주 쓰면 될 것 같아. 나라면 몇 십만 원 정도는 병원 전반 이미지와 로고 만드는 디자인 비용으로 쓸 것 같아. 그리고 남은 비용으로 옥외광고 조금하고 블로그는 셀프 운영하면 되겠네. 나는 여기서 100만 원 정도는 내 교육비에 쓸 것 같긴 한데 그럴 분은 많지 않겠지?

-닥터리 : 개원 초에는 좀 힘들 거야. 마케팅 말고도 진짜 정신없거든...

-김 이사 : 맞아 그건 그래.. 참 대단해... 개원이 보통 일이 아니긴 한데...

-닥터리 : 요즘 개원하는 친구들을 보면 좀 안쓰럽지...

얼마 전 닥터리와 나눈 대화의 일부다. 이렇게 소개하는 이유는 개원을 준비한다면 최소 이 정도로 대략적이라도 얼마를 쓸지, 어떻게 쓸지에 대한 고민이 꼭 필요하기 때문이다. 막연하게 상상하는 금액이 현실적이지 않다고 해도 한번 고민해 보고 스스로 예산을 잡아 진행하는 것과 업체에서 추천하는 대로 집행하는 것은 장기적으로 실력을 쌓는데 큰 차이를 만든다. 앞서 내 경험을 통해 언급했듯이 대행사는 실제 얼마의 마케팅 비용이 적절한지 정답을 줄 수 없다. 위의 내용은 현실적인 닥터리와 나의 관점이니 참고하기 바란다.

2) 예산 집행 후 효과가 없을 때 대처 방법

초기 마케팅 예산은 환자를 병원으로 유입하는 효과가 크지 않을 수도 있다. 초기 마케팅은 실험에 가깝고 최대한 빠른 시일 내 효과를 판단해 마케팅을 지속할지 아니면 중단할지를 결정하는 것이 핵심이다. 이런 판단에 도움이 되는 도구를 하나 소개한다.

마케팅 효과는 징검다리를 건너서 천천히 도달한다. 고객이 내가 의도하고 설계해 놓은 돌을 한 발 한 발 밟아 나에게 오는 것이다. 보통 마케팅에서는 이런 과정을 고객 구매행동 모델로 설명한다. 가장 오래된 고전 모델은 AIDA 모델로 1898년 E.S 루이스 제시라는 사람이 선보였다고 알려져 있다. 20세기 내내 광고업계는 이 모델을 기반으로 다양한 광고 효과를 측정하고 분석해왔다. 시대가 변하며 AIDCA, AISAS 등의 모델이 소개됐지만 여기서는 마케팅 예산의 효과를 확인하는 과정에 대한 이야기를 설명하기 위해 가장 고전적인 AIDA 모델을 기반으로 소개하겠다.

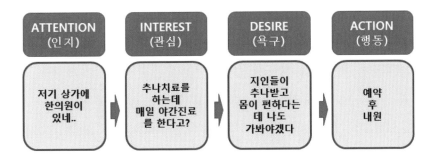

<AIDA 모델로 추측하는 환자의 한의원 내원 과정>

AIDA 모델은 고객의 구매행동까지의 여정을 간소화해 보여준다. 제품이나 서비스를 일단 인지하고 그 제품이나 서비스에 대해 더 알고 싶은 욕구가 생기면 좀 더 상세히 알아본 후 실제 구매를 원하게 되고 결과적으로 구매로 이어지는 과정을 간략히 소개한다. 보편적인 마케팅 효과가 나타나는 과정이라고 볼 수 있다.

병원 마케팅을 집행해도 당연히 이런 과정을 거쳐 환자가 병원에 내원한다. 우리 병원에 대해 알게 되고 병원 특성에 관심을 가지고 좀 더 자세히 알아본 후 실제 내원하는 것이다. 만일 마케팅 활동을 펼치고 있다면 우리 마케팅이 고객이 실제 내원하는 여정 중 어느 부분에서 효과를 미치지 못하고 있는지에 대해 고민해 보고 개선책을 찾거나 중단해야 할 수도 있다.

개원 초기 블로그를 운영하던 나는 엄청난 조회 수에도 환자가 늘지 않는다는 사실을 깨달았다. 하루 1500명 정도의 블로그 방문자와 다양한 상담 문의가 있었다. 감사 쪽지도 오고 반응이 좋았지만 내원 환자는 늘지 않았다. 분명 우리 병원을 시장에 인지시키는 데는 성공한 것 같고, 그들이 전화와 온라인 상담 요청을 하는 것을 보면 관심도 있는데 내원은 하지 않았다. 며칠을 고민하다 나름의 답을 찾았다. 너무 친절한 것이 문제였다. 환자 고민에 최대한 성심껏 답을 제공한다는 취지로 글을 쓰니 전국에서 문의가 쇄도했다. 하지만 이들 중 먼 거리를 이동해 강남역으로 치과 치료를 받으러 내원하려는 사람은 극히 적었다.

결국 AID까지는 성공인데 마지막 A가 따라주지 않는 것이었다. 나는 블로그 마케팅 효과에 대한 확신을 가지고 타깃팅(Targeting:목표 고객)을 바꾸기로 결정했다. 먼 거리라도 내원 가능성이 있는 환자가 원할 만한 콘텐츠만 제작하고 전 국민을 대상으로 하는 진심 어린 이야기는 서서히 줄였다. 예를 들어, 개원 초기에는 사랑니 발치 후 감염 같은 문제가 발생했을 때 어떻게 대응해야 하는가에 대한 글을 썼다. 미국에서 유학하던 당시 치아에 문제가 생기면 너무도 곤혹스러웠기에 돕고 싶다는 마음도 있었다. 하지만 이런 유형의 글은 이미 사랑니 발치가 끝난 환자가 읽는 내용이다. 이런 글은 감사 인사는 받지만 그 환자를 볼 일은 없다. 따라서 이런 글은 줄여가고 대신 사랑니가 너무 아파 퇴근시간에 내원한 환자의 사랑니를 안 아프게 발치한 사례를 소개했다. 이런 글은 사랑니 발치가 필요한 환자에게 도달하고 발치가 필요하기에 내원까지 이어질 가능성이 높다. 이런 글을 작성할 때는 우리 병원만이 제공할 수 있는 핵심 차별성을 포함해 이야기를 끌어가면 된다. 이렇게 글의 내용을 바꾸자 효과는 우수했다. 메시지 소구 방법을 전환한 후 온라인 마케팅을 보고 내원했다는 신환 수가 곧바로 100명을 넘겼다.

마케팅 예산을 쓰고 있는데 효과가 나지 않는다면 고객의 구매 행동 여정 중 어디에서 막히고 있는지를 유심히 살펴봐야 한다. 의외로 인지 단계부터 문제가 발생했을 수도 있고, 아니면 닥터리병원처럼 마지막 행동을 이끄는 포인트가 약할 수도 있다. 이런 원인을 정확히 알아야 집행을 중단할지 아니면 개선해 지속할지에 대한 바른 판단을 할 수 있다.

3) 세상 아까운 마케팅 비용을 바라보는 자세

처음으로 취업했던 광고회사에는 KCC라는 광고주가 있었다. 모두 알다시피 페인트회사다. 2000년도 초에 입사해 보니 이 회사는 연간 300억 원 가까이 광고를 집행하고 있었다. 처음에는 도저히 이해할 수 없었다. 이 상품은 B2B상품이 아닌가. 자동차회사나 건설회사를 대상으로 기업 간 판매가 주를 이루는데 무슨 TV 광고란 말인가. 광고비가 너무 과하다는 생각이 들었다.

선배에게 물어보니 회장님께서 세금 내느니 기업 이미지를 장기적으로 키우는 게 미래를 위한 투자라고 생각한다고 설명해 줬다. 20대 젊은 직장인에게는 잘 이해되지 않는 주제였다. "광고비로 쓰면 그만큼 세금을 안 내는 건가요?" 이렇게 질문하자 선배는 "그렇다."라고 답했다.

실제 이 의미를 제대로 이해하는 데는 병원 입사 후 3년이 지나

세금 신고라는 경험이 필요했다. 세금이라는 것이 결국 순이익을 기준으로 지불하는 비용이다. 광고비를 지출했다면 그 비용은 당연히 세금 대상이 아닌 것이다. 결국 국가가 기업이 장기적인 성장을 위해 마케팅에 투자할 경우 그만큼은 세금 부과에서 제외해 주는 것이다. 우리는 수익이 많은 해에는 필히 마케팅 투자금도 추가로 책정했다. 성장을 위한 밑거름으로 아까워할 부분이 아니라는 결론에 도달했기 때문이다.

마케팅 비용은 투자다. 현재 우리 병원의 수익구조와 시장 상황을 살피고 적절한 시기에 투자를 아끼지 말고 장기적인 병원 성장을 만들기 바란다.

제4장

마케팅
누구를
시키오리까

01

대행사 출신
병원 내부자의 조언

    나는 보스턴 대학에서 광고를 전공했다. 입학 첫날 미국 전역에서 모여든 예비 광고인 신입생을 모아 놓고 학장님이 한 말을 아직도 기억한다. "여기 모인 여러분은 이 나라의 광고 마케팅 전문가로 성장할 것입니다. 단, 여기 모인 학생 중 상위 20%는 광고대행사에 입사해 전문가로 자신의 역할을 하게 될 것이고 나머지 80%는 각 기업의 광고주로 자신의 소명을 다하게 될 것입니다."

    나는 그날 마음을 정했다. 광고대행사를 다니는 전문가가 되기로 말이다. 상위 2%도 아닌 20% 안에 드는 것은 너무도 당연한 일이었다. 그리고 어린 마음에 광고를 실제 만드는 대행사의 일이 더 중요하고 더 멋지게 느껴졌다.

    하지만 지금은 생각이 좀 다르다. 오히려 80%의 광고주 업무가 훨씬 더 중요하고 매력적이라고 생각한다. 대행사 업무는 클라이언트가 시키는 일을 하지만 광고주는 선택하고 책임지는 일을 한다. 대행사는 광고를 만드는 순간순간의 상황에 맞춰 기획하고 집행하지만 광고주는 먼 미래까지 내다보고 성장을 도모한다. 더 멀리 보고, 더 깊이 이해해야 하는 업무다.

광고나 마케팅은 대행사 능력으로 이뤄지는 것이 아니다. 광고주 즉, 클라이언트가 대행 업무를 하는 전문가라는 도구를 활용해 이끌어내는 결실이다. 누구를 시키든 그 결과는 광고주인 '나'의 실력에 따라 나오는 것이 인지상정이다.

'마케팅 누구를 시키오리까?'라는 질문이 떠오른다면 우선 마케팅을 시키는 그 누구를 먼저 이해해야 한다. 질문을 '누구를 시킬 것인가'에서 '누가 시킬 것인가'로 전환한 후 상황을 정확히 파악하고 다시 처음 질문으로 돌아갈 필요가 있다. 아는 바가 전혀 없어도 너무 걱정할 필요는 없다. 차근차근 하나씩 알아 가면 된다. 단, 내가 무엇을 모르는지, 무엇을 알아가야 하는지에 대한 고민의 끈을 꼭 붙잡고 있어야 한다.

대한민국에서 가장 마케팅 능력이 우수한 기업의 대표를 떠올리면 현대카드의 정태영 부회장이 떠오른다. 내가 광고대행사를 다니던 2000년대 중반에도 광고인이라면 꼭 함께하고 싶은 광고주였는데 지금도 그렇다고 알고 있다. 혹시 현대카드 하면 어떤 이미지가 떠오르는가? 미니멀? 트렌디? 위트? 그렇다. 모두 현대카드가 의도하는 바다. 그런데 잠시 멈춰 생각해 보면 의아하다. 이회사는 금융회사다. 현대카드는 과거 카드사 중 후발주자로 시작해 혁신적인 이미지로 시장을 장악해 온 무서운 기업이다. 그 중심에 마케팅과 브랜딩에 대한 명확한 철학을 가진 대표가 있다.

　잘 생각해 보면 카드사는 의료계와 유사한 측면이 많다. 일단 당연하게도 신뢰가 업의 본질이다. 그리고 카드사 서비스는 형태가 없는 무형의 것이다. 사용자가 브랜드 차이를 구분하기 쉽지 않다는 특징을 가진다. 이런 의미에서 유심히 관찰해야 할 브랜드다. 형체가 없고 고객의 신뢰가 무엇보다 우선시되어야 하는 브랜드의 대표가 어떻게 마케팅을 운영하는지 엿볼 수 있는 좋은 기회가 주어졌다. 유튜브에 'Over the record'라는 현대카드의 영상이 업로드돼 있다. 6편의 단편 영상이니 시청을 추천한다. 영상에는 마케팅과 브랜딩의 차이를 기업 대표가 어떻게 이해해야 하는지부터 브랜드 콘셉트를 도출하는 과정에 대한 설명, 그리고 브랜딩에서 디자인은 어떻게 활용돼야 하는지, 실제 광고를 만들 때 기업 대표 시각이 어떻게 반영되는지에 대해 소개한다. 한 조직의 대표가 마케팅을 어떻게 바라봐야 하는지에 대한 좋은 인사이트를 제공할 것이다.

02

광고 마케팅
전문가의 특성

자, 나를 충분히 들여다보는 시간을 가졌다면, 이제 나의 상황에 맞는 팀을 만나야 할 때다. 나 역시 처음 대행사를 찾을 때 너무나 큰 고민이 앞섰다. 항시 광고주 선택을 기다리는 입장이었기에, 내가 누군가를 선택하고 그 선택의 결과를 책임져야 하는 상황이 익숙하지 않았다. 어찌 보면 대행하는 사람들의 속 사정을 너무 잘 알고 있다 보니 오히려 불필요할 정도로 선택을 고심하는 부분이 많았다. 하지만 결과적으로 보면 나는 개원 초기 만난 대행사 담당자들과 아직도 좋은 관계를 맺고 있다. 홈페이지를 만들어준 대표님과는 동업 관계로 지금도 다양한 일을 함께 하고 있다. 개원 초기 광고대행을 맡았던 이 대리님과는 현재 누님, 아우 사이로 지낸다. 물론 운도 좋았겠지만 내가 이런 관계를 길게 유지할 수 있는 이유는 업체 속 사정과 그들의 성향에 대한 이해를 가지고 대한 측면이 분명히 있다고 생각한다. 지금부터 우리 조력자들의 흥미로운 특징에 대해 알아보자.

1) 그들의 뻔한 허풍

광고회사에 입사해 처음으로 광고주를 대면하던 날을 기억한다. 선배들의 프레젠테이션을 구경하는 신입이었던 나는 그 자리가 매우 불편했다. 사원부터 시작해 사장님까지 다양한 직급의 광고주 측 담당자가 모여 광고회사가 어떤 이야기를 떠드는지 '어디 한번 두고 보자' 하는 눈빛으로 팔짱을 끼고 이야기를 듣는 분위기에 이유 없이 기가 죽었다. 발표를 마치고 돌아오는 차 안에서 사부님은 나에게 이런 이야기를 하셨다. "여기서 전문가는 우리야. 겉으로는 예의를 차리더라도 우리가 그들보다 한 수 위고 우리가 정답을 알고 있다는 사실을 기억해야 해. 속으로 조금은 광고주를 무시하는 생각도 나쁜 건 아니야." 햇병아리가 너무 기죽으니 한 말씀이라 생각했지만 시간이 지나며 이것이 업계 특징임을 알게 됐다.

이는 대행을 하는 모든 업체의 성향이다. 특히 우리나라처럼 갑을 관계가 형성되는 사회 분위기에서는 순기능을 가지는 특성이라고 생각한다. 그저 이 사실을 각자 인지하고 선을 넘지 않는다는 조건에서는 그렇다. 문제는 병원을 개원하고 갑작스레 광고 마케팅 주인이 되는 의료계는 나 같은 간접경험 기회가 없다 보니 상황을 파악하는데 시간이 걸릴 수 있다.

대행업체가 자신들의 실적을 이야기할 때 나는 70% 정도는 부풀려진 것을 감안하고 듣는다. 하지만 대부분 근거 없는 거짓말은 아니라는 것도 잘 알고 있다. 단지 업의 특성상 어느 정도 실적이 부풀려져 있다는 점을 감안하고 이야기를 듣는다. 특히 "○○치과 매출을 우리가 들어가 3배 올렸다."든가 "새로운 광고를 집행해서 환자가 2배가 늘었다." 같은 이야기는 효과를 축소해서 이해하는 것이 바람직하다. 그들이 거짓을 이야기한다는 뜻이 아니다. 매출 상승은 언제나 원인이 다양하고 광고 마케팅은 다양한 변수 중 하나일 뿐이다. 만일 어떤 병원의 매출이 짧은 시간 3배가 올랐다면 이는 그 원장님의 경영 철학 전체에 변화가 있었고, 그 결과 병원 경영 전반의 변화와 함께 광고 집행 방법이 바뀌었을 가능성이 크다. 광고대행사는 자신이 진행한 광고 집행 이외에 다양한 변화를 알 수 없다. 그렇기에 그들의 시각에서 매출 상승 원인이 광고 마케팅 효과라고 생각하는 것은 어찌 보면 당연하다. 단지 광고주는 이 상황에서 좀 더 넓은 시각으로 그 원인을 파악해야 한다.

2) 시간을 파는 전문가

마케팅 비용을 매우 아깝게 여겨 무조건 싼 곳을 찾는 원장님들이 있다. 업체를 이용하는 것은 크게 2가지 외부 자원을 이용하는 것이다. 첫째, 경험이다. 내가 가지지 못한 경험치를 비용을 지불하고 사는 것이다. 보통 경험 많은 대행사가 저렴하게 일을 해주지 않는다. 쉽게 설명해 덤핑 병원과 유사하다고 볼 수 있다. 저렴한 업체는 적은 비용을 받고 자신들의 경험치를 올리는 중일 수 있다.

두 번째는 시간이다. 광고나 마케팅업의 특성을 살펴보면 결국 인력 장사다. 광고회사에 가보면 사람과 컴퓨터 말고 특별히 다른 장비가 없다. 우리가 대행을 맡길 때 구매하는 것은 그들의 시간이다. 비용이 저렴하다는 것은 둘 중 하나다. 경험이 적은 저렴한 인력을 활용하거나 아니면 시간 투입을 줄인다는 것이다.

나는 대행을 맡길 때 항시 어느 정도의 시간이 필요한지와 어떤 담당자가 몇 명 투입되는지를 물어본다. 광고주로서의 감을 놓치지 않기 위해서기도 하고 또 실제 내가 지불하는 비용이 적당한지를 판단하는 기준으로 사용한다.

3) 얄밉지만 나보다 많이 아는 그들 사용설명서

병원 마케팅 담당자들 중 의사 클라이언트를 상당히 끔찍해 하는 경우를 종종 본다. 이유는 주로 담당자를 무시하는 태도와 업체 조언을 듣지 않는 성향을 꼽는다. 이런 이야기를 들으면 나는 롯데제과를 담당하던 시절이 떠오른다. 평소 무섭게 광고회사를 다그치던 광고주였다. 그런데 대행사가 실수를 했을 때는 조용히 눈감아 준다는 것을 깨달았다. 분명 내가 실수를 했는데 마치 모르는 것처럼 담당 대리님은 뒤처리를 하고 넘어갔다. 오히려 "김 대리님, 제가 잘 몰라서 그러는데 이거 한번 봐 주실래요?"라고 말했다. 내가 틀린 부분을 돌려서 지적하는 것이었다. 또, 당시 광고팀 부장님 입버릇 중 하나는 "당신들이 전문가잖아. 당신들이 제일 잘 알지."였다. 속으로 어떻게 생각할지 뻔하지만 겉으로는 전문가로서 인정하고 칭찬하는 이야기를 꾸준히 했다.

광고주의 본질과 적절한 행동을 나는 이때 배울 수 있었다. 대행사는 나의 일을 줄여주고 나의 부족한 경험을 채워주는 소중한 파트너다. 그들을 어떻게 대하느냐에 따라 다른 결과가 나오기도 한다. 믿고 존중하고 지지해줄 때 확실히 더 좋은 결실을 맺게 된다. 만일 도저히 지금 담당자에게 이런 느낌을 받지 못한다면 차라리 빨리 헤어지고 새로운 만남을 도모하기 바란다. 어딘가 분명 일에 대한 욕심과 자부심을 가진 좋은 담당자가 나를 기다리고 있을 것이다.

03

병원 내부에
마케팅 담당자를 두는 방법

    병원이 마케팅 효과를 제대로 보기 위해 필요한 딱 한 가지를 꼽으라 한다면 내부의 '마케팅 담당자'라고 이야기한다. 장기적으로 병원의 브랜드 아이덴티티를 유지하며 시기별로 필요한 광고 업무 집행을 맡고 병원 진료 스태프와 소통하며 통합적 마케팅 커뮤니케이션을 운영해 줄 중간 관리자 역할을 할 누군가가 있어야 한다. 하지만 조금 현실적으로 생각해 보면 이것은 쉬운 일이 아니다. 일단 작은 병원에서 마케팅 담당자를 별도로 두는 것은 다양한 측면에서 매우 부담스럽고 실패 확률이 높다. 내부 마케팅 담당자를 별도로 두는 것은 크게 3가지 문제를 예상할 수 있다.

    첫째, 예산 문제다. 물론 병원 매출이 꾸준히 상승하는 상황이라면 마케팅 담당자 인건비가 부담스럽지 않겠지만 현실이 꼭 그렇다고 보장할 수 없다. 경기에 따라 환자가 늘기도 하고 줄기도 한다. 매해 직원 급여를 인상해야 하는데 병원이라는 곳이 구조상 해마다 매출이 꾸준히 상승한다고 장담할 수 없다. 외주 대행을 준 것이라면 적절하게 광고 예산을 줄이고 늘릴 수 있지만 내부 직원은 그럴 수 없기에 채용은 신중해야 한다. 소규모 병원이라면 내부 마케팅 담당자 수는 최소로 하고 나머지 업무는 외주로 운영하는 것이 적합하다.

최근에는 크몽이나 숨고와 같은 재능마켓에서 필요에 따라 프리랜서를 활용할 수 있다. 내부에 담당자가 있다면 이런 서비스를 활용하는 것이 방법이 될 것이다. 개인적으로 나도 로고 제작 등 간단한 디자인 업무는 주로 이런 플랫폼을 활용해 저렴한 비용으로 해결할 때가 많다.

인하우스 담당자 고용의 두 번째 문제는 내부 소통이다. 전원 의료인으로 구성된 병원에 의료인이 아닌 마케팅 담당자는 적응에 실패할 확률이 높다. 이런 이유로 뽑아 놓으면 바로 퇴사를 하는 경우가 많다는 원장님들의 불만을 종종 듣는다. 의료인과 마케터는 성향이나 업무방식 등이 매우 다르다. 뽑았으니 알아서 적응하겠지 하는 마음으로 두면 절대 섞이지 않는 물과 기름이 될 가능성이 높다.

그렇다면 해결 방법은 무엇일까? 솔직히 나 역시 아직도 고민 중이다. 하지만 나의 경험을 통해 문제를 해결한 방법을 소개하면 다음과 같다.

병원에 입사하니 내가 이제껏 함께 일해왔던 사람들과는 전혀 다른 새로운 인종이 생태계를 이루고 살고 있는 것처럼 느껴졌다. 실수가 용납되지 않는 환경 때문인지 상당히 보수적이고 변화를 거부하는 분위기가 상당히 낯설었다. 여기에 나는 '사모님'이라는 직함까지 붙어 그저 존재 자체가 약간 혐오의 대상이 돼 있었으니 앞날이 막막했다. 나는 초기에 의료 스태프의 일을 줄여 주거나 간소화하는 업무에 집중했다. 병원 내에서 나라는 브랜드를 마케팅할 필요를 느꼈다. 되도록 조력자, 동반자, 결국 진료 업무를 돕는 사람으로 인식하도록 의도했다. 이를 위해 진료실이나 데스크 업무에 도움이 될 만한 일을 찾았다. 불필요한 단순 반복 업무가 있다면 줄여줄 방법을 찾아 제시했다. 마케팅 효과로 환자가 느끼는 시점에는 마케팅팀이 데스크를 백업하고 데스크 업무의 불편한 점을 찾아 제거할 수 있도록 도왔다. 시간이 점차 지나며 '아, 저 사람은 일을 늘리려는 게 아니라 효율적으로 만들어주려고 하는구나.' 라는 인식이 생겼고 나에 대한 거부감도 거의 사라졌다.

그리고 동시에 귀찮아 할 정도로 다양한 질문을 쏟아냈다. 그들이 환자를 대할 때 느끼는 어려움, 좋아하는 환자 성향 등 이제 그만 물어봤으면 하는 눈치를 줄 때까지 질문 폭탄을 던졌다. 당장은 귀찮아도 결과적으로 자신의 이야기가 마케팅 기획에 접목된 것을 본 후에는 태도가 달라진다는 것을 알 수 있었다.

나는 이 같은 전략을 새로운 마케팅 담당자가 취업하면 동일하게 요구했다. 입사하면 진료실 업무 자동화와 문서화를 도와주며 그들과 사이를 좁히고 데스크 스태프와 동일한 유니폼을 입혀 상담도 시켰다. 환자가 병원에 쏟아질 때 그 정신없는 느낌이나 감당

안 되는 환자 한 명이 미치는 여파는 말로 설명하기보다 직접 겪는 게 가장 효과적이다. 이런 간단한 행동만으로 그들 사이에 다리가 생기고 어렵지 않게 내부에 적응하는 모습을 나는 직접 확인했다. 물론 병원 상황에 따라 다른 방법이 필요할 수도 있지만 실제 효과를 봤던 전략이니 참고해서 각자에 맞는 소통 방법을 찾아보길 바란다.

마지막은 고용하는 마케팅 담당자의 능력 문제다. 작은 병원에 취업하는 마케팅 담당자는 우수 인력일까? 실력이 있고 능력이 출중하다면 나에게 안 올 가능성이 높다고 생각하는 것이 속 편하다. 나는 경험을 기반으로 그들에게 가르쳐줄 무언가를 가지고 있는 입장이었다. 원장님보다 마케팅 담당자를 고용하는데 있어 유리했다. 평범한 개원의라면 당장 능력을 갖춘 담당자를 고용할 수 없는 상황을 어떻게 해결해야 할까?

소규모 병원의 경우 우선 내부 담당자 고용 이전에 외주로 업무를 시작하라고 추천한다. 일단 마케팅이나 광고업계 사람들이 어떤 일을 하는지, 어떤 성향을 가지고 있는지, 어떻게 일을 시키는 게 적절한지에 대해 스스로 배우는 시간이 필요하다. 외주업체는 내가 클라이언트로 조금 일을 못하고 실수한다고 해서 내부 조직을 흔들고 퇴사하는 일은 없으니 훨씬 안전한 방법이다. 또, 마케팅 경험을 가진 담당자를 적은 비용으로 활용해 볼 수 있다. 이렇게 외주를 주며 내가 업무에 적응하고 좀 더 적극적인 마케팅 활동이 필요할 때 내부 마케팅 담당자를 고용하면 된다. 서서히 원장님 업무를 위임하는 과정이다.

주변의 마케팅 담당자 고용 성공 사례를 보면 가족이거나 함께 해온 스태프가 마케팅 담당자로 활동하는 경우가 많다. 아니 내가 본 성공 사례는 모두 둘 중 하나일 때가 90% 이상이다. 병원에 남아 지속적으로 일을 하려면 고생스러운 초기 적응 시기를 버틸 동기가 필요하다. 내가 이 병원에 남아 이 일을 해야 할 동기 말이다. 가족이라면 내 일이라 생각해 함께 하는데 문제가 없고 기존 의료 스태프는 원장님과 병원 특성을 잘 아는 사람으로 적응에 유리하다. 나의 경우 개원 초기 3년간 함께한 실장님에게 다양한 마케팅 업무를 가르친 적이 있다. 누구보다 잘 따라 배우고 함께 병원을 성장시키는 동력이 돼 주었다. 물론 퇴사 후 옆옆옆 건물 치과에 취업해 마케팅 업무를 보는 부작용이 있기는 했지만 나는 개의치 않는다. 업계에는 이런 유능한 인재가 필요하다. 지금도 그녀와 나는 종종 함께 새로운 일에 도전한다. 병원 내부에 오래된 스태프 중 업무 전환을 희망하는 자가 있는지 살펴보는 것도 좋은 방법이다. 나는 항시 호시탐탐 이런 인력이 내부에 있는지 살피고 기회가 되면 일을 가르쳐 본다.

가장 추천하지 않는 것은 마케팅 담당자로 신입 디자이너를 채용하는 것이다. 의외로 흔한데 작은 스타트업이나 중소기업도 자주 하는 실수다. 마케팅은 보기 좋은 디자인이 전부가 아니다. 우리 병원에 대한 이해와 소비자 욕구를 충분히 고려하고 주변 경쟁자들과 비교해 우리만의 우위를 만들어가는 전략적 업무다. 이런 역할을 할 상급자가 없는 상황에서 디자이너, 그것도 신입 디자이너는 방향을 잃고 부유하다 퇴사하기 마련이다. 신입 디자이너를 채용할 때는 시킬 일을 꾸준히 생각할 수 있고 업무 지시를 지속적으로 할 수 있는 상황이어야 하는데 원장님이 진료와 병원 경영을 병행하며 매일 이런 업무지시까지 하는 것은 현실적으로 무리다. 신입 마케팅 담당자 한 명을 뽑는다면 기획이 가능한 인력을 채용해서 다양한 관련 교육을 받을 수 있는 환경을 제공하는 것이 바람직하다.

마케팅 예산과 규모가 어느 정도 커지면 그때는 전문적인 업무 경험을 갖춘 마케팅 담당자를 활용하는 것도 고려해 볼 수 있다. 규모에 따라 큰 병원들은 인하우스팀을 운영하기도 한다. 처음부터 팀을 운영하려고 시도하기보다 조금씩 경험을 쌓으며 조직을 만들어 가길 바란다.

04

외주업체 제대로
활용하는 방법

    경험이 미흡한 개원 초기 마케팅을 고려한다면 외주업체를 활용할 것을 추천했다. 오프라인 강의를 하다 보면 콕 집어 대행사를 골라 달라고 말씀하는 분이 있다. 개인적으로 절대 대행사를 추천하지 않는다. 내가 좋은 경험을 한 대행사라도 소개받은 원장님이 같은 결과를 얻으리라 장담하지 못하기 때문이다. 업체와 클라이언트 관계에서는 궁합이 상당히 중요하다. 실력도 중요하지만 나를 위해 얼마나 마음을 쓰고 시간을 할애하는지 등이 결과에 영향을 미친다.

    여기서는 광고대행사 출신이었던 내가 대행업체를 선택하는 기준을 3가지 소개하겠다. 물론 병원 마케팅은 그 특성상 의료법이나 환자 성향에 대한 이해도를 가진 업체를 활용하는 것이 유리할 수 있다. 또, 조직이 큰 경우 그 조직이 보유한 경험이나 시스템, 다양한 정보력을 클라이언트가 활용할 수 있다는 점에서 상당히 유리할 수 있다. 하지만 그것만 생각하고 업체를 선정하면 실망할 수도 있다. 실제 작은 병원은 대행사 입장에선 작은 클라이언트이고 그만큼 신경을 덜 써주는 경우도 발생할 수 있기 때문이다.

따라서 일단 외주업체 활용을 결정했다면 주변 지인이나 온라인 조사를 통해 최대한 많은 가망 업체 정보를 수집해 비교하고 우리에게 필요한 업체가 어떤 업체인지 고민해 볼 필요가 있다. 병원 클라이언트 경험이 있는지, 조직이 안정적으로 인력을 유지하며 운영되고, 그 인력에게 필요한 교육이나 투자가 이뤄지는지도 확인해 볼 필요가 있다. 여기까지가 사전조사다. 가망 외주업체를 최소한 10개 정도는 알아보길 추천한다. 사전조사를 마치고 마음이 가는 업체가 몇 군데 생겼다면 다음의 3가지 기준을 잣대로 선택하면 된다.

외주업체를 선별하는 첫 번째 기준은 문서다. 특정 업체가 눈에 띄면 일단 전화 상담을 해볼 수 있다. 보통 처음 통화하면 광고를 실제 운영하는 담당자보다는 영업사원과 연결되는 경우가 흔하다. 통화 내용에서 영업사원 느낌이 강하다면 크게 기대하지 않고 일단 문서를 요구하는 것이 방법이다. 나는 병원 정보를 제공하고 제안서를 요청한다. 제안서를 받아본 후 미팅을 잡고 상담을 받고 싶다는 말도 남긴다. 제안서가 없다면 만들어서라도 전달하게 될 것이다.

광고대행사는 전략과 기획을 집행하는 조직이다. 만일 자신들의 업무를 제안서에서 잘 어필하는 능력을 갖추지 못했다면 우리 병원을 잘 어필할 능력도 없을 가능성이 크다. 좋은 기획과 전략은 조사와 고민에서 나온다. 만일 우리 병원에 대한 정보를 제공하고 제안을 요청했는데 확인도 하지 않고 기본 제안서를 보내왔다면 두 번 생각할 것 없이 가망 대행사 목록에서 제거한다. 나는 새로 영입 가능한 클라이언트에 대한 기본적인 배려나 관심이 없다고 간주한다. 제안서에 우리 병원 이름과 위치에 대한 최소한의 분석 정도는 들어간 곳을 선별한다.

대게 대행사 출신들은 일명 '뻐꾸기'가 현란할 가능성이 크다. 얼굴을 마주보고 대화하면 현혹될 수 있다. 하지만 글로 적힌 문서는 그들의 뻐꾸기를 제거한 상황에서 객관적으로 그들의 역량에 대해 판단할 수 있는 여지를 제공한다. 제안서에는 대게 업체가 생각하는 병원에 필요한 마케팅 방법이 나열돼 있다. 짧은 시간 클라이언트로서 업계 트렌드를 빠르게 파악할 수 있는 도구가 되기도 한다. 참고로 나는 병원으로 마케팅 업체라고 연락이 오면 무조건 무시하지 않고 제안서를 받아보는 편이다. 새롭고 열정 넘치는 신생 회사 현황이나 독특한 업체를 아는 계기가 된다. 읽어보고 보관해 두었다가 적절한 시기에 필요하면 연락해서 활용한다.

대행사 선별의 두 번째 기준은 담당자다. 큰 대행사일수록 특히 담당자를 확인하는 것이 좋다. 실제 같은 회사라도 나를 담당하는 AE(Account Executive)의 소통과 기획 능력에 따라 마케팅 효과에 차이가 날 수 있다. 나는 개인적으로 결국 외주업체가 얼마나 우리 병원 내부 인력과 소통을 잘하고 내부 상황을 반영할 수 있는

가가 마케팅 성공에 큰 영향을 미친다고 판단한다.

작은 업체와 계약할 때는 그 업체 대표가 담당해 줄 것을 요구하기도 했다. 10년을 함께 한 업체 한 곳은 대표님이 3년 정도 담당하다 2인자인 실장님이 나머지 7년을 맡았다. 토요일이나 밤에 전화해도 답변을 주는, 즉각적인 소통이 가능한 그들의 열정이 나는 마음에 들었다.

대형 광고회사와 대행 계약을 한 적이 있었는데 당시 사원급 담당자가 지정됐다. 첫 만남에 나는 그 담당자가 마음에 쏙 들었다. 과하지 않은 부드러운 태도에 이해력이 뛰어나고 자신의 일에 대한 열정도 높았다. 항상 배우고 공부하고 있었고 그 내용을 나에게 공유까지 해주는 세상 사랑스러운 업체 담당자였다. 내가 어떤 정보를 필요로 하는지 눈치 빠르게 파악해 제공해 주기도 했다. 이런 이유로 나는 그 담당자의 길지 않은 경력에 불만이 없었다. 오히려 매너리즘에 빠진 노련한 전문가보다 더 뛰어나다고 판단했다. 그리고 오랜 시간이 지나 대기업에 취업했다는 소식을 들었을 때 누구보다 기쁘게 축하해 줬다. 어느 날은 결혼한다며 피앙세와 함께 치과 검진을 받으러 내원했다. 반듯한 성품을 갖춘 예비 배우자를 보고 친누나처럼 뿌듯했다.

물론 이렇게 개인적인 관계를 가지는 것은 나의 성향일 수도 있다. 모두가 대행사 담당자와 친구가 될 필요는 없다. 하지만 그들은 우리의 성공에 지대한 역할을 해줄 수 있는 동반자다. 그런 이유로 상대를 좀 까다롭게 고르고 되도록 그 관계를 오래 유지하는 것을 선호한다.

마지막으로 소통의 원활 정도를 확인한다. 첫 계약 시점에서는 하늘에 별도 따다 줄 것 같지만 시간이 지나며 답답함을 선사하는 업체도 있다. 연락이 잘되지 않고 요구사항이 무시되기도 한다. 물론 이런 소통 원활 정도는 업체와 함께 일을 해 보기 전에는 확인하기가 어렵다. 닥터리병원을 운영할 때 이런 이유로 나는 외주업체 계약을 초기에는 되도록 단기로 진행했다. 1년 계약을 요구하면 6개월이나 3개월 정도 합을 맞추는 시기를 가진 후 정식 계약을 하자고 요구했다. 단기 계약을 거절하는 업체도 있다. 그런 경우 아쉬워하지 않고 가망 외주 업체 목록에서 제거했다. 오히려 자신감 결여일 수도 있다고 판단했다. 연애 초기라고 생각하고 만일 서로 맞지 않는다면 되도록 빠른 시일 내 헤어지는 것이 좋다. 더 나은 만남을 위한 밑거름이라 생각하고 새로운 만남을 준비해야 한다.

나에게 맞는 좋은 외주업체를 만나는 것은 좋은 반려자를 만나는 것과 같이 정답이 없다. 상대를 알아보고 맞춰 가는 능력도 필요하다. 외주업체 활용을 결정했다면 나와 오랜 기간 함께 할 상대를 만나기 위해 초기 노력을 기울이는 자세를 가져보기 바란다.

05

작은 병원 마케팅 실전 가이드 4 :
타인의 실패에서 배우자

마케팅 담당자를 고용하는 과정에서 겪게 되는 타인의 성공이
나 실패담은 뒤따르는 입장에서 상당히 도움 되는 이야기다. 내가
알게 된 몇 가지 성공과 실패 사례를 소개한다.

1) 직원 고용 실패 사례

지인 치과 원장님이 유튜브 운영을 위해 담당자를 고용한다고
얘기했다. 당시 정부의 디지털일자리지원사업을 통해 6개월간 국
가 지원을 받아 마케팅 담당자를 고용할 수 있기에 추천했다. 그
리고 영상 편집 담당자를 고용했다는 이야기를 전해 들었다. 자세
히 물어보니 영상 촬영도 하고 편집도 하는 업무를 맡겼다고 했다.

얘기를 듣자마자 불안했다. '편집자라면 기획이 안 될 거고 주제가 일상적이지 않은 의료라 더 어려울텐데.' 라는 생각이 들었다. "병원 내에 업무를 지시 할 사람이 있나요?"라고 물으니 원장님이 직접 촬영 주제를 지시할 예정이라고 했다.

앞에서도 언급한 적이 있는데 디자이너나 편집자 같은 감각적 업무를 하는 사람들에게 기획까지 시키는 것은 그다지 바람직한 방법이 아닐 때가 많다. 디자이너와 편집자는 그들만의 성향을 가지고 있다. 보통 감각적이고 모니터 안의 보이는 모습에 집중한다. 큰 그림을 보기 보다 디테일에 강하고 감성적이다. 문제는 이런 성향의 사람들이 소비자를 설득하는 전략을 세우는 일에 취약할 수도 있다는 것이다. 정확한 방향을 제시하고 원하는 전략을 보기 좋게 만들 것을 요구한다면 좋은 결과를 얻겠지만 알아서 기획도 하고 전략도 세우고, 예쁘게 알아서 만들어보라고 한다면 전략적이지도 않고, 예쁘지도 않은 결과물을 만날 가능성이 높다. 나는 1인 편집자를 고용했다는 이야기를 듣는 순간 6개월 후의 미래가 상상됐다. 편집자가 "이 치과에서 무엇을 하라는 것인지 모르겠다. 나는 이런 일을 하려고 입사한 것이 아니다."라는 말을 하는 모습이 머릿속에 그려졌다.

결국 6개월 후 그 편집자는 불만을 가득 안고 퇴사했다고 전해 들었다. 원장님은 지속적으로 알아서 주제를 잡아 촬영할 것을 지시했고 담당자는 약속한 주 1개의 영상을 만들어내지 못하다 보니 서로 오해가 쌓인 거 같다는 병원 인사 담당자 이야기를 들었다.

보통 병원 내부에 담당자를 채용할 때 이렇듯 전체를 보고 기획이나 전략을 수립할 담당자보다는 아무래도 디자이너나 편집자 같은 기능적 업무를 할 수 있는 사람을 먼저 채용하는 케이스가 많다. 무조건 잘못된 방법이라고 할 수는 없지만 이때는 원장님이나 내부 다른 인력이 업무를 이해하고 정확히 지시할 수 있는 상황을 함께 만들어가야 한다. '뽑았으니 알아서 하겠지.'라고 생각하면 병원 인건비를 낭비하고 고용된 담당자는 원치 않는 일에 지쳐갈 가능성이 높다.

2) 인하우스 실패 사례

어느 날 강남역 성형외과에서 실장으로 일하던 지인에게서 전화가 왔다. "세희야, 우리 병원에 2인조로 마케팅 담당자가 입사했는데 1년이 지나도 도대체 광고 효과가 있는 건지 모르겠어. 이거 알아내는 방법이 있을까?" 1년이나 마케팅을 했는데 효과를 잘 모르겠다는 이야기가 좀 의아했다. "언니, 내가 봐 줄게. 이때까지 했던 업무 관련 보고서랑 자료 좀 보내줘봐."라고 말했는데 답이 더 이상했다. 그런 게 전혀 없다는 것이었다. 1년간 일을 했지만 어떤 일을 하고 있다거나 어떤 결과가 나왔다는 보고를 받은 적이 단 한 번도 없다고 했다. 1년간 두 명 인건비가 적지 않게 나갔을 텐데.

놀란 마음으로 지금이라도 담당자에게 그동안 했던 업무에 대한 보고서를 정리해서 줄 것을 요청하라고 이야기했다. 그리고 나는 바로 그 병원이 1년간 해온 마케팅 업무를 찾아보기 시작했다.

놀랄 일이었다. 일을 한 흔적을 단 하나도 찾을 수가 없었다. 흥미로운 것은 업무 보고서를 요청한 다음날부터 활동이 시작됐다는 것이었다. 다양한 카페와 블로그에 게시글이 올라오는 것이 눈에 띄었다. 1년간 그 어떤 일도 하지 않다 이제 와서 어쩌자는 걸까 궁금했다. 보고서를 원장님께 드리기 위해 이제 와서 일을 한들 작성 날짜가 표기되는데 어쩌려는 것인지 궁금했다. 그리고 한동안 지인이 조용해 나도 잊고 살던 어느 날 전화가 걸려왔다. 결국 그 마케팅 담당자 두 명은 오히려 원장님에게 자신들을 신뢰하지 않는다고 화를 내고 퇴사했다는 것이다. 찾아보니 한 2일 정도 어떻게 해보려다 안 되겠다고 판단하고 3일 차부터 퇴사 준비를 한 듯했다. 불필요한 인원을 줄여줘서 고맙다는 인사를 받았다.

한 가지 짚고 넘어가자. 여기서 가장 잘못한 사람은 누구일까? 물론 1년간 그 어떤 일도 하지 않고 월급을 받은 그들도 문제가 있지만 가장 잘못이 큰 쪽은 병원이다. 업무에 대한 어떤 지시도, 확인도 하지 않은 상황이 지속되니 이런 결과가 발생한 것이다. 아마도 처음부터 아무 일도 하지 않을 생각으로 입사하지는 않았을 거다. 딱히 경험이나 실력이 없어 보이지도 않았다. 그저 내일, 모레로 일을 미루다 그 지경까지 도달했을 것이다. 아무리 유능한 담당자를 고용해도 주인의식을 가진 우두머리가 없는 곳에서 좋은 결과가 나오기는 어렵다. 인하우스 담당자를 고용했다고 모든 일이 끝난 것이 아니라 지금부터 시작이라는 마음을 가져야 한다.

3) 대행사 성공 사례

대행사의 경우 실패 사례가 너무 흔해 오히려 성공 사례를 소개할까 한다. 강남 성형외과 사례다. 어느 날 이 병원 마케팅이 유달리 눈에 띄었다. 오랫동안 같이 공부하고 성장해온 병원이라 마케팅 전략을 대부분 알고 있었는데 전과 다른 점이 눈에 띄었다. 성큼성큼 성장하고 있다는 느낌을 받았다. 궁금한 것을 참지 못하는 나는 그 병원 담당자에게 연락했다. "도대체 요즘 어떤 일을 벌이고 있기에 이렇게 갑작스레 성장을 하는 거죠?"라고 물었다. 대답은 "대행사를 모두 교체했다."라는 것이었다.

이미 개원 6년 차로 어느 정도 자리 잡았고 많은 대행사와 함께 일을 해봤던 상황이었다. 한발 더 성장하기 위해 실력을 갖춘 업체를 찾는데 심혈을 기울였다고 얘기했다. 비용을 더 투자해서라도 강남에서 성공적으로 마케팅을 하고 있는 병원들이 업무를 맡긴 대행사를 집요하게 찾아 연락하고 몇 개 업체를 선정해 함께 일을 시작한 결과라는 것이었다.

이제껏 생각만 해왔던 마케팅 아이디어를 업체에 전달하니 업체가 매우 기뻐했다고 했다. 맡기고 알아서 해달라는 경우가 대부분인데 생각하지 못한 병원의 다양한 아이디어로 새로운 시도를 하니 업체도 일이 재미있었던 듯하다. 내부에서 추진한 다양한 마케팅 전략이 고스란히 홈페이지와 블로그에 노출됐고 환자들 반응이 뜨거웠다. 적극적인 광고주와 실력 있는 대행사가 만나니 시너지 효과가 났다.

병원이 마케팅 활동을 지속하면 당연히 실력이 향상된다. 이쯤 되면 남들이 다하는 똑같은 마케팅보다는 우리만 할 수 있는 다양한 아이디어를 풀어낼 수 있다. 비용이 좀 들어도 그 아이디어를 구현해줄 실력 있는 대행사를 만나는 것이 도움이 된다는 것을 간접적으로 배울 수 있었다. 후담으로 이 병원은 1년 정도 대행으로 마케팅을 운영한 후 그 실력 있는 대행사와 헤어졌다. 시간이 지나니 약간의 매너리즘을 보인 업체 문제도 있었지만 옆에서 보고 배우니 스스로 진행 가능하다는 것을 알았기 때문이다. 대행사 입장에서는 섭섭하겠지만 업체 운영을 통해 비용 투자만큼 자신을 성장시킨 좋은 사례다.

제5장

요즘 환자 내원 경로 : 온라인 시장의 이해

01

온라인 마케팅을 추천하는 3가지 이유

병원 마케팅 강의를 하다 보면 굳이 온라인 마케팅을 할 필요가 있는지에 대해 묻는 병원 관계자들이 종종 있다. 외곽에 위치한 병원은 지하철역이나 엘리베이터 등 환자가 오가는 골목에 집행하는 옥외광고면 충분하지 않느냐는 질문이다. 물론 좋은 입지에 자리를 잡았고 경쟁이 적은 상황이라면 당장은 그것으로 충분할 수 있다. 하지만 시장은 항상 변한다. 좋은 입지에 개원했어도 시간이 지나며 경쟁이 심해지면 후발주자가 이미 그 지역 온라인 시장을 점령하고 있을 때가 많다. 잘 되던 병원 매출이 줄고 경쟁자가 나의 밥그릇을 공격해오면 마음이 급해지고, 마음이 급하면 실수할 가능성이 높다.

따라서 지금 당장은 온라인 마케팅이 시급한 상황이 아니어도 장기적 관점에서 최소한의 관심을 가지는 것이 바람직하다. 그래도 온라인 마케팅의 필요성이 의심된다면 다음의 온라인 마케팅을 해야 할 3가지 이유를 확인하고 활용 여부를 판단해 의사결정하기를 바란다.

1) 성과 측정을 통한 중장기 경영전략 수립

과거 4대 매체를 통한 광고가 주력이던 시절에는 TV, 신문, 라디오, 잡지 정도만 데이터를 기반으로 광고 효과를 분석할 수 있었다. 이런 4대 매체 효과 데이터는 광고회사도 수천만 원씩 비용을 지불하고 구매를 해야만 분석이 가능했다. 나는 광고회사에서 현대자동차 해외 매체를 담당한 적이 있다. 전 세계에서 현대차 광고 효과를 확인하기 위해 각 국가 매체사에서 데이터를 수집하고, 수집한 데이터를 통합하고 분석하는데 3명의 인원이 업무를 전담했다. 하루 종일 팀장님의 계산기 두드리는 소리가 끊이지 않았다. 세계에서 모은 데이터를 통합하는 과정에서 오류가 없는지 확인하는 '타닥타닥' 소리를 아직도 기억한다. 지금 돌이켜보면 참 원시적이라고 표현할 법한 상황이었다.

온라인 마케팅은 이런 대기업이나 가능했던 효과 분석을 소규모 기업도 가능하게 만들었다. 소액으로 광고를 집행하는 순간 자동으로 모든 데이터가 누적된다. 감사하게도 이런 자료 제공에 비용을 지불할 필요도 없다. 더 좋은 소식은 유료 광고를 하지 않아도 구글애널리틱스에서 데이터를 제공한다는 것이다. 우리 병원 홈페이지 방문객 데이터를 수집해 무상으로 제공한다. 이외 바이럴이나 SNS 채널들도 모두 데이터를 제공한다. 소소하게 병원 블로그를 운영해도 우리 고객의 행동 패턴을 데이터로 확인할 수 있다.

결국 온라인 마케팅의 가장 큰 장점은 성과 측정을 통해 오늘보다 내일, 그리고 내년에 더 효과적인 마케팅이 가능하다는 것이다. 온라인에서 월간으로 환자들이 어떤 키워드를 몇 회 검색하는지 사전에 확인할 수도 있고, 그 데이터를 참고해 선별한 키워드로 우리 홈페이지에 몇 명의 환자가 내원했는지도 알 수 있다. 또, 방문한 환자가 우리 홈페이지의 어떤 게시물을 보고 얼마나 머물다이탈했는지도 체크 가능하다. 온라인 마케팅을 집행하는 것으로 실제 환자 속마음을 데이터로 슬쩍 들여다보는 셈이다.

나는 이런 온라인 마케팅을 집행하며 수집한 데이터를 기반으로 10년 동안 꾸준히 마케팅 비용을 줄여나갔다. 시간이 지나니 원하는 환자만 원하는 시점에 모을 수 있는 상황을 만들 수 있었다. 닥터리가 컨디션이 좋지 않으면 상대적으로 간단한 진료과목만 마케팅하고, 매출을 올리고자 할 때는 객단가가 높은 환자를 모으는 마케팅을 집행했다. 어느 시점부터는 닥터리가 원하는 매출금액을 지정하면 대략 맞춰서 환자를 모을 수 있었다. 만일 옥외광고만 집행했다면 절대 불가능했을 것이다.

온라인 마케팅은 집행을 통해 신환 유입이라는 목적을 달성하는 효과도 있지만 장기적으로 우리 병원의 경영 자유도와 성장을 이끌어낼 재료인, 어디서도 살 수 없는 우리 병원만을 위한 데이터를 수집하는 기능을 가진다는 점을 기억하자.

2) 통합적 마케팅 커뮤니케이션을 통한 팬덤 형성

시장이 포화되고 경쟁이 심해질수록 각광받는 단어가 있다. 바로 '팬덤 마케팅(Fandom Marketing)'이다. 기존 고객의 충성도를 강화해 다른 경쟁자로 이탈하는 것을 막는 가장 저렴하고 효과적인 마케팅 방법이다. 시장이 포화될수록 팬덤 마케팅은 더 큰 효과를 발휘한다. '팬베이스'의 저자이자 일본 광고회사 덴쓰의 크리에이트브 디렉터인 사토 나오유키는 포화 시장에서 불특정 다수보다 특정 소수의 고객에게 집중하고 그들의 지지를 얻어내는 것만이 미래의 마케팅 시장에서 살아남는 유일한 길이라고 말한다. 동의할 수밖에 없는 주장이다.

그렇다면 특정 소수에 집중해 소통하고 그 소수를 우리 팬으로 만드는 방법을 잠시 고민해 보자. 나를 지지하는 팬과 부담 없이 소통을 할 수 있는 방법은 당연히 온라인에 있다. 닥터리병원을 운영할 때는 환자에게 수술 후 주의사항이나 시술 후 겪을 수 있는 특이사항 등을 콘텐츠로 블로그나 홈페이지 게시판에 미리 작성한 후 카카오톡을 통해 전송했다. 물론 내원 당시 인쇄물을 제공할 수도 있지만 이렇듯 온라인 콘텐츠를 보내면 우리 병원의 특색 있는 다른 콘텐츠도 함께 전송할 수 있다. 이미 우리 병원에서 진료를 받고 있지만 확신이 적은 환자나 아직 팬이 아닌 환자라면 우리의 소통 노력에 크게 반응하기도 한다. 그리고 콘텐츠를 보고 다시 되묻는 문의에 답을 하며 새로운 아이디어를 얻었고 이를 콘텐츠로 만들어 다른 환자와 소통할 때 활용했다.

특히 젊은 층의 경우 전화를 하거나 대면으로 정보를 전달하면 오히려 불편해한다. 그들은 언제나 시간상의 문제로 빨리 병원을 벗어나려는 경향을 보인다. 이때 온라인으로 정보를 전달하면 대면 소통보다 더 쉽고 더 정확하게 전달할 수 있다. 병원 입장에서는 최대한 쉽게 정보를 전달한다고 해도 아무래도 환자는 처음 듣는 낯선 정보를 이해하는 데 어려움을 겪는다. 하지만 집에서 환자가 자신의 습득 속도를 유지하며 작성된 글을 볼 때는 이해력이 더 높아지는 듯하다. 관련 연구를 진행해 보고 싶은 마음이 들 정도로 확신이 든다. 세상이 점차 바뀌고 있고 팬을 관리하는 방법도 달라지고 있다. 우리 병원 입지를 튼튼히 하고 추가 성장을 꿈꾼다면 온라인 마케팅이 필수인 시점에 도달했다.

3) 효과적인 내부 커뮤니케이션을 통한 경영 안정화

2015년부터 나는 병원에서 직원 채용 인터뷰를 담당했다. 당시 실장님과 원장님이 모두 바빠 시간을 내기 어려워 시작한 일이었다. 면접을 수십 명 보면서 지원자에게 우리 병원 입사를 희망하는 이유를 물어보며 흥미로운 사실을 알게 됐다. 모두가 동일하게 닥터리병원 홈페이지와 블로그를 본 후 우리 병원 성향을 나름 파악하고 지원을 결정했다고 말했다. 닥터리병원의 어떤 점이 마음에 드는지 물어보면 다양한 진료과목을 경험할 수 있고 과도한 위임 진료가 없으며 동료 관계가 돈독해 보인다는 답을 했다. 놀라울 정도로 비슷한 답변을 들어 신기했다.

　나는 직원채용 공고를 하고 나면 홈페이지 로그 분석 데이터에서 방문 경로를 확인하는 습관이 있다. 채용사이트를 통해 몇 명의 지원자가 유입됐는지 확인한다. 채용사이트에서 홈페이지로 방문한 이력이 많아야 그만큼 지원자도 많아진다. 개원 7년 차부터는 채용 시즌이 다가오면 홈페이지와 블로그는 환자보다도 함께할 입사자를 대상으로 한 콘텐츠를 만들어 2~3달 전부터 게시했다. 효과는 상상 이상으로 좋았다. 우리가 원하는 인력이 지원서를 내는 확률이 상당히 높아졌고 기존 근무자들과 유사한 성향을 가진 직원 채용이 가능했다. 혹 외곽에서 병원을 운영해 홈페이지나 기본적인 온라인 마케팅이 불필요하다고 생각하는 병원이라면 마지막으로 직원 채용을 위해 홈페이지가 필요하지 않은 지 한번 더 고민해 보기 바란다. 요즘 지원자들은 온라인에서 입사하려는 병원에 대해 미리 알아볼 가능성이 크다.

　또, 입사한 직원과의 소통도 온라인 마케팅 도구를 이용하는 것이 도움이 된다. 아무리 원장님이 우리 병원의 방향성을 말로 여러 차례 설명해도 온전히 전달되지 않을 수 있다. 하지만 우리 병원이 환자와 어떻게 소통하고 있는지를 직원이 제3자 입장에서 바라보면서 오히려 더 객관적으로 우리 병원 메시지를 이해하기도 한다. 온라인 마케팅은 결국 외부뿐 아니라 내부 소통을 위한 도구이기도 하다는 점을 감안해야 한다.

환자 유입에 적합한
온라인 마케팅의 특징

1) 병원 내원이 필요한 사람만 선별 가능하다

온라인 마케팅을 진행하기로 결정하면 무엇부터 파악해야 할까? 유튜브, 인스타그램 등 요즘 트렌드에 맞는다고 판단되는 다양한 채널들이 먼저 떠오를 수도 있다. 하지만 의료의 경우 좀 더 보수적으로 기본에 충실할 필요가 있다. 일단 우리 환자가 병원에 내원하게 되는 여정을 한번 상상해 보자. 어떤 질환에 대한 의심을 가지게 되거나 당장 통증을 느낄 수 있다. 나이가 들며 생긴 미간 주름이 신경 쓰일 수도 있다. 이렇듯 뭔가 신체적으로 문제를 인지했을 때 환자가 가장 먼저 하는 행동은 무엇일까 잠시 고민해 보자. 두 가지가 떠오른다. 주변 지인에게 물어보거나 인터넷에서 검색하는 것이다. 지인에게 물어보는 것은 병원이 어떻게 할 수 있는 영역이 아니다.

다음은 검색이다. 포털에서 누군가 치료 관련 검색을 했다는 것은 한 가지를 뜻한다. 병원 방문의 필요성이나 욕구(Needs & Wants)를 가지고 있다는 뜻이다. 이들은 내원을 목전에 둔 사람들로 병원 마케팅의 1차 타깃이 된다.

이외 온라인 마케팅으로 SNS 채널을 활용할 수도 있다. 유튜브, 인스타그램, 페이스북 등에 노출되는 광고 콘텐츠는 그 노출 방식이 환자 입장에선 수동적이다. 피드(Feed)형식으로 시스템이 사용자가 원할 것이라고 추측하는 정보를 제공한다. 하지만 이 피드에는 사용자가 포털에서 과거에 검색한 키워드 관련 메시지가 노출될 가능성이 높다. 결국 타깃팅이 가능하다는 뜻이다.

보통 의료 서비스는 충동구매하는 종류의 소비가 아니다. 스스로 꼭 필요하다고 판단될 때 내원을 계획한다. 따라서 필요하지 않은 대다수에게 병원이 마케팅 메시지를 전달하는 것은 에너지 손실이 큰 행위다. 이미 병원에 내원할 필요와 욕구가 충분한 환자가 정보를 습득하기 위해 모여 있는 온라인은 당연히 마케팅을 집행하기 가장 좋은 환경이다. 광고 마케팅 전문가들은 "타깃팅이 용이하다."라고 표현한다. 온라인 마케팅의 가치는 우리의 가망 고객을 대상으로 홍보성 메시지를 전달할 수 있다는 데 있다. 무작위로 1만 명에게 우리 병원에 대해 소개하고 그중 10명이 오기를 바라는 채널이 아니다. 우리 병원에 내원할 필요와 욕구를 가진 100명을 찾아 그들에게 메시지를 전달하고 내원을 유도하는 것이다. 이렇게 타깃팅 된 고객에게 광고 메시지를 전달할 수 있다는 사실의 가장 큰 장점은 비용이다. 1만 번이 아닌 100번의 메시지 전달로 원하는 결과를 얻을 가능성을 높이기 때문이다.

2) 소액 혹은 무료 마케팅이 가능하다

마케팅에서는 타깃팅이 명확할수록 비용이 줄어든다. 필요하지 않은 사람에게 정보를 전달하는 낭비를 줄이기 때문이다. 하물며 온라인 마케팅 도구 중에는 무상으로 진행할 수 있는 채널도 다양하다. 앞서 소개한 홈페이지 운영도 SEO를 잘 활용하면 광고비 없이 가망 고객에게 도달할 수 있다. 블로그, 인스타그램, 유튜브를 모두 직접 운영한다면 고객에게 정보를 전달하는 비용이 발생하지 않는다.

또, 온라인 마케팅 콘텐츠는 유통기한이 길다. 전단지는 배포하면 단기간에 소모되고 폐기된다. 엘리베이터나 옥외광고도 특정 기간 광고 매체비를 지불하고 노출시킨 후 종료 시점에는 광고 메시지를 필히 철거해야 한다. 하지만 온라인 마케팅은 개념이 다르다. 한번 제작한 콘텐츠는 그대로 자리를 지키며 오랜 기간 가망 고객에게 노출이 될 가능성이 있다. 2023년 6월을 기준으로 내가 10년 전 작성한 홈페이지 게시글과 블로그 작성 글이 일부 키워드에서 여전히 상위 노출되고 있다. 그리고 여전히 월 수백 회의 조회 수를 일으킨다. 그리고 종종 나에게 원장님 진료를 받기 위해 어디로 가야 하는지를 묻는 문의 글을 남긴다. 작성한지 10년이 지나도 환자 내원을 유도하는 효과를 가졌다. 10년이 지나도 마케팅 효과 측면에서 유통기한이 만료되지 않은 것이다. 이 얼마나 바람직한 결과인가.

3) 원하는 성향의 환자를 선별할 수 있다

병원이 환자를 선택적으로 진료할 수는 없지만 온라인 마케팅을 집행할 때는 우리 병원이 희망하는 환자를 대상으로 메시지를 노출할 수 있다. 온라인 마케팅에서 키워드 선별이 이런 선택을 가능하게 한다. 키워드는 낚시할 때 쓰는 미끼와 같다. 낚시할 때, 원하는 물고기 종류에 따라 필요한 미끼가 다르듯 병원도 원하는 환자에 따라 다른 미끼 즉, 다른 키워드를 사용할 수 있다. 어떤 키워드를 쓰는가가 결과적으로 우리 병원에 내원할 환자를 결정하는 첫 단추가 된다.

1차원적으로 생각하면 만일 치아교정 환자를 유입시키고 싶을 때 고려해 볼 키워드를 상상해 보자. '치아교정', '이빨교정', '전체교정', '부분교정', '단기교정', '세라믹교정' 등 다양한 키워드가 떠오를 수 있다. 이외 증상으로 떠올려 볼 수도 있다. '벌어진 치아', '틀어진 앞니', '뻐드렁니', '토끼이빨', '튀어나온 앞니' 등 다양한 키워드가 있다. 각각의 키워드로 유입할 수 있는 환자 층이 다르다. 병원 입장에서는 원하는 환자군을 키워드 선택으로 조정할 수 있다.

조금 더 나아가 키워드를 운영하다 보면 환자가 병원에 내원하기까지 하나의 키워드가 아닌 키워드 클러스터(Cluster)를 검색하고 내원하는 것을 깨닫게 된다. 교정으로 예를 들면 치아가 벌어졌다면, '치아 벌어짐', '앞니 틈', '앞니만 교정', '급속교정', '라미네이트' 등의 키워드로 검색할 수 있다. 병원이 이런 키워드 묶음에 대한 이해와 활용이 우수하면 원하는 환자를 선택적으로 유입할 수 있게 된다.

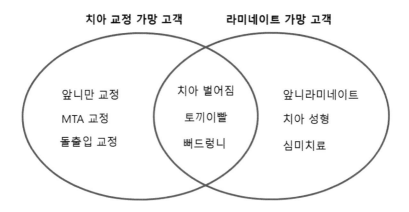

<치과 진료과목 중 '교정'과 '심미치료' 키워드 클러스터의 예>

닥터리병원은 핵심 키워드는 다음과 같이 분류해 관리했다. 키워드는 환자가 궁금증 해소를 위해 검색할 때 사용하는 도구다. 자, 이제 키워드를 포털에서 어떻게 사용하는지 살펴보자.

	치아 형태	치아 색상	치아 배열	위치	라미네이트	올세라믹
1	앞이빨구멍	누런이	돌출치아	강남역치과	앞니라미네이트	앞니올세라믹
2	블랙 트라이앵글	반점치	앞니가 벌어져	강남역근처 치과	라미네이트 가격	세라믹크라운
3	깨진앞니	치아변색	앞니돌출	강남치과	라미네니트 올세라믹	앞니크라운
4	치아모양	치아변색치료	앞니치열	신논현역치과	무삭제 라미네이트	올세라믹가격
5	토끼앞니	치아점	덧니	서초동치과	토끼이빨 라미네이트	치아브릿지
6	토끼이빨	누런이빨	앞니벌어짐	강남역 야간진료치과	라미네이트치료	앞니브릿지
7	옥니	테트라 사이클린	벌어진앞니	강남역 치과추천	치아라미네이트	치과브릿지
8	왜소치	누런치아	뻐드렁니	강남역 주변치과	라디네이트추천	앞니브릿지 추천
9	앞니깨짐	미백치아	돌출입	강남역 미백치과	강남라미네이트	앞니성형치료

<닥터리병원의 키워드 관리를 위한 엑셀 자료 일부>

대한민국 1등 포털
네이버 마케팅

결국 의료 마케팅에서는 환자의 검색이라는 행위를 무시할 수 없다. 그리고 대한민국에서 아직까지 인터넷 사용자는 서비스나 제품 구매를 희망할 때 네이버라는 검색 포털을 가장 자주 사용한다. 물론 최근 구글 사용량이 늘고 있지만 구매자 입장에서는 아직은 네이버가 우세하니 최소한의 비용으로 마케팅 효과를 꾀하는 병원이라면 네이버 마케팅이 첫 번째 선택이 된다.

매일 사용하는 네이버라도 이를 활용해 마케팅을 해야겠다고 결심하는 순간 같은 주제를 바라보는 시각이 달라지면서 어떻게 활용해야 할지 막막하게 느껴질 수 있다. 개인적으로 나도 닥터리 병원에 입사해 같은 이유로 한 달을 멍하니 모니터만 바라봤다. 네이버의 어떤 기능을 활용해야 하는지, 돈 주고 광고를 해야 하는지, 직접 지식in이나 블로그에 글을 써야 하는지, 초반에는 감이 오지 않았다. 또, 특정 병원 콘텐츠가 계속 눈에 띄는데 도대체 어떤 기준으로 특정 콘텐츠를 상위에 노출시켜 주는지 궁금했다. 아마 이제 병원 마케팅을 시작하는 마케팅 담당자나 원장님이라면 이 점이 궁금할 것이다. 지금부터 네이버에서 할 수 있는 마케팅 종류와 네이버가 잘 노출시켜주는 콘텐츠의 특징에 대해 살펴보겠다.

1) 네이버를 활용한 온라인 마케팅 방법

병원이 네이버에서 진행할 수 있는 마케팅은 크게 3가지다. 첫째, 돈을 지불하고 콘텐츠를 노출시키는 유료 광고다. 둘째는 콘텐츠를 제작해 게시하는 바이럴 마케팅이다. 마지막은 스마트플레이스를 이용하는 방법이다. 하나씩 살펴보자.

① 유료 광고

보통 홈페이지나 블로그를 원하는 대상에게 보여주기 위해 비용을 지불하고 노출할 수 있다. 특정 키워드를 검색할 때 상위에 우리 콘텐츠를 노출시키는 것이다. 비용은 사용자가 광고를 클릭할 때마다 지불하는 방식이 가장 흔하다. 클릭당 비용은 광고주 즉, 병원 측에서 결정해 비딩(Bidding)을 진행하는 방식으로 이뤄진다. 금액을 높게 책정할수록 상위에 광고가 노출된다. 예를 들어, '비키니제모'라는 단어를 검색하면 가장 상단에 파워링크라는 목록이 뜬다. 바로 매체비를 지불하고 병원 홈페이지를 노출시키는 방법이다.

N   비키니제모   ⌨ ▾   🔍

통합   이미지   VIEW   지식iN   인플루언서   동영상   쇼핑   뉴스   어학사전   지도   ···

파워링크 '비키니제모' 관련 광고입니다. ⓘ   등록 안내

████████████의원

[광고] www.████.com
숙련된 의료진의 경험과 노하우로 레이저제모만 합니다. 강남역 11번출구 바로 앞

51개부위 제모 ████

[광고] www.████.com
전신레이저제모, 맞춤제모, 남녀의료진, 강남역 11번출구 연결통로, 평일8시반까지

████████의원

[광고] www.████.com/
여의사, 의학박사 1인, 임신, 피임, 당일예약, 평일야간진료, 여성검진, 질염   의136511

여의사제모████·····

[광고] www.████.com N로그인
여의사 피부과전문의 진료, 세심하고 꼼꼼한 제모시술 가능, 명품 제모레이저 보유

비키니제모, ████의원

[광고] www.████.com
여의사진료, **비키니제모**, 아름다운 여성을 위한, 아름다운 풀로체의원

<'비키니제모' 검색 시 파워링크 광고 노출 화면

(출처 : 네이버 검색)>

이렇듯 노출된 광고를 고객이 클릭할 때마다 비용이 부과되는 방식을 CPC(Cost Per Click)광고라로 한다. 포털에서 광고비를 받고 노출하는 모든 콘텐츠에는 '광고'라는 표기가 붙는다. '비키니제모' 결과에서 파워링크 표기 옆에 '비키니제모 관련 광고입

니다.'라고 표시된다. 파워링크 외에도 비용을 지불한 노출은 모두
'광고'라는 표기가 따라붙는다.

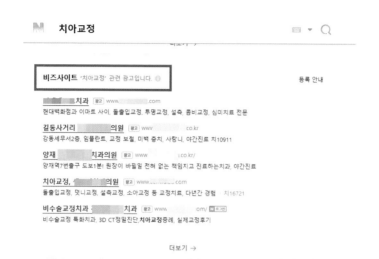

<**파워링크와 함께 노출되는 비즈사이트 유료 광고 노출 화면**

(출처 : 네이버 검색)>

<네이버 스마트플레이스 광고 상위 노출 화면

(출처 : 네이버 검색)>

'치아교정' 관련 브랜드 콘텐츠

치과의원 2022.09.01. 치21 1 광고ⓘ

치아교정, 꼼꼼한 검사 후 증상에 맞게

치아교정은 미적인 목적뿐만 아니라 **치아**의 저작기능을 회복할 수 있습니다. 이에 꼼꼼하게 진단하여 얼굴의 균형, 심미성, 기능적 측면을 고려하여 치료계획을 수립해야 합니다....

2022.06.10. 치14. 광고ⓘ

치아교정이 필요하다면 고려해야 할 사항

치아교정은 **치아**를 가지런히 하는 것 뿐만 아니라 골격적 부조화를 바로 잡는 치료로 오랜 시간이 소요됩니다. 따라 교정 치료를 위한 치과 선택 시 신중한 접근이 필요합니다....

브랜드 콘텐츠 더보기 →

<작성한 블로그 게시글을 광고비를 지불하고 노출하는 브랜드

콘텐츠 화면(출처 : 네이버 검색)>

단점은 물론 비용이다. 입찰 최소 가격이 70원부터 시작하지만 병원 관련 키워드의 경우 일명 메인 키워드라고 하는 검색량이 많은 '치아교정', '보톡스' 등의 키워드는 클릭당 수만 원의 비용이 발생한다. 물론 세부 키워드를 잘 골라 전략적으로 활용하면 클릭당 몇 천원 혹은 몇 백원에 진행이 가능하기도 하다.

대부분의 광고 전문가는 메인 키워드보다 세부 키워드를 활용한 광고를 추천한다. 키워드를 잘만 고르면 적은 비용으로 내원 가능성 높은 타깃에게 도달할 수 있기 때문이다. 예들 들면, '보톡스'보다 '턱관절 보톡스'라는 키워드가 비용이 낮으면서도 실제 턱관절이 아파 내원 가능성이 높은 환자를 유입시킬 확률이 높다. 단, 환자가 우리 유료 광고를 클릭하고 홈페이지에 방문했다고 해서 내원을 보장하지 않는다는 점을 감안해 활용 전략을 세워야 한다.

예를 들어, 닥터리치과는 강남역에 위치했지만 '강남역치과'라는 키워드로는 개원 초기 1개월 정도만 유료 광고를 진행했다. 대형치과가 광고비를 막대하게 지출하고 있는데 소규모 예산으로 경쟁이 되지 않는다고 판단했기 때문이다. 대신 심미시술과 관련된 다양한 세부 키워드 즉, '앞니 부러짐', '치아 끝 갈기' 같은 당시에는 예산을 적게 쓸 수 있는 키워드 중 우리가 우수한 콘텐츠를 보유했다고 판단되는 키워드만 소량 광고를 집행했다. 대형병원과 광고비 경쟁이 되지 않는다는 점을 과감하게 인정하고 우회 도로를 찾은 것이다. 네이버 유료 광고는 물론 좋은 도구지만 전략적인 활용이 필요한 고가의 도구로 바라봐야 한다.

② 마케팅 활용 가능한 네이버 채널들

자, 그럼 유료 광고 말고 병원이 활용할 만한 네이버 채널은 무엇이 있을까? 카페, 블로그. 지식in 등이 떠오를 것이다. 실제 그럴 법도 하다. 네이버 메뉴를 봐도 이 항목들이 순서대로 나열된 것을 확인할 수 있다.

〈네이버가 제공하는 서비스 메뉴(출처 : 네이버)〉

메일 다음으로 카페, 블로그, 지식in, 쇼핑 등의 순이다. 초록색으로 강조된 핵심 채널 다음으로 사전과 증권, 지도 등이 보인다. 실제 맨 끝에 더 보기를 누르면 제공되는 모든 서비스를 확인할 수 있다. 초록색 표시가 된 서비스가 결국 네이버의 주력 서비스인 것이다. 이 메뉴는 고정돼 있지 않고 항목과 순서가 변화해 왔다. 시기에 따라 주력 서비스를 파악해 볼 수 있다.

네이버가 핵심 서비스로 선별한 채널 중 병원 마케팅을 위해 활용 가능성이 높은 채널은 카페, 블로그, 지식in, 지도(스마트플레이스)다. 순서대로 특징을 간략히 살펴보자.

카페는 다양한 업종에서 마케팅 목적으로 활용하는 채널이다.

고객을 모아 팬덤을 형성할 수 있는 채널로 카페만 한 서비스가 없다. 다양한 업종에서 고객 DB를 수집해 그들에게 제품을 판매하거나 배너광고로 수익을 창출한다. 아마도 고액에 네이버 카페가 양도됐다는 뉴스를 들어본 적이 있을 거다. 카페는 기업이 다양한 수익을 창출할 수 있는 채널로 각광받는다. 하지만 병원은 그만큼 활용도가 크지 않다. 오히려 성형수술 부작용이나 메니에르 환자 모임 같이 환자들이 주도적으로 병원에 대한 불만이나 주관적인 정보 공유를 위해 만드는 경향을 보인다. 환자가 모여 서로 소통하는 것이 병원 입장에서 유리한지 불리한지 한 번쯤 운영 전에 생각해 볼 필요가 있다. 그래도 카페를 활용해 보고 싶다면 병원이 위치한 지역의 기존 경쟁 병원 카페 활용을 분석해 보길 바란다.

병원 마케팅에서 카페는 주로 홈페이지나 블로그를 통해 콘텐츠 상위 노출이 어려울 때 보조적으로 활용된다. 물론 그렇다고 카페 활용이 절대 불가능하다는 것은 아니다. 강남의 어느 치과가 카페를 환자 소통창구로 활용하는 것을 보고 혼자 박수를 친 적이 있다. 쉽지 않은 길이지만 자신만의 방식을 찾아낸다면 효과는 더 우수할 수 있다. 단지 마케팅 초보라면 카페는 다른 채널에 비해 노력도 많이 들고 병원 특성과 쉽게 맞는 채널이 아님을 감안하고 운영하길 바란다.

블로그가 다음 대안이다. 병원 마케팅에서 가장 흔하게 활용되는 채널이다. 그럴 만하다. 나는 블로그의 3가지 특성을 고려해 병원 마케팅 초보에게도 블로그 활용을 권한다.

첫째로 네이버에서의 노출 범위이다. 일단 네이버에서 노출 가능 범위가 가장 넓다. 다시 말해 블로그 게시글 하나만 작성해도 네이버의 다양한 영역에 노출될 수 있다. 블로그 게시물을 1개 작성하면 파워링크, 비즈사이트, 브랜드 콘텐츠 같은 유료 광고를 집행할 수 있다. 무상으로 적용되는 노출 범위는 View, 이미지, 동영상, 검색 결과, 플레이스, 인기주제 등이 있다. 하나의 글이 최대 8~9곳에 노출될 가능성을 가진다.

2023년 6월 현재 '임플란트'라는 단어로 콘텐츠를 노출할 수 있는 채널은 총 9개다. 파워링크, 비즈사이트, 브랜드 콘텐츠, 인기주제, 플레이스, 동영상, 이미지, 검색 결과, View다. 자신의 업종과 원하는 진료과목을 찾아 검색해 보자.

블로그를 운영하면 하나의 게시글로 다양한 노출 기회가 주어진다. 소액으로 지역에서 병원을 알려야 하는 상황이라면 이보다 더 좋은 채널이 있을까 싶다.

두 번째 이유는 블로그가 일방향 커뮤니케이션이라는 것이다. 물론 이론상으로는 고객과의 소통이 매우 중요하고 그런 이유로 카페나 SNS가 선호되기도 한다. 하지만 의료의 경우 일방향 커뮤니케이션이 꼭 필요하다고 말하고 싶다. 환자는 의료 정보를 어려워한다. 의사 설명을 한번 듣고 바로 이해하는 환자는 흔치 않다. 이렇듯 기초지식이 없는 환자에게 정보를 정확히 전달할 수 있는 방법은 쌍방향보다 일방향 소통이 더 효과적일 때도 있다. 블로그는 의사가 환자에게 정보를 원하는 스타일로 제공할 수 있는 채널이다. 병원 입장에서도 콘텐츠 제작이 수월하고 환자도 혼돈 없이 정보를 습득하는 기회를 얻게 된다.

추가적으로 블로그를 추천하는 이유는 채널 성향 때문이다. 블로그는 경험담 또는 일기장 형태로 정보를 전달하는 소통 방식이다. 딱딱하고 공적으로 정보를 전달하는 홈페이지 같은 채널과는 다르다. 블로그는 일상에서 일어나는 일을 이야기하는 듯한 톤앤매너로 작성하는 채널이다. 그러다 보니 환자는 일방향 소통임에도 블로그를 읽으면서 병원과 라뽀를 형성할 수 있다. 이야기를 전달하는 방식을 활용해 감정적으로 우리 병원 장점을 어필할 수 있는 효과적인 채널이다. 블로그 운영 방법은 7장에서 자세히 다룬다.

지식in은 내가 닥터리병원 마케팅을 시작하던 당시에는 메뉴에서 메일 다음 자리를 차지하고 있었는데 세월이 지나면서 서서히 뒤로 밀리는 중이다. 지식in은 2010년대 초까지 네이버의 핵심 서비스였다. 그만큼 지식in 관리가 상당히 철저했다. 당시에는 지식in에 올린 게시물에 병원 홍보 내용이 단 1%라도 포함되면 대부분 삭제 처리되거나 아이디가 저품질로 전락했다. 그런 이유로 닥터리치과에서는 초기 지식in을 적극 활용하지 않았다. 진행해 보니 경쟁은 심하고 노력 대비 효율이 떨어졌기 때문이다. 하지만 시간이 지나며 네이버는 의사 답변이라는 기능을 추가했다. 지식in 질문에 답변하면 의사 사진과 함께 간략한 소개 그리고 예약, 병원 홈페이지, 위치 등의 정보를 태그로 노출할 수 있다.

감사와 기쁨이 넘치시는 하루하루 되시기를 바라겠습니다

ㅣ병원장 ㅣㅣㅣ 올림

ㅣㅣㅣㅣ 의사

어 ㅣ ㅣ 청원 · 02- ㅣ '0

지식iN 치과의사 답변은 대국민 건강 상담에 뜻을 둔 치과의사의 지식기부로서 대한
치과의사협회와 네이버의 제휴를 통해 치과의사가 직접 정확하고 신뢰할 수 있는 …

예약   홈페이지   위치

\<지식in 의사 답변 시 노출되는 병원 정보
(출처 : 네이버 지식in)>

과거, 환자에게 단순히 정보만 전달해야 했다면 지금은 의사가 양질의 의학정보를 이름과 얼굴을 걸고 제공하는 조건으로 병원을 노출시키는 효과를 얻을 수 있다. 정성껏 환자 질문에 답을 할 수 있는 개원 초기 원장님께 추천한다. 지식in에서 활동하며 환자 질문을 살펴보면 실제 환자가 무엇을 궁금해하는지에 대한 감을 잡는 데도 도움이 된다. 다양한 마케팅 활동을 준비하는 초기에 시장조사 측면에서 활용하기 좋은 연습 채널이다.

네이버 서비스 메뉴 중 검은색 버튼에 속하는 지도에 대해 살펴보자. 최근 지역기반 사업을 영위할 때 가장 중요한 마케팅 채널로 부상하고 있다. 명칭이 '네이버 지도'에서 '스마트플레이스'로 변경되며 다양한 기능이 추가됐다. 단순히 위치만 검색 결과로 노출되는 것이 아니라 고객에게 우리 병원에 대한 다양한 정보를 전달할 수 있다. 특히 관리자 페이지가 별도로 있어 병원이 원하는 정보 제공과 관리가 가능하다. 예를 들어, 스마트플레이스에 톡톡 기능을 연동해 실시간 상담을 하고, 제공되는 예약 기능으로 환자 예약을 받을 수 있다.

<스마트플레이스에서 강남역 성형외과 검색 결과 화면

(출처 : 네이버 스마트플레이스)>

지역 기반 병원이라면 환자가 모바일이나 PC에서 병원을 검색했을 때 가장 눈에 띄는 공간일 수 있기 때문에 전략적으로 관리할 필요가 있다. 스마트플레이스에 대해 한 번도 고민해 본 적이 없다면 내가 위치한 지역 경쟁 병원이 어떻게 운영하는지 먼저 조사해야 한다. 그리고 중심가 대형병원 운영 형태도 참고한다. 어느 정도 감이 생기면 우리 병원 운영전략을 세울 수 있다. 스마트플레이스에 대해서는 8장에서 자세히 소개한다.

2) 네이버 규칙을 알면 마케팅이 쉬워진다

나는 닥터리병원 입사 초기 원장실 구석에 앉아 네이버 검색에 노출되는 병원들의 블로그를 보며 부럽다는 생각을 했다. 성격상 남이 가진 것에 관심이 없던 나는 평생 느껴보지 못한 샘이 난다는 기분을 느꼈다. 도대체 왜 내가 쓴 글은 검색하면 게시글 전체 제목으로 검색해야 나오는데 다른 병원들은 키워드로 검색되는지 답답함에 컴퓨터에서 눈을 떼지 못하고 원인을 찾아 헤맸다.

당시에는 검색 로직에 대한 정보가 거의 전무한 상황이었기에 무식하게 해보며 배우는 것이 유일한 방법이었다. 아마도 최근 개원하는 원장님들은 네이버 로직 혹은 알고리즘 명칭이라도 들어봤을 가능성이 크다. 그래도 간단히 설명하자면 로직이나 알고리즘은 네이버가 게시물을 상위 노출시키는 규칙이다. 이 규칙에 대해서는 전문가마다 조금씩 다른 견해를 보인다. 또, 네이버가 로직을 꾸준히 개편하며 진화해 왔기에 시점에 따라 조금씩 다르기도 하다. 파고들면 한도 끝도 없이 복잡하다. 아마도 씨랭크(C-RANK), 다이아(DIA) 로직을 지켜서 글을 작성해야 한다는 이야기를 들어봤을 것이다.

그리고 이러한 네이버 로직에 관해서는 다양한 '카더라 통신'이 난무한다. 하지만 10년 넘게 같은 주제로 고민하며 내가 내린 결론은 소문에 귀 기울이지 말고 네이버가 하는 이야기에만 집중하면 된다는 것이다. 다시 말해, 네이버가 원하는 콘텐츠를 제작하면 된다.

그렇다면 네이버 로직이 좋아하고 또, 싫어하는 콘텐츠는 무엇일까? 실은 네이버가 스스로 잘 정리해서 알려주고 있다. 네이버가 공개한 '네이버 검색이 생각하는 좋은 문서! 나쁜 문서?'라는 오래된 게시글을 참고할 것을 추천한다.

▣ 좋은 문서

네이버 검색이 생각하는 좋은 문서를 설명합니다. 네이버는 다음과 같은 문서들이 검색결과에 잘 노출되어 사용자는 검색 결과에 유용한 정보를 얻고 콘텐츠 생산자는 노력에 합당한 관심을 받을 수 있도록 하기 위해 노력하고 있습니다.

- 신뢰할 수 있는 정보를 기반으로 작성한 문서
- 물품이나 장소 등에 대해 본인이 직접 경험하여 작성한 후기 문서
- 다른 문서를 복사하거나 짜깁기 하지 않고 독자적인 정보로서의 가치를 가진 문서
- 해당주제에 대해 도움이 될 만한 충분한 길이의 정보와 분석내용을 포함한 문서
- 읽는 사람이 북마크하고 싶고 친구에게 공유/추천하고 싶은 문서
- 네이버 랭킹 로직을 생각하며 작성한 것이 아닌 글을 읽는 사람을 생각하며 작성한 문서
- 글을 읽는 사용자가 쉽게 읽고 이해할 수 있게 작성한 문서

▣ 유해문서와 스팸·어뷰징문서

● 유해문서
법률에 의해 또는 사용자 보호를 위해 네이버 검색서비스를 통해 노출되는 것을 제한하고 있는 문서를 말합니다.

- ▶음란성, 반사회성, 자살, 도박 등 법률을 통해 금지하고 있는 불법적인 내용으로 이루어져 있거나 불법적인 사이트로의 접근을 위해 작성된 문서
- ▶사생활 침해 방지 또는 개인 정보 보호, 저작권 보호 등을 위해 노출이 제한되어야 하는 문서
- ▶피싱(phishing)이나 악성 소프트웨어가 깔리는 등 사용자에게 피해를 줄 수 있는 문서/사이트

● 스팸·어뷰징문서

▶ 기계적 생성
검색 노출을 통해 특정 정보를 유통하기 위한 목적으로 기계적 방법으로 생성된 내용으로만 이루어진 문서입니다.
- 기존 문서를 짜깁기하거나 의도적으로 키워드를 추가하여 생성한 문서
- 사람의 개입 없이 번역기를 사용하여 생성한 문서
- 검색결과 등의 동적 문서를 기계적으로 처리하여 생성한 문서

※ 기계적으로 만들어진 문서의 유형은 다양하지만 이를 파악해 분석하는 기법도 계속 발전하고 있습니다. 기계적으로 생성되는 문서는 교묘하게 패턴을 바꾸더라도 자연스럽지 않은 흔적들이 발견되기 때문에 이런 흔적들을 축적해 계속 차단하고 있습니다.

<'네이버 검색이 생각하는 좋은 문서! 나쁜 문서?' 게시글 일부
(출처 : 네이버 공식 블로그)>

너무 많은 것을 고민하면 콘텐츠를 제작할 때 오히려 머릿속이 복잡하고 글이 진부해진다. 개인적으로 내가 병원 마케팅을 위한 글을 작성할 때 고려하는 6가지는 다음과 같다. 네이버가 좋아하는 3가지와 좋아하지 않는 3가지만 생각하고 편하게 글을 쓴다. 우선 좋아하는 문서의 특징이다.

첫째, 뭐니뭐니 해도 네이버는 결국 포털이다. 검색한 사람들이 좋아하는 콘텐츠를 좋아할 수밖에 없다. 따라서 로직에 너무 집착할 것이 아니라 내가 작성한 글을 사람들이 좋아할 이유를 만드는데 집중해야 한다. 내가 남의 글을 읽을 때 어떤 글을 선호하는지 돌아보는 것이 가장 효과적이다.

둘째, 네이버 로직은 기존에 없던 새로운 정보를 좋아한다. 이미 온라인에 존재하는 글이 아닌 누구도 작성한 적이 없는 글을 게시하면 상위 노출 가능성이 커진다. 이미 다른 병원에서 같은 주제로 작성한 콘텐츠가 있더라도 이를 다른 관점에서, 기존에 없던 해석으로 작성한다면 이는 사람들이 좋아할 콘텐츠이고 네이버가 상위 노출시켜주는 게시글이 된다.

셋째, 경험을 기반을 한 정보를 좋아한다. 네이버가 원하는 글은 사람 냄새나는 이야기다. 같은 주제라도 나만의 경험을 바탕으로 한 글을 선호한다. 물론 의료법에 따라 환자의 진료 후기 마케팅은 불가능하지만 의사 입장에서 일기를 쓰듯 정보를 공유하는 것은 네이버 로직이 원하는 콘텐츠다.

마케팅을 처음 시작하는 병원이라면 좋아하는 것보다 싫어하는 것부터 익히는 것이 좋다. 아무래도 처음에는 아는 게 없어 과도한 욕심을 부려 블로그가 어느 정도 성장하기도 전에 저품질이 되는 경우도 있기 때문이다. 다음의 3가지를 꼭 고려해서 콘텐츠를 만들어보자.

첫째, 네이버는 중복 문서를 싫어한다. 네이버 입장에서 생각해 보자. 당연한 일이다. 내 저장 공간에 불필요한 복제 문서가 쌓이며 전반적인 데이터 퀄리티가 하락하니 반갑지 않을 수밖에 없다. 아무래도 초기에는 다른 병원 문서를 참고해 글을 작성할 가능성이 높다. 하지만 이 참고 방식에 따라 중복 문서가 될 수도 있고 그렇지 않을 수도 있다. 같은 내용이라도 우리 병원 상황에 맞게 문장 표현을 바꾼다면 문제가 되지 않는다. 참고는 해도 '복붙'은 절대 피해야 한다.

2022년부터 AI 기술을 접목한 '에어서치', '스마트블록', '오로라 프로젝트' 등이 새롭게 네이버 검색 결과에 반영되고 있다. 빅데이터와 AI 기술을 기반으로 작은 틈도 용납하지 않게 검색 로직이 진화하고 있는 것이 현실이다. 한 마디 보태자면, 최근 ChatGPT가 뜨거운 이슈로 떠오르고 있다. 이미 이를 활용해 마케팅 콘텐츠를 제작하는 방법을 알려주는 정보들이 눈에 띈다. 정보 수집을 위해 활용은 가능하지만 이 같은 자동 생성 콘텐츠를 그대로 활용하는 것 역시 조심해야 한다.

둘째, 유해 문서를 싫어한다. 음란성, 반사회성 주제에 대한 글은 노출에서 자동 제한된다. 병원에서도 당연히 피하고 싶다. 어떤 글이 유해하고 무해한지, 네이버는 어떻게 판단할까? 마케터들의 추측은 결국 단어다. 음란성이나 반사회적 글과 연관될 만한 단어를 사용하면 글의 의도와는 상관없이 유해 문서로 오인될 가능성이 크다. 글을 작성할 때 되도록 기계 즉, 알고리즘이 이런 오해를 하지 않도록 단어 선별에 주의하기 바란다.

셋째, 대놓고 하는 장사를 싫어한다. 앞서 고백한 바와 같이 나역시 초기에는 상위 노출로 당장 장사를 해보겠다고 각종 어뷰징을 서슴지 않고 활용했다. 해본 사람 입장에서 이야기하자면 이런 행동은 결국 걸린다. 이는 네이버뿐 아니라 다른 매체도 동일하다. 우리의 어뷰징과 스팸을 모르는 것이 아니라 아직 확인하고 있지 않은 것이라고 생각해야 한다. 최근에는 이런 어뷰징이 워낙 효과가 없기에 추천받을 가능성도 적다. 하지만 나 역시 뭔가 좀 간단하고 돈 되는 방법이라고 하면 솔직히 한 번은 눈길이 가는 것이 사실이기에 항상 조심하는 부분이다.

04 —————————————————————

작은 병원 마케팅 실전 가이드 5 :
온라인 마케팅 첫걸음 떼기

자, 이제 대략적인 온라인 시장에 대한 이해가 생겼다. 하지만 아직은 컴퓨터 앞에서 스스로 뭔가를 시작하기에는 부족함을 느끼는 것이 정상이다. 지금부터 작은 병원이 시장 진입 전 마케팅 감을 얻을 수 있는 온라인 조사 방법 3가지를 소개한다.

1) 온라인 마케팅 방법 정하기

일단 온라인으로 마케팅을 하겠다고 결정했다면 어디서부터 시작해야 할지 막연할 것이다. 광고 좀 했다는 나 역시도 길을 잃고 헤맸었다. 만일 되돌아가 다시 시작한다면 총 4단계로 나눠 채널을 설정할 것이라는 결론에 도달했다. 단계별로 소개하겠다.

물론 예산이 충분하고 내부에 유능한 인력을 확보했다면 한 번에 다양한 매체를 활용해 시너지 효과를 낼 수도 있지만 여기서는 처음 시도해 보는 업무에 대한 실패와 위험 부담을 줄이며 진행하는 방법을 소개하겠다.

① 1단계 : 기초 3종 세트 – 네이버 스마트플레이스·블로그·홈페이지

병원에 가장 적합한 온라인 마케팅의 기초 3종 세트는 네이버 스마트플레이스와 블로그, 홈페이지다. 스마트플레이스는 지도 서비스의 확장으로 병원 입장에서 위치와 진료과목, 병원 특징 등을 지도와 함께 환자에게 전달할 수 있는 네이버의 비즈니스 솔루션이다. 그 어떤 마케팅도 하지 않는다고 해도 최소한 스마트플레이스 설정은 필수다. 병원이 직접 설정하지 않아도 네이버상에 노출되는 정보다. 그냥 방치하는 것은 병원 브랜드 성장에 좋지 않다. 이 부분에 대해서는 8장에서 상세히 설명한다.

블로그는 우리 병원 일상이나 장점을 평소 이야기하는 말투로 환자와 온라인에서 소통할 수 있는 채널이다. 향후 병원 마케팅을 꾸준히 할 계획이라면 온라인 마케팅 입문용으로 최적의 채널이다. 블로그 운영을 통해 환자에 대한 이해도를 높이고 우리 병원 브랜드 방향을 잡아 나갈 수 있다. 블로그에 대해서는 7장에서 자세히 설명한다.

홈페이지는 사업체의 신뢰도를 고객이 확인하는 채널로 그 의미가 크다. 병원이 운영하는 다양한 마케팅 채널 중 가장 공식적이고 객관적으로 우리를 대변하는 채널로 환자는 홈페이지를 기준으로 최종 신뢰를 형성할 가능성이 크다. 이 부분에 대해서는 6장에서 상세히 설명한다.

만일 개원을 준비 중이라면 홈페이지, 블로그, 스마트플레이스 순으로 세팅하고, 이미 개원했다면 스마트플레이스, 블로그, 홈페이지순으로 운영을 시도해 볼 것이다. 개원 준비 중이라면 개원일 전에 미리 홈페이지가 준비돼야 한다. 홈페이지 제작은 최소 3개월 이상이 소요되니 개원 전 미리 시작해야 시간에 맞춰 론칭할 수 있다. 하지만 만일 이미 개원했다면 노출되고 있는 스마트플레이스를 최대한 빠른 시간 안에 병원에 유리하게 설정하고 바로 진행 가능한 블로그 운영을 시작해야 한다. 이후 홈페이지 제작을 하는 것이 적합하다. 군이 홈페이지가 만들어지는 동안 손 놓고 기다릴 필요는 없다.

② 2단계 : 추가 채널 - 지식in 그리고 다양한 SNS

위의 기초 3종 세트 외에 더욱 적극적인 마케팅을 희망한다면 네이버 지식in이나 인스타그램, 유튜브 등을 추가로 운영해 볼 수 있다. 이때는 되도록 원장님 성향에 맞는 채널을 선별해 하나씩 시도해 볼 것을 추천한다. 예를 들어, 의사의 품위를 유지하며 점잖은 문장으로 환자에게 설명하는 마케팅을 원한다면 지식in이 적합하다. 하지만 요즘 말로 일명 '관종' 성향을 가졌고 얼굴을 내놓고 다수와 소통하길 즐긴다면 유튜브나 인스타그램 같은 채널을 활용해 인기를 얻을 수도 있다. 무조건 다수 채널을 활용하기 보다 원장님 그리고 병원과 어울리는 채널을 선택해야 예산을 줄이고 효과를 얻기에도 유리하다.

③ 3단계 : 유료 광고 집행

만일 기초 3종 세트 콘텐츠에 초기 환자 반응이 긍정적인 것을 확인했다면 유료 광고를 집행해볼 수 있는 시점이다. 네이버의 파워링크, 브랜드 콘텐츠(블로그 노출 광고), 스마트플레이스 유료 노출 광고 등이 대상이다. 이외 다양한 SNS 채널에서도 유료 광고가 가능하다. 유료 광고집행이 3단계인 이유는 유료 광고라는 것은 환자에게 우리 콘텐츠를 돈을 주고 노출시키는 역할일뿐 환자를 데려온다는 보장이 없기 때문이다. 궁극적으로 환자가 유입되려면 우리 병원 콘텐츠가 매력적이어야 한다. 따라서 우리만의 독보적인 콘텐츠가 구축되기 전 집행하는 유료 광고는 불필요한 낭비가 될 수 있다.

④ 4단계 : 카카오톡채널 마케팅

만일 우리 병원이 지역에서 어느 정도 인지도를 확보했다면 이제 카카오톡채널 마케팅을 적극적으로 활용할 시점이다. 우리가 일상에서 자주 사용하는 카톡은 사업자가 비즈니스 용도로 활용할 수 있게 다양한 기능을 제공한다. 기존 환자풀을 잘 활용하면 재방문을 유도할 수도 있고 환자 만족도를 높여 탄탄한 라뽀 형성도 가능하다. 경쟁이 심화되는 오늘날 이미 자리 잡은 병원이 신규 병원을 대상으로 시장 수성을 위해 활용할 수 있는 좋은 도구다.

카카오톡채널 마케팅에 대해서는 9장에서 상세히 설명한다.

⑤ 마케팅 콘텐츠 주제 정하기

온라인 마케팅으로 환자를 유입하기 위해서는 포털에서 환자가 검색하는 키워드에 그들이 원하는 콘텐츠를 적절하게 노출해 줘야 한다. 결국 환자는 자신이 가진 문제를 온라인에서 검색하고 자신에게 필요한 정보를 제공하는 병원을 찾는다. 따라서 온라인 마케팅에서 키워드 선별은 성공의 첫 단추라고 할 수 있다.

닥터리병원의 경우 궁합이 잘 맞는 좋은 키워드를 다수 수집해 활용하는 방법으로 최소 예산으로 강남에서 자리 잡는데 큰 도움을 받았다.

물론 광고대행사에 외주를 주면 키워드 목록을 제공하기도 한다. 대행사는 기존 클라이언트 대행을 통해 확보한 키워드를 보유하고 있을 가능성이 높다. 하지만 내 경험상 이렇게 얻은 목록은 다른 경쟁업체도 모두 가지고 있는 목록이며 우리 병원에 최적화된 목록이라는 보장이 없다. 그런 의미에서 작은 병원이 키워드를 선별하는 방법에 대해 소개한다. 직접 선별할 때 혹은 대행사에서 추천받은 키워드 중 어떤 키워드를 사용할지 판단할 때 활용해 보자.

키워드 수집 과정은 크게 4단계로 나뉜다. 일단 찾아야 하고, 찾은 키워드가 사용자 관심을 받는 것이 맞는지 확인하고, 실제 우리 병원 콘텐츠에 접목해 반응을 테스트해 보고, 연관된 다른 키워드를 찾아 나가야 한다. 단계별로 살펴보자.

첫 번째 단계는 키워드를 찾는 것이다. 키워드를 찾는 것은 보통 예상하는 것과 달리 기술적이기보다는 심리적이다. 환자 입장에서 검색창에 어떤 키워드를 입력할지를 미리 예측하는 자가 승리하는 게임이다.

예를 들어, 이갈이 환자를 진료하는 병원이라고 한다면 이갈이가 심한 환자가 검색창에 병원을 찾기 위해 어떤 단어를 입력할지 상상해 그 목록을 만든다. 마케터가 주로 활용하는 쉬운 방법은 네이버가 사용자에게 제공하는 데이터를 역이용하는 것이다. 검색창에 이갈이를 입력하면 뜨는 자동완성과 연관 검색어 목록을 활용하는 것이다. 다음은 네이버 검색창에서 이갈이를 입력했을 때 나오는 검색 결과다.

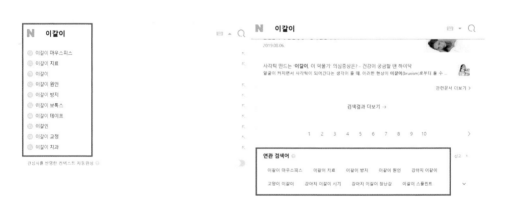

<'이갈이' 네이버 검색 시 노출되는 자동완성(왼쪽)과 연관 검색어 화면(출처 : 네이버 검색)>

이갈이를 입력하는 사용자가 자주 쓰는 키워드를 네이버가 검색 편의를 위해 제공하고 있다. 네이버가 보유한 검색 데이터를 기반으로 추천하는 키워드인 만큼 우리 타깃에 도달할 가능성이 크다. 단, 우리 병원뿐 아닌 모든 경쟁자가 알고 있는 키워드다. 일단 이런 관련 키워드를 찾았다면 이를 마중물 삼아 추가적인 세부 키워드를 찾아볼 것을 추천한다.

키워드를 모을 때 오직 온라인에서만 모으는 것보다는 병원 현장에서 우리 환자가 쓰는 키워드에 관심을 가질 필요가 있다. 내가 현장에서 키워드를 찾는 방법 하나를 소개해 보겠다. 닥터리병원에서 카카오톡 상담에 답변을 하던 어느 날, 질문자들이 "앞니 좀 갈아줄 수 있나요?"라는 말을 자주 쓴다는 것을 알게 됐다. 보통 앞니가 긴 토끼 이빨 형태를 가진 분들이 치아를 다듬고 싶어 하는 것이었다. 치아 길이를 줄이고 싶은 환자는 다른 단어보다 '갈기'라는 단어를 다양하게 사용한다는 것을 알게 됐다. '치아갈기', '앞니갈기', '이빨갈기' 같은 단어를 조합해 사용하기 시작했다. 물론 지금은 많이 사용되는 키워드가 됐지만 내가 처음 사용하던 때는 흔하지 않았다. 이 키워드로 앞니와 관련된 일부 진료를 선점하는 효과를 얻었다.

이렇게 찾아낸 키워드가 실제 효과가 있는지 궁금할 수 있다. 네이버는 광고주를 위해 월간 키워드별 조회 수를 제공한다. 네이버 광고시스템에 가입하고 로그인하면 '도구' 카테고리에서 '키워드 도구'를 제공한다. 여기서 현장에서 찾아낸 우리 키워드의 월간 조회 수를 확인할 수 있다.

<네이버 검색광고 사이트 내 키워드 도구 검색 화면
(출처 : 네이버 광고시스템)>

　　조회 수가 적어 가치 없어 보일 수도 있지만 경쟁이 적다는 것은 분명 큰 장점이다. 평소 환자 상담에서 그들이 원하는 것이 무엇인지 관심을 가지고 다른 병원이 잘 쓰지 않는 키워드를 찾아보기 바란다. 네이버 광고시스템 로그인이 번거로울 때는 카카오톡을 기반으로 검색량을 알려주는 서비스를 활용할 수도 있다.

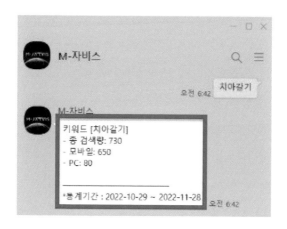

<카카오톡으로 특정 키워드 검색량 조회가 가능한 'M-자비스'>

2) 우리 병원만의 콘텐츠를 수집해 보자

닥터리병원에서는 개원 3년 차부터 주 3회, 오후 2~4시 마케팅 팀 직원이 카메라를 들고 진료실로 향했다. 마케터 관점에서 진료실의 각종 장면을 촬영하기 위해서였다. 병원 장비를 찍기도 하고 직원 휴식시간 분위기를 화면에 담기도 하고 라뽀 형성이 잘된 환자에게는 사전에 동의를 구해 진료 모습을 촬영하기도 했다. 점심식사 이후 진료 스케줄을 보고 진료 하나를 선택해 전 과정을 촬영하기도 했다. 수년을 이렇게 꾸준히 진료실 현장을 촬영하니 환자 전후 사진을 제외한 진료실 장면 사진 용량이 57.3GB가 됐다. 촬영한 영상과 이미지는 폴더별로 분류해 정리했다. 어떤 유료 이미지 사이트에서도 구매할 수 없는 우리 병원만의 이미지 데이터를 확보한 것이다.

이렇듯 사진을 수집하는 이유는 3가지다. 첫째, 주제를 찾기 위해서다. 블로그나 홈페이지에 어떤 글을 올리고 어떤 콘텐츠를 만들지 고민하는 것은 생각보다 곤욕스러울 때가 많다. 나는 병원 마케팅을 시작한 지 3년 차가 되자 매일 아침 눈을 뜨면 입에서 욕이 나올 지경이었다. "아~XX, 오늘은 또 뭐 쓰지."라는 말이 매일 입에서 튀어나왔다. 그럴 법도 하다. 개인적으로 10년간 작성한 치과 관련 게시물을 세어보니 총 1만 8,000개 게시물 중 1만 2,000개 이상을 직접 썼다.

그런데 사진 촬영을 시작한 후부터 이런 고통이 줄어들었다. 촬영한 사진을 정리해 폴더에 넣어두니 사진 폴더를 보면 자동으로 어떤 주제를 써야 할지 쉽게 떠올랐다. 또, 말로 설명하는 것이 아니라 보여주는 형식의 게시글은 인기가 높았다. 게시글에 노출된 환자가 내원까지 이어지는 확률이 높아졌다는 것을 쉽게 느낄 수 있었다.

사진 촬영을 위해서는 사전에 준비할 필수 사항이 있다. 필히 마케팅용 사진 촬영을 위한 카메라 혹은 촬영 전용 스마트폰을 별도로 구비하자. 진료 전후 사진 촬영용 카메라가 구비돼 있어도 이는 진료실 일상 사진 촬영에는 쓰지 않아야 한다. 오직 마케팅을 위한 카메라를 진료실에 별도로 구비하자. 의외로 시간이 지나면 진료실 스태프가 상황에 따라 마케팅팀에 필요한 사진을 대신 촬영해 주는 예쁜 손길을 보내기도 한다.

일상 소식 촬영은 평소 진료 예약표를 보고 당일 아침 미리 정하는 것이 도움이 된다. 아무 생각 없이 일상 촬영을 하면 같은 사진만 찍게 되기 때문에 닥터리병원에선 출근을 하면 예약표의 환자목록을 보며 오늘 촬영할 만한 주제를 미리 정했다. 비수기로 예약 환자가 적은 날에는 아침에 진료 스태프와 미리 상의해 진료실의 재료나 진료 과정에 대한 사진 촬영을 계획했다. 마케팅팀이 직접 손댈 수 없는 장비나 보철물은 진료실 스태프 도움을 받아 촬영하기도 했다. 다음은 이런 협동의 결과물이다.

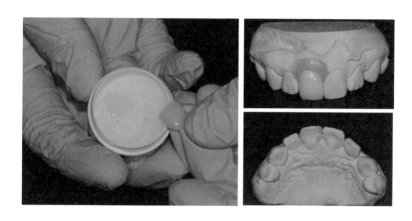

<닥터리병원에서 직접 촬영한 환자 내원 전 라미네이트
보철 상태>

진료 전후 사진 촬영을 요구할 때도 요령이 필요하다. 환자에게 사진 사용 동의를 미리 받아야 함은 아마 의료진이라면 대부분 알고 있을 것이다. 따라서 상세한 설명은 하지 않는다. 진료 사진 하면 대부분 다음과 같은 이미지를 얻게 될 것이라는 기대로 요청을 한다. 나도 그랬다.

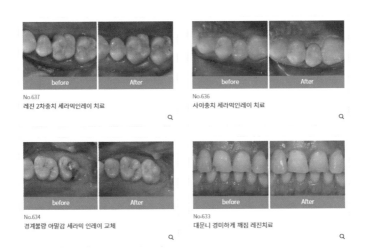

No.637
레진 2차충치 세라믹인레이 치료

No.636
사이충치 세라믹인레이 치료

No.634
경계불량 아말감 세라믹 인레이 교체

No.633
대문니 경미하게 깨짐 레진치료

<닥터리치과에서 촬영한 치아 치료 전후 사진>

하지만 결과는 마케팅에 사용하기 어려운 사진을 얻게 될 가능성이 크다. 다음은 내가 마케팅을 시작하던 초기 진료 스태프에게 요청해 얻었던 사진 결과물이다.

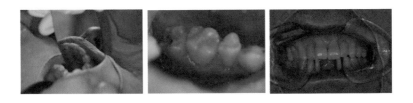

<닥터리치과에서 초기 마케팅을 위해 촬영한 구강 사진>

왼쪽 첫 번째 사진의 주인공은 미러(Mirror)일까 아니면 콧구

멍일까? 가운데 치아 사진은 아름다워 보이라고 의도적으로 블러 (Blur) 처리를 한 것일까? 마지막 사진은 리트렉터의 잘못된 사용법을 가르치는 듯하다. 정확한 가이드 없이 촬영을 요구하면 딱 이와 같은 결과물을 얻게 된다. 진료 사진을 마케팅에 사용하기 위해서는 노력이 필요하다. 보기 좋은 사진을 얻는 것도 쉽지 않고, 그 사진이 진료 전후 한 세트로 짝이 맞아야 하는데 이 또한 쉬운 일이 아니다. 진료 전과 후에 동일한 스태프가 촬영을 한다는 보장이 없고 같은 스태프가 촬영해도 사진이 위와 같이 제각각일 수 있기 때문이다. 닥터리병원은 신입이 입사하면 나에게 카메라 촬영 이론에 대해 2시간 강의를 듣고 3개월간 촬영 교육을 받았다. 다음은 닥터리병원 진료실에 붙어 있던 사진촬영 방법에 대한 메모다. 병원마다 환경이 다르고 원하는 촬영 결과물이 다를 것이다. 참고해서 우리 병원에 맞는 가이드를 만들어보자.

<카메라 세팅>

- *바디의 촬영 모드*: **M모드**
- *조리개(F값)*: F22~**F25**사이 [D80은 F32추천하기도 하고/ F25이상은 필요 없다고도 함]
- *ISO*= 200으로 설정 [모든 자료에서 동일]
- *링플래쉬 모드*: <u>TTL(자동)</u> [어두우면 +0.3~1.0정도 Up이라고도 하고/ TTL이면 충분하다고도 함]
- *셔터 속도*: 1/200초 (플래시와 속도를 맞추기 위해 1/125초보다 짧아야 함)
- *WB*: <u>Sunlight</u>/ Flash/ Auto중 선택 (라성호, Sunlight를 강추 함)

<촬영 배율- 필히 매뉴얼 사용>

촬영 부위	배율	TX
2치	1 : 1	요청 시
4치	1 : 1.5	구치 충치/전치 심미
6치	1 : 2 (2.25)	구치 충치 / 전치 심미
스마일	1 : 2.8	미백/심미
전악	1 : 3.2 (3.0~3.3)	교정
안모	1 : 15 (5ft)	교정

<닥터리병원 진료실 벽에 붙어 있던 치료 사진 촬영을 위한 카메라 설정 가이드>

촬영한 환자의 진료 전후 사진을 마케팅용으로 사용하기로 결정했다면 사전에 환자의 사용 동의를 받아야 한다. 닥터리병원은 환자 내원 첫날 차트 작성 시 한번 동의를 받고, 추가적으로 당사자가 선택한 진료의 치료 동의서를 받을 때 다시 한번 사진 사용 동의를 받았다. 그리고 동의하지 않은 환자의 사진이 마케팅에 사용되는 불상사를 막기 위해 나름의 폴더 분류 시스템을 구축해 관리했다.

또 한 가지 신경 쓸 부분은 마케팅용으로 사진을 사용할 때는 사진 파일명을 환자 이름으로 하지 않는 것이다. 닥터리병원에서 딱 2번 이런 불상사가 발생한 적이 있었다. 환자가 자기 이름을 검색했는데 진료 사진이 검색 결과에 나온 것이다. 한 번은 친동생이라 쉽게 넘겼지만 다른 한 번은 20대 젊은 환자의 분노를 가라앉히는데 애먹었던 기억이 있다. 마케팅용 사진을 사용할 때는 환자 동의 하에 개인정보를 보호하며 동의 받은 사진만 사용하기 위한 내부 시스템을 구축하자.

'이렇게까지 노력을 해야 하나?'라는 생각이 들 수도 있다. 하지만 사진을 수집해야 하는 다른 이유를 생각해 보면 노력할 가치가 있다는 생각이 들 거라고 믿는다.

사진을 촬영해야 하는 두 번째 이유는 우리 병원만의 스토리를 찾기 위해서다. 병원 마케팅에서 스토리텔링은 효과가 뛰어난 소구 방법이다. 스토리텔링으로 마케팅하라고 시켜보면 대부분이 어려워한다는 것을 바로 알게 된다. 어떤 스토리를 전해야 하는지, 스토리는 어떻게 찾아야 하는지 어려워하며 기존 정보 전달 방식을 고수하는 모습을 보인다. 이때 마케팅 담당자가 스토리를 찾을 수 있도록 돕는 가장 효과적인 도구가 카메라다. 사진에 담긴 환자를 보며 그들의 스토리를 자연스럽게 읽어내게 된다. 개인적으로 마케팅 직원 교육은 내가 아닌 카메라가 반은 했다고 해도 과언이 아니다. 내 기억에 닥터리병원에서 일상 촬영을 위해 일명 '똑딱이' 카메라를 50만 원 정도 투자해 구입했다. 마케팅을 위해 지출한 가장 효율 높은 투자였다고 생각한다.

마지막으로 우리 병원만의 독창성을 확보하는 것이다. 나는 아침에 출근하면 10시부터 11시까지 한 시간 동안 경쟁 병원 마케팅 현황을 파악하는 것으로 일과를 시작했다. 다른 병원이 어떤 주제를 사용하는지, 어떤 소구점에 집중하는지, 혹시 전에 보지 못한 키워드를 활용하지는 않는지를 매일 관찰했다. 그러다 보면 '아, 이거 내가 이틀 전에 쓴 내용을 그대로 따라 썼네.'라는 생각이 드는 게시글을 종종 만났다. 교묘하게 문장 어휘를 바꿨지만 내가 쓴 글을 내가 못 알아볼 리 없다. 이때 유일하게 따라 할 수 없는 것이 있다. 사진이다.

내가 병원 마케팅을 시작한 지 4년 정도 됐을 때, 우리 사진을 무단으로 사용하는 병원에 꽤나 많은 내용증명을 보냈었다. 지금은 저작권을 무시하고 타 병원 사진을 쓰는 케이스는 드물 것이다. 우리 병원의 브랜드 콘셉트가 드러나는 사진을 수집하면 이는 누가 쉽게 따라 할 수 없는 자산이 된다. 마케팅을 어느 정도 진행했고 조금 더 성장을 도모할 때 우리 병원 사진 데이터 확보에 대해 고민해 보기 바란다.

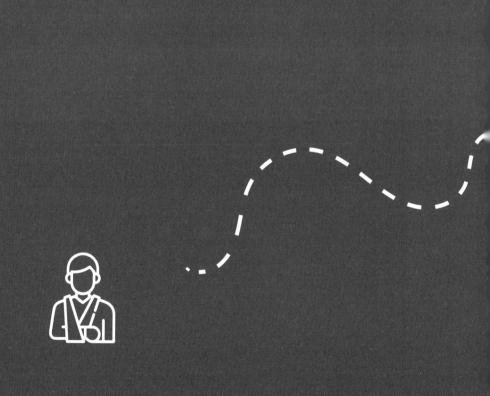

제6장 —————

간판 다음으로
중요한 병원
홈페이지

01

10년간 홈페이지
7개 만든 사연

    나는 닥터리병원 마케팅을 담당한 10년간 총 7개의 홈페이지를 만들었다. 자부심을 가지고 하는 이야기가 아니라 스스로 한심해서 하는 이야기다. 4대 매체 광고를 만들던 나는 홈페이지 제작에 대해서는 아는 바가 없었다. 그저 사업을 하셨던 아버지께서 홈페이지를 만들기 위해 직원을 여럿 고용하고 속앓이를 심하게 하셨다는 것 정도가 내가 아는 지식의 전부였다.

    '그냥 외주 줘서 만들면 되는데 뭘 그리 고민하나.'라고 생각하는 분도 있을 거다. 하지만 나는 처음부터 홈페이지가 결국 온라인 마케팅의 중심이 될 거라는 막연한 믿음이 있었다. 그저 한번 만들면 완료되는 프로젝트가 아닌 꾸준히 고객과 소통하는 창구가 될 것이라는 확신이 있었다. 문제는 중요성은 알겠는데 어떻게 해야 하는지를 전혀 모르는 상황이었다.

이 확신 때문에 홈페이지를 7개나 만들었고 그 노력이 닥터리병원을 키우는데 지대한 영향을 미쳤다. 하지만 작은 병원이 다 홈페이지를 7개씩이나 만들 수는 없다. 내가 만들었던 홈페이지는 제작 방식과 사연이 모두 다르다. 나의 좌충우돌 경험을 타산지석 삼아 적절한 방법을 찾을 수 있을 것이다.

참고로 내가 제작한 7개 홈페이지 중 2개만이 실제 세상 빛을 보고 운영됐다. 지금부터 소개하는 1호 홈페이지와 2호 홈페이지는 내가 닥터리병원을 위해 3번째 그리고 7번째로 제작한 결과물이다.

1) 첫 홈페이지 만들 때 필요한 자세

병원에서 운영할 수 있는 온라인 마케팅 중 나는 단연 홈페이지 제작이 가장 난이도가 높다고 이야기한다. 최근 청담동에 위치한 피부과의 오래된 사이트 개편을 도왔다. 원장님이 전 업체와 일하다 하루는 너무 스트레스를 받아 눈물이 났다는 이야기를 했다. 개인적으로 홈페이지 제작도 아니고 개편 업무 일은 거의 피하는데 그 마음이 너무나 이해돼 진행을 도왔다.

경험상 개발자와 디자이너는 업무가 전문적일 뿐 아니라 소통 방법도 병원 사람들과는 확연히 다르다. 외국인과 이야기하는 것보다 더 많은 오해와 착각이 난무할 수 있다. 진료를 하며 짬짬이 이런 숨 막히는 소통을 하니 눈물이 났다는 말이 충분히 이해가 됐다. 하지만 보통 병원에서 홈페이지를 제작할 때 이 부분을 상당히 간과하고 시작할 가능성이 높다. 나도 그랬다.

만일 홈페이지를 만들겠다고 마음먹었다면 한 번에 원하는 결과물이 나올 것으로 기대하지 말고 배우는 과정에 돌입한다고 생각하고 마음의 여유를 가지고 시작해야 한다. 다행히 홈페이지는 비용을 들이면 수정과 개편이 가능하다. 처음부터 완벽한 결과물을 얻을 수 없더라도 관심과 관리로 오늘보다 내일, 우리에게 돈을 벌어줄 소중한 대변인을 만들어 갈 수 있다.

02

거부할 수 없는
홈페이지의 매력

강의나 컨설팅에서 동네 병원인데 홈페이지가 꼭 필요한지에 대한 질문을 받을 때가 있다. 나는 "간판 없이 개원하지 않잖아요? 홈페이지는 온라인상의 간판 같은 존재예요."라고 답한다. 지금부터 거부할 수 없는 병원 홈페이지의 매력 포인트 3가지를 소개한다. 이를 확인하고도 불필요하다고 여겨진다면 과감하게 6장의 나머지 내용을 무시하고 7장으로 넘어가도 좋다. 언젠가 때가 되면 다시 돌아오게 될 것이라고 나는 믿는다.

1) 환자의 징검다리, 그 마지막 디딤돌

나는 병원에서 마케팅과 환자 상담을 10년간 병행했다. 환자에게 걸려오는 전화를 받고 온라인에 환자가 남기는 상담문의에 답변하고 카톡과 네이버톡톡으로 들어오는 문의에 응대했다. 병원 데스크에 유니폼을 입고 앉아 상담 실장도 했다. 이렇듯 환자가 처음으로 접하는 마케팅 메시지를 만드는 것부터 시작해 실제 환자가 내원해 상담 받고 진료 동의를 받아내는 전 과정을 직접 경험하면서 깨달은 것은 환자는 징검다리를 건너 병원에 온다는 것이다.

블로그에 잘 쓴 글 하나를 보고 내원하거나 파워링크에 연결된 랜딩 페이지 하나를 읽고 내원하는 환자는 없다. 우리가 제공하는 온라인상의 정보를 하나둘 차근차근 접해가며 우리 병원에 대해 탐색하고 이야기에 귀 기울이고 정보를 이해한다. 우리 메시지에 적응되면 작은 관계가 형성된다. 나름 우리 병원에 대한 신뢰가 싹 트기 시작하는 것이다. 보통 현장 최전방에서 환자들 이야기를 들어보면 결국 내원을 결정하는 마지막 징검다리 디딤돌은 홈페이지일 때가 많다. 홈페이지에서 원하는 진료과목을 주력으로 하는 병원인지 확인하고 원장님 약력을 보고 안도한다. 그리고 병원 히스토리를 체크하고 위치 확인 후 전화를 걸거나 내원한다.

쉽게 역지사지로 생각해 보면 이해가 쉽다. 해외여행을 떠난다고 가정해 보자. 멀리 가는 여행이니 지인에게 좋은 여행사를 추천받았다. 어느 정도 신뢰를 가지고 업체에 전화를 해 상담을 받는다. 상담 내용이 마음에 든다. 그런데 최종 결정 전 인터넷에서 검색을 해보니 홈페이지가 없다. 이런 상황에서 흔쾌히 여행비를 그 업체에 입금할 수 있을까? 우리는 거래할 때 최종적으로 업체 홈페이지에서 회사 약력이나 직원 수, 사업장 위치 등 기본적으로 이

회사가 존재하는 게 맞는지, 이들과 거래해도 무방한지를 파악한다. 병원도 마찬가지다. 온라인에서 광고를 클릭하든, 블로그 글을 읽든, 환자가 최종적으로 병원에 전화를 걸고 내원할 때는 대부분 홈페이지를 거칠 때가 많다.

결국 어떤 마케팅 경로를 거치든 환자가 병원 내원 직전 도달하는 종착역은 홈페이지가 될 가능성이 높다. 우리 병원의 철학, 진료과목, 위치, 진료시간 등 환자가 알아야 객관적 사실에서 시작해 환자가 느낄 최종적 톤앤매너도 홈페이지를 통해 전달된다. 이왕 마케팅 집행을 결정했다면 이런 확실한 디딤돌을 생략한다는 것은 효율과 비용을 생각할 때 손실이 크다.

2) 100% 소유 가능한 내 플랫폼

홈페이지는 다른 마케팅 채널과 엄연히 다른 한 가지 특징을 가지고 있다. 바로 병원이 원하는 대로 직접 만들어 쓴다는 것이다. 유일하게 병원이 온전히 소유하는 채널이다. 네이버에서 지식in에 답을 할 때는 네이버가 만든 규칙을 따른다. 유튜브에 영상을 업로드 할 때도 유튜브가 정한 규칙에 따라야 한다. 병원이 마케팅을 한다는 것은 누군가 만들어 둔 플랫폼에서 그들이 요구하는 규칙을 지키며 활동해야 한다는 뜻이다. 그리고 그 규칙은 과도한 마케팅 메시지 활용을 제약할 때가 많다.

하지만 홈페이지는 다르다. 우리가 원하는 대로 우리가 만드는 나만의 플랫폼이다. 당연히 자유도가 높다. 의료법에 위배되지만 않는다면 병원 강점을 최대한 마음대로 펼치고 주장할 수 있는 공간이다. 예를 들어, 회원가입 고객에게만 노출한다는 조건으로 환자 후기를 업로드하는 것이 가능하다. 전후사례도 올려서 자랑할 수 있다. 또, 환자를 최종적으로 병원으로 안내할 수 있도록 전화번호를 받을 수도 있다. 거창한 말로 DB 마케팅이라고 한다. 필요에 따라 실시간 상담창을 삽입할 수도 있고 병원 소식을 팝업창으로 알릴 수도 있다. 누구 눈치도 보지 않고 한번 방문한 환자와 다른 채널에서는 불가능한 다양한 소통이 가능하다.

홈페이지로 환자를 1차 유입하는 업무는 유료 광고와 바이럴, 또는 SNS에 맡기더라도 최종 설득을 최대한 자유로운 환경에서 진행하기 위해서는 내가 만든 경기장으로 환자를 유인하는 전략이 필요하다. 이런 관점에서 볼 때 홈페이지는 최적의 도구다.

3) 시간이 지날수록 유리한 공짜 마케팅

홈페이지는 우리가 직접 만든 채널이다 보니 초기에는 방문객 유입이 불리하다는 단점이 있다. 평소 설명할 때 다리가 없는 무인도에 병원을 설립한 것과 같다고 설명한다. 아무리 멋진 병원을 개원해도 육지 사람들은 섬 안에 병원이 있는지 모른다. 고객을 이동시키는 여객선이라 할 수 있는 네이버호도 구글호도 다음호도 우리가 그 무인도에 있다는 사실을 처음에는 모른다. 따라서 초기에는 육지 사람들에게 우리 존재를 알리는 노력이 필요하다. 다시 말해, '검색엔진 최적화(SEO:Search Engine Optimization)'가 필요하다. 여객선 회사에 우리의 개원 사실을 알리는 것이다. 출생신고를 하는 것과 같다. 시간이 지나면 여객선 회사에서 무인도가 더 이상 무인도가 아니라는 사실을 확인하고 배를 보내기 시작할 것이다. 포털이 우리 홈페이지 존재를 확인하고 검색 결과에 노출해 주기 시작한다.

홈페이지는 직접 만들어야 하고 이후 살아있는 유기체 대하듯 관리해야 하는 손이 많이 가는 대상이다. 성장시켜 최강의 무기로 만드는데 시간과 노력이 든다. 개인적으로 이점이 가장 마음에 든다.

물론 나는 자학을 하는 사람이 아니다. 고생해야 하는 점이 좋다는 것이 아니다. 한번 구축하면 경쟁자에게 나를 보호하는 장벽 역할을 해준다는 점이 무엇보다 마음에 든다. 다른 마케팅과 달리 시간과 노력이 필요하다 보니 시장에 진입하는 후발주자가 마케팅 예산이라는 총알을 쏟아부어도 탄탄한 성벽이 우리를 보호하는 것 같은 안전감을 맛볼 수 있다. 이렇게 느끼는 데는 2가지 이유가 있다.

첫째, 오래된 홈페이지가 SEO 관점에서 유리하다. 다음은 2010년 제작해 2018년까지 사용했던 닥터리 홈페이지의 웹문서 노출 정도다. 2017년부터 활동을 멈춘 홈페이지임에도 노출 정도가 뛰어나다. 구글에서 검색창에 'site:'을 입력하고 도메인 주소를 넣으면 구글에 노출된 우리 홈페이지 게시글 수를 확인할 수 있다. 내가 제작한 첫 홈페이지의 경우 2만 1,600건의 게시글이 노출돼 있다.

<구글에서 'site:www.ooo.co.kr'로 검색해 노출된 게시물 수
를 확인할 수 있다.(출처 : 구글 검색)>

같은 방식으로 네이버에서도 노출이 우수하다는 것을 확인할
수 있다.

<'Site:'으로 네이버 노출 게시물 확인 화면(출처 : 네이버 검색)>

이미 블로그, 카페, 지식in을 운영한 분들은 알겠지만 바이럴이나 SNS 마케팅의 경우 최신성이 중요하다. 최근 올린 신상 포스팅이 선호된다는 뜻이다. 하지만 홈페이지에 작성한 웹문서는 조금 다르다. 무조건 최신성보다는 진정성을 우선한다. 특히 2022년 시작된 네이버 인공지능(AI) 기반 검색 알고리즘이라고 할 수 있는 '오로라(Aurora) 프로젝트'에 대해 살펴보면 웹문서 글이 네이버 사용자의 궁금증에 얼마나 적합하게 답변하고 있는가를 기반으로 검색 결과를 제시한다고 명시돼 있다.

이에 따라 지인 피부과와 성형외과 홈페이지를 살펴보면 오래된 병원일수록 노출 정도가 뛰어나다. 2022년 들어 유료 광고 없이 하루 조회 수 7000회를 넘긴 곳도 확인했다. 담당자 말에 따르면 환자 궁금증에 진정성 있게 답을 준다는 취지로 홈페이지에 글을 작성했는데 어느 순간 네이버 '지식스니펫'에 노출되며 조회 수가 폭발했다는 것이다.

두 번째 장점은 한번 잘 꾸려두면 추가 비용이 없다는 점이다. 물론 홈페이지는 꾸준한 관리와 개편이 필요하지만 잘 운영하면 유료 광고를 하지 않아도 무료로 환자를 유입시킨다.

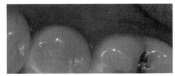

<닥터리병원 홈페이지 아말감 게시글 조회 수>

내가 작성한 홈페이지 게시글 조회 수를 보면 2만~3만 명이 유입된 것을 볼 수 있다. 광고를 하지 않고 꾸준한 유입을 만든 결과다. 유료 광고로 생각해 보면 조회 수 1회당 최저 비용 70원으로 계산해도 게시글 당 200만 원이다. 이런 글이 구글에 2만 건이 노출돼 있다. 새로운 경쟁자가 나와도 내 마음이 조금은 편안했던 이유가 여기에 있다.

잘 만든 홈페이지는 그 어떤 새로운 마케팅 채널도 부럽지 않다. 기본에 충실하고 소중히 관리하면 필히 우리 병원을 위한 최고의 용병으로 나를 위해 싸워줄 것이다.

03

홈페이지 제작비
얼마가 적당할까?

병원에서 전화 상담을 할 때 가장 받고 싶지 않은 질문이 "이가 아픈데 얼마예요?"다. 병원 관계자라면 공감할 것이다. 정확한 증상도, 문제의 원인도 모르는데 해결책이 얼마냐 물으면 답답하기도 하고 솔직히 그냥 전화를 끊어버리고 싶은 충동을 느낄 때도 있다. 하지만 실은 우리 모두가 이런 질문을 한다. "병원 홈페이지 만들어야 하는데 얼마인가요?"라는 말에 소리 없는 한숨이 전화기 건너 들리는 듯하다. 보통 이런 질문은 당사자가 비용을 지불해야 하는 일에 기본적인 지식이 전혀 없을 때 나온다.

최근 집 인테리어를 했다. "40평대 아파트 전체 인테리어 비용이 얼마나 들까요?"라는 질문을 했는데 답은 뻔했다. "어디까지 수리할지, 어떤 재료를 쓸지, 인력이 얼마나 투입될지에 따라 다릅니다. 게다가 요즘은 물가와 인건비 상승이 가팔라 비용을 정확히 알려주는 게 더 어렵습니다."였다. 결국 굳이 업체가 앞서 진행한 유사한 평형대 아파트 수리비 견적서를 보고 나서야 마음의 위안을 얻었다. 남들이 나에게 하면 얼굴 찌푸리게 되는 질문을 나도 내 영역이 아닌 곳에서는 남발한다.

홈페이지를 처음 만들 때가 딱 이렇다. 아는 바는 없고 그저 평균적인 비용을 알고 싶지만 업체에 연락해서는 쉽사리 답을 얻기가 어렵다. 이유는 제작하려는 사람이 기본 상식이 부족해 질문을 제대로 할 수 없기 때문이다. 나는 홈페이지 제작업체를 운영한 경험은 없다. 단지 앞서 소개한 바와 같이 7개 홈페이지를 만들며 겪은 클라이언트 입장에서의 경험이 기반이다. 내 경험을 기반으로 홈페이지를 만드는 병원이 알아야 할 것들을 소개한다.

1) 목적에 따른 비용 산정

얼마 전 강의 중에 어김없이 한 원장님에게 홈페이지를 얼마에 제작하는 게 좋은 지 조언해 달라는 부탁을 들었다. 질문하는 분 눈빛에 정말 궁금하다는 진정성이 가득 담겨 있었다. 그날따라 평소처럼 모른다고 답하고 싶지 않았다. "병원 홈페이지를 외주로 만든다고 할 때 최저 가격은 30만 원을 봤고요, 최고는 1억 원 정도를 투자했다는 이야기를 들어봤어요."라고 답했다. 당연히 1억 원을 투자한 홈페이지는 대형병원 홈페이지고 30만 원은 네이버모두(Modoo)로 제작 대행을 한 경우라고 설명했지만 원장님은 못내 아쉬운 눈빛이 영역했다.

만일 나라면 이때 어떻게 질문했을까 잠시 고민해 봤다. 개인적으로 목적을 먼저 명확히 하고 견적을 알아볼 것이다. 목적에 따라 비용이 산정되는 것이 바람직하기 때문이다. 만일 외곽의 경쟁적은 지역에 있는 소규모 병원이라면 병원명을 검색창에 입력했을 때 존재 여부를 알리는 정도의 홈페이지로 충분할 수도 있다. 하지만 지역 특성이 주변 병원과 경쟁해야 하고 마케팅을 적극적으로 해야 하는 상황이라면 당연히 예산을 추가하는 것이 적합하다.

몇 년 전, 닥터리병원 양도를 진행하며 양수 받는 원장님 홈페이지 견적 문의를 대신한 적이 있다. 그때 나의 업무 프로세스를 소개한다. 일단 원장님께서 필요로 하는 홈페이지 용도를 정했다. 양수 받는 원장님 입장에선 강남 개원 이후 첫 번째 홈페이지다. 아직 병원만의 브랜드 콘셉트가 명확히 구축된 상황이 아니다. 클라이언트의 경험이 부족하니 첫 작품이 완성본이 될 가능성이 적다고 판단했다. 저가도 고가도 아닌 중간 비용이 적합해 보였다. 하지만 지역이 강남인만큼 주변 경쟁 병원과 비교했을 때 요즘 말로 '있어빌리티'가 너무 떨어지는 홈페이지는 제작할 필요조차 없는 상황이었다. 강남역 주변의 1인 대표 원장님이 운영하는 보편적인 홈페이지를 여럿 찾아봤다.

강남의 주변 치과 홈페이지와 비교했을 때 디자인적으로 너무 뒤쳐지지 않고 아직 홈페이지 제작 경험이 없는 원장님과 손발을 맞출 수 있는 병원 홈페이지 제작 경험이 있는 업체가 필요했다.

또, 1차 홈페이지 구축 후 향후 개편과 수정 작업을 함께 해줄 탄탄한 업체여야 했다. 업체 20개 정도와 상담했다. 그리고 11개 업체에서 대략적인 견적을 받았다. 이중 예산이 중간 정도에 실력 있어 보이는 업체 4곳을 선정해 원장님께 전달했다.

사이트	포트폴리오	페이지 수	포함 서비스	비용	특징	제작 기간	업체 특징	담당자
xxx. co.kr	주로 동네 치과 많음 OO치과 진행	20	포토 촬영 콘텐츠 작성까지	550~660 만 원	관리자 페이지에서 수정 가능	2~3 개월	9명팀 으로 작업	김** 대표님
xxx. com	주로 강남 치과 많음 사례 : OO	30	포토 작가 별도	1,100 만 원 예상	개발만 진행 콘텐츠는 병원에서 작성 필요	7주		문** 차장님
yyy. com	주로 메디컬 사례:00000	30	원고 제공 여부에 따라 비용 차이	2,000 만 원 부터	치과 50개 사례 보유	3 개월	직원 20명	권** 대표님
zzz.kr	주로 강남 비용 고가 사례 : OOOO	30	일반적 내용 촬영 별도 30만 원	590 만 원 부가세 별도	사이트맵 잡아 줘야 함	2 개월		김** 이사님

<홈페이지 제작 업체 상담 내용 정리표>

최종 선정된 업체들은 강남에 병원 클라이언트가 있는 곳으로, 20~30페이지 홈페이지 견적을 받았고 포함되는 서비스를 확인했다. 포토 촬영 여부, 콘텐츠 작성 여부가 각각 달랐다. 각 업체에 자신들의 특징 혹은 장점을 알려 달라고도 요청했다. 개발에 집중하는 업체도 있고 원고까지 대신 작업하는 업체도 있었다.

내가 직접 결정할 문제가 아니기에 최대한 성향이 다른 업체를 고루 섞어 새로 시작하는 원장님께 전달했다. 이때 비용은 20~30페이지를 기준으로 최소 550만 원부터 시작하는 업체부터, 최소 2,000만 원부터 시작하는 업체까지 다양했다. 결국 강남에서 어느 정도 경쟁력을 갖춘 홈페이지 구축을 위해서는 최소 500만 원부터 제작이 시작된다고 판단하면 될 듯하다는 의견도 전달했다.

만일 경쟁이 심하지 않은 곳에 있는 병원이 홈페이지를 구축한다면 어떨까? 경기권에 개원하는 원장님을 위해 견적을 대신 알아본 적이 있다. 20페이지 정도를 100만~300만 원 사이의 비용에서 업체를 찾아보면 된다는 결론을 얻었다. 이 정도 비용이면 원하는 형태의 홈페이지가 개발된다는 것이 아니라 기존에 존재하는 템플릿을 활용한 수준의 홈페이지가 구축된다. 쉽게 말해 보기에 적합하지만 이미 인터넷상에서 한번쯤 본 듯한 그런 결과물이 나올 가능성이 크다.

내가 이렇게 비용을 소개하는 것은 이 비용이 적합하다고 판단해서가 아니라 워낙 예산 선정을 어려워하는 원장님들을 많이 봤기 때문이다. 인건비는 나날이 늘고 제작업체들도 생기고 사라지며 견적의 평균은 상시 바뀔 수 있다. 평균 예산이 얼마인지를 스스로 판단하는 방법을 확인했다 생각하고 스스로 조사를 더 해야 한다.

집은 꾸미기 나름이라는 말이 있다. 홈페이지도 마찬가지다. 비용이 높을수록 능력 있는 디자이너가 붙고 원하는 기능 구현도

가능해진다. 그렇지만 투자 대비 수익률이 정해져 있는 의료업에서 무한대로 예산을 높이는 것은 적절하지 않다. 병원 홈페이지 활용 방안에 대해 먼저 고민한 후 적절한 예산을 상황에 맞춰 책정하기 바란다.

04

광고비 0원으로
하루 방문자 5000명 만든
홈페이지의 비결

닥터리병원 마케팅을 처음 맡았을 때는 마케팅 예산 집행은 엄두도 낼 수 없는 상황이었다. 총알이 없는데 어떻게 전투를 한단 말인가? 그래도 무엇이라도 해봐야겠다는 심정으로 최대한 비용이 들지 않는 마케팅부터 시작했다. 비용이 들지 않는 블로그 마케팅이 어느 정도 자리를 잡자 욕심이 나기 시작했다. 시너지를 낼 수 있는 다른 도구를 하나 더 가지고 싶다는 욕구가 샘솟았다.

1) 광고비 0원에도 노출되는 홈페이지

닥터리병원 개원 초기에는 온라인 마케팅과 관련된 정보가 많지 않았다. 우연히 찾은 아이보스라는 마케팅 커뮤니티가 있었다.

다른 정보들에 비해 클라이언트 입장에서 볼만한 자료가 많았다. 며칠 동안 게시판의 모든 정보를 섭렵하다 찾아가 강의를 들었다. 그 과정에서 SEO라는 단어를 처음 접했다.

Search Engine Optimization, 검색엔진 최적화라는 말로 번역 돼 있었다. 대략적으로 홈페이지에 작성된 다양한 게시물이 포털 즉, 네이버나 구글의 웹 검색 영역에 노출된다는 이야기였다. 대략적인 개요는 이해가 됐지만 개발자 출신 강사님 설명을 다 알아들을 수는 없었다. 내용이 생소해 더욱 그랬을 것이다. 강의를 듣고 구글에서 SEO에 대한 다양한 영어 자료를 찾아봤다. 당시에는 한글로 된 자료가 없어 어쩔 수 없었다.

이 과정에서 온라인 마케팅에서 유료 광고 도움을 받지 않고도 활용할 수 있는 홈페이지라는 도구를 얻게 됐다. 홈페이지는 어떤 이유에서 인지는 모르지만 다른 병원들이 꽤나 간과하는 도구였다. 남들이 많이 쓰지 않는다는 것은 오히려 예산이 적은 우리에게 적합하다고 판단했다. 그리고 결과적으로 SEO를 활용해 하루 최대 수천 명의 방문자를 홈페이지에 모을 수 있었다. 이제부터 그 홈페이지 운영 방법을 소개한다.

홈페이지를 제작하고 1년 후부터 본격적으로 SEO를 활용한 마케팅을 시작했다. 작업은 크게 3단계로 나뉜다. 첫째는 기술적으로 웹문서 노출을 유도하는 방법이다. 둘째는 콘텐츠를 작성하는 것, 마지막은 UX·UI를 개선하는 과정이다. 하나씩 살펴보자.

2) 무인도에 사람 모으기

개원 2년 차에 1호 홈페이지를 바탕으로 본격적으로 SEO를 활용한 마케팅을 시작했다. 개원 6년 차에 2호 홈페이지를 론칭하기 전까지 1호 홈페이지를 적극 활용했다. 관리자 페이지 방문자 수를 보면 다음과 같다.

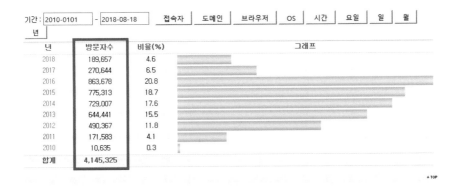

<2010~2018년까지 닥터리치과 1호 홈페이지
연간 방문자 수 추이>

2011년부터 유료 광고를 집행한 적이 없으니 이 정도면 효과는 우수하다. 2016년 기준으로 일평균 2300명가량이 조회했고 최대 5000명을 넘기는 날도 있었다. 닥터리치과 성장에 큰 몫을 한 똘똘한 친구다.

자, 그렇다면 왜 닥터리 홈페이지는 이렇듯 노출이 엄청날까? 개발 단계부터 SEO 개념을 적용했기 때문이다. 1호 홈페이지의 경우 초기 개발 당시 SEO 개념을 모르고 제작해 1년 후 개발자에게 추가비용을 지불하고 SEO 설정을 추가했다. 결국 이 말은 홈페이지가 만들어지는 단계에서 SEO가 반영돼야 한다는 뜻이다. 이 내용은 워낙 기술적인 부분이 많아 전체를 설명할 수는 없다. 나도 개발자가 아니라 상세한 내용을 알지 못한다. 단지 병원 내부자로서 업무를 오더 할 정도의 지식을 갖추었을 뿐이다. 그리고 그 정도로도 충분하다. 다행히 최근에는 관련된 교육과 책자가 다양하니 관심이 생기면 추가 조사를 할 것을 추천한다.

병원에서 외주로 SEO 업무를 요청하기 위해서는 최소한 알아야 할 기본 개념 3가지가 있다. 이 3가지 기본 개념을 이해하면 검색엔진 최적화의 기술적인 부분을 알지 못해도 우리 홈페이지가 온라인에 노출되도록 외주에 요청할 수 있게 된다.

첫째, 우리 홈페이지는 무인도다. 다른 마케팅 채널과 달리 홈페이지는 병원이 직접 창작하는 마케팅 도구다. 블로그는 네이버 플랫폼을 활용하고 유튜브는 구글 플랫폼을 사용해 각각의 플랫폼이 우리 정체를 바로 확인할 수 있지만 홈페이지는 그렇지 않다. WWW의 그 어딘가에 존재는 하지만 고객이 검색하는 포털에서 우리를 찾지 못할 가능성이 높다. 마치 무인도에서 영업을 시작한 것과 같다.

다시 말해 네이버 왕국에도 구글 공화국에도 소속되지 않은 상태로 태어난다고 봐야 한다. 이 개념이 정립돼야 그들의 리그에 우리를 포함시키기 위한 노력을 시작할 수 있다. 육지까지 다리를 놓고 뭍에 사는 사람들을 우리 무인도로 끌어 모으기 위한 노력이 필요하다.

둘째, 무인도에 우리가 있음을 알려야 한다. 다시 말해 네이버와 구글 같은 포털에 우리 홈페이지 출생신고를 하는 것이다. 보통 '사이트 등록을 한다'라고 표현한다. 구글 서치콘솔(Search Console)과 네이버 서치어드바이저(Search Advisor)에서 진행한다. 외주 진행 시 개발 완료 과정에서 진행해 주기도 한다. 출생신고를 했다고 홈페이지 노출이 보장되는 것은 아니다. 사이트 등록을 하는 것은 포털의 검색엔진 로봇이 우리 홈페이지에 방문해 정보를 크롤링(Crawling)할 가능성을 높이기 위한 첫 번째 단계다. 추가적으로 로봇이 우리 사이트에서 길을 잃지 않게 하기 위해 사이트맵을 포털에 제출하는 과정도 있다. 쉽게 설명하자면 우리 사이트 도면을 자세히 그려서 포털에 전달하는 것이다. 대게 홈페이지 개발업체에서 진행해 줄 수 있다. 우리 홈페이지를 포털에 노출시키기 위해 초기에 해야 하는 최소한의 노력이다.

셋째, 우리 사이트 정보가 포털에 노출되게 만들기 위해서는 우리 섬의 도로 계획이 필요하다. 누구를 위한 도로 계획인가 하면 검색엔진 로봇을 위한 도로 계획이다. 홈페이지 게시글이 포털에 노출되는 경로는 다음과 같다. 우선 포털이 보유한 로봇이 홈페이지에 방문한다. 로봇은 우리 홈페이지의 정보를 조사한다. 그리고 유용한 콘텐츠가 있는지 파악한 후 적절한 정보를 발견하면 포털로 가져가는 구조다. 여기서 도로 계획이란 그 로봇이 방문했을 때 사이트 안에서 효과적으로 유효한 정보를 찾을 수 있도록 돕는 것이다. 사이트에 타이틀(Title)을 달기도 하고 메타 디스크립션

(Meta Description)을 삽입하기도 한다. 타이틀을 추가한 페이지는 아래와 같이 탭에서 사이트 페이지 제목을 확인할 수 있고 다른 페이지를 클릭할 때마다 내용이 바뀐다.

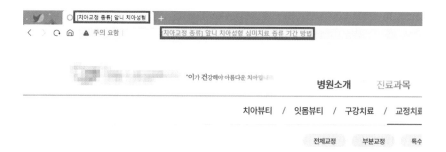

<사이트에 타이틀 적용 시 도메인 주소 옆에 해당 타이틀이 표시된다.(출처 : 닥터리병원 홈페이지)>

이 내용들은 개발업체에 요구하면 어렵지 않게 진행해 준다. 단지 포털에 노출을 희망하는 키워드가 무엇인지 병원에서 직접 결정해 타이틀을 정해야 한다. 다음은 닥터리치과 2호 홈페이지 SEO 타이틀을 정리한 엑셀 파일의 일부이다. 다음과 같이 각 페이지별 타이틀을 정해 전달하면 신속하게 업무를 처리할 수 있다.

구분	페이지경로1	페이지경로2	페이지경로3	페이지별 SEO, <title> ???? </title>
진료과목	진료과목	치아뷰티		료 종류 기간
	진료과목	치아뷰티	라미네이트	강남역치과 서
	진료과목	치아뷰티	올세라믹	남역치과 서울
	진료과목	치아뷰티	쁘띠치아성형	나멜 쉐이핑,
	진료과목	치아뷰티	레진치아성형	, 깨짐, 반점치
	진료과목	치아뷰티	치아미백	과미백,
	진료과목	치아뷰티	앞니부분교정	급속교정, 투명
	진료과목	잇몸뷰티		료 종류 기간
	진료과목	잇몸뷰티	잇몸성형	일, 레이저 치
	진료과목	잇몸뷰티	치조골성형술	스마일, 잇몸
	진료과목	잇몸뷰티	잇몸뼈줄성형술	미스마일 강남
	진료과목	잇몸뷰티	잇몸보톡스	마일 강남역
	진료과목	잇몸뷰티	구강전정술	마일 수술, 입
	진료과목	잇몸뷰티	잇몸미백	이저 치료 강남
	진료과목	구강치료		종류 기간 방법
	진료과목	구강치료	레진치료	. 강남역치과 서
	진료과목	구강치료	인레이치료	강남역치과 서
	진료과목	구강치료	크라운치료	보철 강남역치
	진료과목	구강치료	스케일링	, 무통 가글
	진료과목	구강치료	잇몸질환치료	술 잇몸재생
	진료과목	교정치료		료 종류 기간

<닥터리병원 2호 홈페이지 기획 당시 SEO 타이틀 정리표>

이외 메타 디스크립션이라는 문구를 넣기도 한다. 페이지 소스 보기에 들어가면 확인 가능하다. 그렇다면 이런 타이틀이나 메타 디스크립션을 홈페이지에 추가하는 이유는 무엇일까? 간단하다. 검색로봇이 우리 사이트에서 정보를 쉽게 찾고 크롤링할 수 있도록 돕는 것이다. 검색엔진 로봇은 이미지가 아닌 텍스트를 읽는다. 홈페이지 주인은 로봇이 최대한 우리 의도를 잘 이해하고 정보를 필요한 사람에게 노출시킬 수 있도록 도와야 한다. 헨젤과 그레텔이 빵 부스러기를 길에 남기듯 검색엔진이 길을 찾도록 홈페이지의 주인은 텍스트라는 유인물을 길에 남기는 노력이 필요하다.

이외에도 검색엔진 최적화 세상은 복잡 다양하고 시시때때로 바뀐다. 여기서는 개념을 익히고 홈페이지를 제작할 때 단순히 보기 좋은 이미지로만 구성하는 것이 아닌 포털 노출에 용이하게 하는 정보로 이해하기 바란다.

3) 콘텐츠, 콘텐츠, 콘텐츠

기술적으로 검색엔진 최적화가 끝났다고 모든 일이 마무리되는 것이 아니다. SEO는 결국 포털 검색로봇이 우리 사이트 콘텐츠를 포털에 잘 노출해 주는 것을 돕는 일이다. 지금까지는 홈페이지를 구축하는 업체에서 해줄 업무라면 이제부터 또 다른 업무가 우리를 기다린다.

자, 여기서 잠시 우리 홈페이지가 SEO를 통해 포털에 어떤 형태로 노출되는지 알아보자. 닥터리치과의 1호 홈페이지의 노출 상황이다. 네이버에서 '치아라미네이트'를 검색하면 다음과 같이 웹문서가 노출된다.

통합   이미지   VIEW   지식iN   인플루언서   동영상   쇼핑   뉴스   어학사전   지도   ···

2020.01.23.

🌐 www.█████.r › home   ⋮

█치아] 라미네이트 올세라믹 시술 시 임시치아의 역할은?

라미네이트 치아성형사례로 토끼앞니의 느낌을 줄이는 치아성형이 진행되었습니다.
██
없습니다. 단 임시치아는 임시사용을 목적으로 제작되는 플라스틱 보철입니다. 임...

검색결과 더보기 →

<‘치아라미네이트’ 검색 시 닥터리 홈페이지 웹문서 노출 화면
(출처 : 네이버 검색)>

네이버에서 키워드를 입력하면 키워드 종류에 따라 다양한 채
널이 나열되는데 대게 파워링크 → 인플루언서 콘텐츠 → View →
이미지 → 지식in → 웹문서순이다. 홈페이지는 웹문서 카테고리
에 포함된다. 노출 순서는 다소 아래에 위치하지만 장점은 한번 노
출된 게시물의 유지 기간이 다른 채널에 비해 길다는 점이다. 노출
된 게시물을 클릭해서 작성 날짜를 확인해 보면 2013년 11월이다.
10년을 넘긴 장수 게시물이다.

■■■■■ ■■■■ ■■■■ㄱ 시술 시 임시치아의 역할은?

<닥터리병원 홈페이지 게시글. 2013년 11월에 작성돼
2023년에도 노출되고 있다.>

그렇다면 이렇듯 오랜 기간 닥터리병원 홈페이지 게시물이 노출되는 이유를 한번 생각해 봐야 한다. 나는 가장 큰 이유로 콘텐츠 특성을 들고 싶다. 닥터리병원은 내부에 마케팅 담당자를 두는 구조였다. 내부 마케터가 시도 때도 없이 의료진과 소통하고 진료실을 오가며 각종 사진을 촬영했다. 이것이 분명 다른 병원과 차별되는 경쟁력이 될 것이라는 판단이었다. 우리 경쟁력을 더욱 강화하기 위해 홈페이지에 다음의 3가지를 고려해 콘텐츠를 꾸준히 업로드했다.

첫째, 환자 궁금증에 진짜로 답변한다. 결국 웹문서는 앞에서도 설명했듯이 첫 페이지에 노출될 수 있지만 검색하고 바로 보이는 상단보다는 하단을 차지할 가능성이 높다. 이는 관심도가 높고 궁금증이 많은 검색 사용자에게 노출될 가능성이 크다는 뜻이다. 이미 다른 곳에서 충분히 기본 정보를 습득하고 방문했을 것을 가정해 환자의 궁금증을 먼저 고민하고 조금 더 세세하게 내용을 작성했다.

둘째, 환자 입장에서 이해하기 쉽게 작성한다. 의료 정보는 의료인 입장에서 아무리 쉽게 이야기해도 일반 사람에게는 어렵다. 왜? 처음 듣는 이야기이니까. 우리는 모두 '지식의 저주(Curse of knowledge)'에 빠진다. 콘텐츠를 작성할 때 최대한 상대가 사전지식이 전무하다는 가정으로 초등학생 아이에게 설명한다는 마음으로 글을 작성했다.

셋째, 지금 현재 인터넷에서 찾기 어려운 이야기를 전달한다. 온라인 마케팅을 위한 콘텐츠를 작성하면 대개는 인터넷에 떠도는 타인 게시물을 참고해 어느 정도 수정해 작성하는 경우가 많다. 물론 당장 사이트에 정보를 채우는 효과는 있겠지만 한번 방문한 환자가 우리 병원의 차별성을 느끼게 할 매력은 없다. 되도록 우리 병원만이 할 수 있는 콘텐츠를 지속적으로 고민하고 작성해 보기 바란다.

2016년에 86만 3,978명의 홈페이지 방문을 키워드 광고로 유입시켰다고 가정하면 엄청난 비용이 나온다. 보통 의료 키워드는 클릭당 수천 원에서 몇 만 원에 이르지만 최저 비용인 70원으로 계산해도 6,050만 원 정도다. 이런 효과를 보기 위해선 물론 노력이 필요하다. 꾸준히 게시글을 작성하고 환자의 상담문의에 성심성의껏 답변했다. 10년이라는 시간을 두고 바라보면 홈페이지는 오랜 기간 효과가 유지되며 우리 병원 브랜드 가치를 높여 줄 수 있는 소중한 채널이다.

05

작은 병원 마케팅 실전 가이드 6 :
병원 입장에서 바라본 홈페이지 제작 프로세스

나는 닥터리병원 입사 초기 원장실 구석 책상에 앉아 홈페이지를 어떻게 만들지 고민하던 그 마음을 마치 어제처럼 똑똑히 기억한다. 회사 다닐 때는 선배들이 하는 업무를 보고 배우는 과정을 통해 일이 추진됐는데 닥터리병원에선 도대체 참고할 그 무엇도 존재하지 않는다는 게 불안하고 답답했다. 그 답답함에서 시작해 7개 홈페이지를 만들다 보니 나름의 제작 프로세스가 생겼다. 물론 이 프로세스는 교과서에 나오는 정답은 아니다. 적은 비용으로 효과적인 홈페이지를 만들겠다는 굳은 신념으로 겪은 경험에서 얻어진 현장 지식이다. 어디에선가 며칠 혹은 몇 달을 '만들기는 해야 하는데...'라는 고민으로 첫걸음을 떼지 못하는 병원 담당자의 시작을 돕기 위해 소개한다. 홈페이지를 만들기 위해 업체를 선정하고 운영하는 각각의 과정을 살펴보자.

1) 제작 업체 선정에서 계약까지

다음은 병원에서 업체 선정을 위해 진행할 사항들이다. 새로 태어날 홈페이지의 주인으로서 이것이 어떤 목적을 가지고 태어나 어떤 역할을 하게 될지에 대해 고민해 보고 방향이 어느 정도 잡히면 함께 홈페이지를 만들어줄 파트너를 찾는 것이 바람직하다.

① 홈페이지 제작 목표 설정

가장 우선해야 할 것은 프로젝트의 목표 설정이다. 대략적이나마 만들게 될 홈페이지에 원하는 바가 무엇인지 먼저 고민해봐야 한다. 다양한 마케팅을 진행할 계획이고 이런 마케팅의 베이스캠프 역할을 할 예정이라면 예산도 이에 맞게 확보하고 방향을 설정해야 한다. 하지만 경쟁이 심하지 않은 지역에서 누군가 검색했을 때, 병원 위치와 의료진 기본 정보를 전달하는 것이 목적이라면 이에 맞는 예산과 방향을 설정하면 된다. 거창하게 기획서를 작성할 필요까지는 없지만 잠시 멈추고 스스로에게 물어야 한다. 실제 어느 정도의 기능을 원하는 것인지, 그리고 그 기능 구현을 위해 얼마의 예산을 투입할 의사가 있는지 정해야 한다. 홈페이지 제작 같은 개발 업무는 비용을 들인 만큼 결과물이 나온다. 아니 비용을 들여서도 결과물이 불만족스러울 수는 있지만 싸고 좋은 결과는 기대할 수 없다.

만일 적은 예산으로 제작할 계획이라면 처음부터 기대치를 낮춰 좁은 범위로 프로젝트를 기획해 원하는 것을 확실히 얻는 것이 더 효율적이다. 예를 들어, 나에게 적은 예산으로 홈페이지 제작이 필요하다면 전체 페이지 숫자를 최소한으로 줄이고 대신 병원 핵심 가치를 전달하기 위한 기획에 집중할 것이다. 우리 병원이 주변 병원과 차별되는 한 가지 메시지를 선정해 그 메시지를 전달하는 것을 목표로 설정한다. 배가 항해할 때 선장이 방향키를 제대로 잡아야 배가 산으로 가지 않는 것과 같이 홈페이지 제작 시작점에서는 원장님이나 내부 담당자가 가고자 하는 방향을 정확히 인지해야 한다.

② 벤치마킹 사이트 찾기

목표를 설정했다면 이제 벤치마킹 사이트를 찾아보자. 되도록 앞서 설정한 목표를 이룰 수 있도록 도와줄 사이트를 찾는다. 이 과정에서 스스로 원하는 디자인 방향을 찾을 수 있고 추후 업체에 홈페이지 톤앤매너를 어떻게 제작해 줄 것인지 요구하기 용이해진다. 대게 업체에 세련되고 유행에 뒤지지 않는 신뢰감 가는 디자인을 요구하는데 이런 오더는 받아들이는 사람의 성향에 따라 결과가 제각각이다. 외주업체 입장에서는 클라이언트의 원하는 바가 명확해야 일을 줄일 수 있다. 경험상 내 마음에 드는 사이트를 벤치마킹해 달라고 전달하는 것만큼 효과적인 방법을 아직은 찾지 못했다.

단, 다수의 사이트를 전달하면 오히려 혼돈을 줄 수 있으니 되도록 횟수를 제한하자. 나는 5개 이내로 전달한다. 3개가 넘어 간다면 각 사이트의 어떤 점이 마음에 들고 따라하고 싶은지 명확히 작성해 함께 전달해야 한다.

③ 사이트맵 그리기

사이트맵은 홈페이지의 골격이다. 한번쯤은 이 뼈대를 직접 작성해 보기 바란다. 나는 주로 사무실의 커다란 화이트보드에 작성해 보거나 마인드맵을 이용해 전반적인 뼈대를 잡았다.

중요한 것은 결과물에 대한 대략적인 감을 잡는 것이다. 의료진 소개나 오시는 길처럼 환자에게 노출되는 화면 이외에 숨은 기능까지도 한 번쯤 상상해 보고 사이트맵을 그려보는 것이 도움이 된다. 이 과정에서 우리 병원에 필요한 홈페이지 페이지 수와 구조가 머릿속에 어느 정도 구현된다. 다음은 간략하게 만들어본 홈페이지 사이트맵 샘플이다. 중요한 것은 만들게 될 홈페이지의 대략적인 구조를 머릿속에서 상상해 보는 것이다.

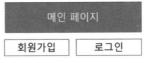

메인 페이지				
회원가입	로그인			

병원소개	진료과목	사례검색	치아플랜	커뮤니티
병원소개	심미치료	증상별	연령별	공지사항
의료진소개	충치치료	시술별	직업별	환자후기
병원철학	임플란트		이슈별	원장님컬럼
진료시간 오시는길	치아교정			

<홈페이지 개발 전 사이트맵 작성 예시>

스스로 원하는 바가 명확하다면 다음으로 화면 설계서를 만들
거나 세세한 페이지 구조도를 작성해 볼 수도 있지만 부담되지 않
는 선에서 마무리하자. 다음은 닥터리병원 정 과장님이 2호 홈페
이지 제작 당시 정리한 메뉴 구조도의 일부다.

0. 개발자 송부용 메뉴구조도

메뉴명(L1)	세부메뉴명(L2)	Page Code	TYPE	페이지수	기능	C	R	U	D	기타
HOME			메인페이지	1	메인플래시, 컨텐츠 변경 용이성 검토(협의)					
1.소개	원장님 인사말	INT_01_GR	일반페이지	1			o			
	철학	INT_02_VS	일반페이지	1			o	o		
	강점	INT_03_ST	일반페이지	1			o			
	의료진소개	INT_04_HS	일반페이지	1	네이버 or 다음지도 삽입		o			
	진료시간&오시는길	INT_05_TL	일반페이지	1	아이콘 하이라이팅, 마우스오버 많엉, 하이퍼링크		o			
2.과목	전체과목	MAI_ALL_00	일반페이지	1			o			3물 이전 컨텐츠 PPT 작성완료
	증상별진료과목	MAI_SYM_00	일반페이지	1			o			
	치아뷰티	MAI_BT_00	일반페이지	1			o			
	세부시술	MAI_BT_01-06	일반페이지	6	시술과정/ 주전환자시술사례/기타정보(장비,재료)/FAQ		o			
	잇몸뷰티	MAI_BG_00	일반페이지	1			o			
	세부시술	MAI_BG_01-06	일반페이지	6	•		o			
	구강치료	MAI_DM_00	일반페이지	1			o			
	세부시술	MAI_DM_01-06	일반페이지	6	• •		o			
	치아교정	MAI_OT_00	일반페이지	1			o			
	세부시술	MAI_OT_01-03	일반페이지	3	•		o			
3.사례	시술별 사례검색	SER_01_TR	검색게시판	1	검색필터링, 정렬필터링 및 바트, 보기방식 바트.	o	o	o	o	기준정보 페이지 구성(사전 DB 업로드)
	증상별 사례검색	SER_02_SY	검색게시판	1	검색필터링, 정렬필터링 및 바트, 보기방식 바트.	o	o	o	o	
4.제안	연령별 플랜	SUG_CU_00	일반페이지	1			o			
	직업별 플랜	SUG_MA_00	일반페이지	1			o			
	이슈별 플랜	SUG_DA_00	포토게시판	1	블로그 형식- 기존 블로그 포스팅 정리 후 활용	o	o	o	o	
5.소통	공지사항	COM_01_AN	일반게시판	1	최신글 or 추후 나 내 반복 상단위치	o	o	o	o	
	상담 맞 문의	COM_02_IN	일반게시판	1		o	o	o	o	
	시술후기(고객)	COM_03_CF	포토게시판	1	비공개 게시판 복록에 사진 틀러 후 옮기	o	o	o	o	
	시술후기(직원)	COM_04_SF	포토게시판	1		o	o	o	o	
	지식갈림	COM_05_CL	일반게시판	1		o	o	o	o	
관리자 기준정보	사례등록			1	사진업로드, 검색조건 설정	o	o	o	o	
	메인페이지 관리			1	플래시 외 컨텐츠 변경	o	o	o	o	
총 페이지 수				45						

<닥터리병원 2호 홈페이지 개발 당시 작성한 메뉴 구조도>

④ 업체 조사 1차 미팅

벤치마킹할 샘플과 사이트맵을 만들었다면 이제 업체를 알아보면 된다. 최소 5개 정도의 업체와 미팅하고 비교할 것을 추천한다. 미팅 전 미리 업체 포트폴리오를 확인하고 포트폴리오 병원 현황도 파악해 본다. 병원 홈페이지가 지속적으로 잘 관리되고 있는지도 체크한다.

만남을 가지기 전 각 업체에게 견적서, 브로슈어, 제안서 등을 받아 객관적인 시각으로 장단점을 파악해 본다. 또, 이 과정에서 요즘 업계 동향을 알아볼 수도 있다. 귀찮은 일로 여겨질 수 있지만 한번 진행되면 쉽게 바꿀 수 없는 파트너라는 점을 고려해 신중히 알아보자.

얼마 전 강남에서 꽤 성공한 A 성형외과 B 마케팅 실장님과 점심 식사를 했다. 2022년 네이버 웹 검색 알고리즘에 변화가 생기며 A 성형외과 홈페이지 조회 수가 하루 수천 회를 넘기고 있다는 것을 알고 있었다. 내부 담당자가 워낙 관리를 철저히 하고 있다는 것을 알고 있었지만 제작업체 실력도 출중해 보였다. 그래서 조심스레 물어보았다. "실장님 혹시 업체 선정 어떻게 하세요?" 너무도 솔직하고 흥미로운 답변을 들었다.

"응~ 알죠? 업체가 오면 제안서 들이밀고 자기 장점 침 튀기며 설명하잖아요? 난 그때 한 마디도 안 들어요. 그때 실은 관상 보고 있어 하하하." B 실장님 설명에 따르면 이미 미팅 전에 미리 업체 제안서를 보고 그 업체가 기존에 진행한 포트폴리오를 충분히 확인한다. 이때 단순히 디자인이 예쁜 정도를 넘어 병원 마케팅에 얼마나 도움이 되고 있는지 확인한 후 충분히 고민해서 미팅을 잡는다. 그리고 실제 만났을 때는 오직 그 사람이 우리 병원과 긴 인연을 맺고 서로 도우며 성장할 수 있는 성품을 가졌는지를 파악하는데 최선을 다한다는 설명이었다. 혹시 사기를 칠 관상인지, 나와 궁합이 맞는 관상인지만 눈을 부릅뜨고 살핀다고 했다. 우스갯소리 같지만 결국 미팅 당일에 상대를 파악해야 한다는 좋은 조언이었다. 되도록 사전에 업체 파악을 마치고 미팅에선 우리와 함께 일할 사람에게 집중하자.

⑤ 미팅으로 업체 특징 파악하기

작은 업체라면 병원 입장에서 컨택포인트는 누구인지, 디자이너와 개발자는 내부 직원인지 아니면 외주인지를 확인해야 한다. 개인적으로 개발 도중 담당자가 퇴사하는 일을 몇 번 겪었는데 상당히 불편한 경험이었다. 물론 새로운 담당자가 배정되지만 아무래도 기존 업무에 대한 이해가 적을 수밖에 없고 책임을 지려고 하지 않는 태도를 보일 수도 있다. 나는 계약 전 우리 병원 담당자가 될 사람에 대해 꼼꼼히 질문하는 편이다. 닥터리병원 1호 홈페이지와 2호 홈페이지는 결국 모두 컨택포인트가 대표님과 이사님이었다.

또, 담당 개발자의 디자인 경험과 연차, 성향에 대해서도 자세히 물어본다. 물론 프로젝트 중간에 인원이 교체될 수도 있고 교체를 요구할 수도 있지만 되도록 계약 전 최소한 그들의 경험치와 우리가 가질 수 있는 기대치를 업체 담당자 입으로 들어 둔다. 결국 홈페이지는 사람이 만든다는 점을 기억하자.

⑥ 업무 방법 기간 등에 대한 조율

2018년 병원 이전을 고민하며 건물주와 간판 협상을 한 적이 있었다. 신축 건물로 입지 등 모든 면에서 적합했지만 닥터리는 간판 때문에 망설였다. 신축 건물이라 눈에 띄는 자리에 입점 업체 간판을 거는 것을 허용하지 않겠다는 건물주의 주장이 마음에 걸렸다. 아무래도 이대로는 환자가 길에서 간판으로 병원을 확인할 가능성이 적어 보였다. 부동산에 문의해 추가 간판을 커다랗게 달고 싶다고 전달했다. 건물주는 불가능하다고 했지만 결국 며칠 후 말을 바꿨다. 원하는 자리에 대형 간판을 달아도 된다는 허가를 받고 계약서를 준비했다. 입주 전이기에 가능한 거래였다.

같은 방법을 홈페이지 계약 시에도 적용해야 한다. 계약이 진행되기 전 진행 기간과 업무 범위, 추가 업무 발생 시 처리 방법, 계약 비용 내 포함된 항목 등을 꼼꼼히 비교해야 한다. 만일 추가적으로 원하는 바가 있다면 사전에 상의해야 한다. 닥터리병원 마지막 홈페이지는 논의 업체와 계약 직전에 작별했다. 계약서 작성을 시작할 때까지는 담당자가 스마트한 피드백과 적극적인 태도를 보였지만 계약 진행하는 과정에서 갑작스레 태도 변화를 보였기 때문이다.

나는 홈페이지 제작업체는 인건비 장사를 하는 곳으로 마진이 적고 고된 일을 하는 분들이라고 생각한다. 특히 비용이 저렴한 곳의 경우 그 비용에 맞춰 인력을 운영해야 한다. 요즘 모든 업종이 그렇지만 직원들의 입퇴사가 잦고 추가적인 업무 요청에 부정적일 수 있다. 하지만 일을 맡기는 병원 입장에서는 한번 결정하면 업체를 바꾸기가 쉽지 않다. 나는 이런 이유로 사람을 본다. 아니 더 정확히는 상대를 바라보는 내 마음을 본다. 상대가 실수를 해도 내 마음이 그것을 용서하고 조율할 마음이 드는 그런 파트너를 찾기 위해 노력한다.

계약 내용을 확인할 때 한 가지 꼭 체크할 부분이 있다. 어떤 개발 방식으로 진행되는지 확인하자. 초반에는 업체에서 이야기해 줘도 이해하기 힘들 수 있지만 혹여 추후 업체와 헤어지는 등의 문제를 고려하면 기본적인 개발 방법에 대해 알고 있는 것이 유리하다. 배운다는 취지로 문의하자.

또, 요즘은 PC버전뿐 아니라 모바일 버전도 함께 만드는 것이 보편적이고 당연하다. 개발자 특성이나 클라이언트 요구에 따라 '반응형 웹'이라고 해 하나의 홈페이지 디자인이 PC와 모바일 모두에 적용되는 방식을 선택하기도 하고 PC와 모바일을 분리해서 개발하기도 한다. 계약 전 어떤 방식으로 제작되는지 확인하자. 개발 방식이 뭐든 PC와 모바일이 연동돼 한 쪽에서 수정하면 양쪽에 모두 반영되는 것이 기본이다. 우연히 그렇지 않은 케이스를 봐서 노파심에 일러둔다.

⑦ 계약서 작성과 선금 입금, 그리고

드디어 계약서에 도장을 찍는 단계다. 되도록 꼼꼼히 계약서를 읽어보자. 미팅과 상의를 통해 정해진 계약 조건이 모두 포함돼 있는지, 비용은 어떻게 지불할 것인지 등을 확인하자. 혹 원하는 조항이 있다면 추가한다. 계약서를 작성하면 대게는 선금을 지불한다. 보통 선금과 잔금을 50%씩 지불할 때도 있고 선금, 중도금, 잔금으로 3회에 걸쳐 지불하기도 한다.

계약서에 도장을 찍고 선금을 입금하면 이제 우리가 할 일을 마쳤다는 생각에 긴장이 풀릴 수도 있다. 한 가지 기억하자. 대게 홈페이지 제작은 계획한 날짜에 완료되는 경우가 드물다. 이런 지연은 업체보다는 클라이언트가 원인일 때가 많다. 클라이언트의 확인이 늦어지거나 업체에서 요청한 자료 전달에 시간이 걸릴 때가 많기 때문이다. 나는 되도록 업무가 게시되면 즉각 병원에서 전달할 자료를 파악하고 미리미리 준비한다. 언제 내부에서 사건사고가 발생할지 모르니 되도록 여유를 가지고 우리 측에서 할 준비를 최대한 미리 시작한다.

2) 홈페이지 기획에서 제작 완료까지

① 병원 기본 정보와 기획 방향 전달

업체를 결정하고 선금 지불까지 마쳤다면 이제 본격적으로 우리 병원의 기본 정보를 전달할 시점이다. 물론 업체에 따라 필요한 정보 목록을 전달하기도 한다. 경험상 이런 파일은 여러 번 오가다 보면 오류 발생 가능성이 높다. 되도록 한 번에 모든 자료를 모아서 전달하고 전달한 자료를 병원에서도 보관하는 것이 바람직하다. 다음은 업체에 전달할 필요가 있는 정보 목록이다.

- 기본 정보 : 병원명, 의료진 정보, 프로필 사진, 병원 주소, 비보험 수가 등
- 브랜드 정보 : 로고, 슬로건, 1페이지 콘셉트 자료
- 홈페이지 방향 : 사이트맵, 희망 디자인 방향, 벤치마킹 사이트 최소 3개
- 담당자 : 담당자 이름, 직함, 역할, 선호하는 소통 방식, 연락 가능 시간
- 이외 업체가 참고할 수 있는 필요 정보

시간이 경과하며 서로에게 주고받는 자료가 쌓이면 관리가 어려워질 때가 있다. 업체에 보내줘야 할 자료를 찾는 것도 시간이 걸리고, 받은 자료를 어디다 두었는지 찾는데 3분 이상이 걸린다면 문제다. 이런 문제를 해결하는 방법은 프로젝트 초기부터 꼼꼼히 폴더 정리를 하는 것이다. 다음은 닥터리병원 2호 홈페이지 제작 당시 업체에 전달한 자료를 저장해둔 폴더다.

새로 만들기 ∨	↑ 업로드 ∨ ⟨⟩ 공유 ↓ 다운로드 □ 폴더에서 앨범 만들기 ⟨/⟩ 임베드		
📁 1. ------------홈페이지 개발 ------------	2019. 7. 31.		⟨⟩ 공유
📁 1.0 계약서	2019. 7. 31.	25.6MB	⟨⟩ 공유
📁 1.1 기획자료 (PC Mobile)	40분 전	280MB	⟨⟩ 공유
📁 1.2 보낸자료 (to ▨▨▨)	2021. 7. 28.	2.39GB	⟨⟩ 공유
📁 1.3 받은자료 (Fr. ▨▨▨)	2021. 7. 28.	1.81GB	⟨⟩ 공유
📁 1.4 메뉴별 작업내용	2021. 7. 27.	940MB	⟨⟩ 공유
📁 1.5 페이지 최종검토	2021. 7. 28.	335MB	⟨⟩ 공유
📁 1.6 BIGSTOCK 사진구매	2021. 7. 28.	1.77GB	⟨⟩ 공유
📁 1.7 캐논750D 사진(16년7월~)	2021. 7. 21.	3.64GB	⟨⟩ 공유
📁 1.8 최종산출물(PSD파일)	2022. 6. 8.	12.6GB	⟨⟩ 공유
📁 2. ------------홈페이지 운영------------	2019. 7. 31.		⟨⟩ 공유
📁 2.0 월별 유지관리	2021. 7. 28.	4.82MB	⟨⟩ 공유
📁 2.2 사례업로드 보정사진	2021. 8. 2.	381MB	⟨⟩ 공유
📁 2.3 환자후기&지식칼럼 포스팅	2021. 7. 28.	119MB	⟨⟩ 공유
📁 2.4 경쟁사 홈페이지 광고 동향	2021. 7. 28.	1.70GB	⟨⟩ 공유
📁 2.5 JM 1호 홈페이지 링크 만들기	2019. 8. 1.	1.27MB	⟨⟩ 공유

<닥터리병원 홈페이지 개발과 운영을 위한 폴더 정리 예시>

폴더 관리는 개인 취향에 따라 다를 수 있지만 시간이 지나도 진행 절차와 전달 사항을 명확히 알 수 있도록 관리하면 업무가 편해진다.

② 필요에 따른 병원 사진 촬영과 추가 활용 이미지 수집

계약한 업체에 따라 다를 수 있지만 홈페이지 제작을 위해 병원 사진 촬영을 해주는 곳이 많다. 개원 초기라면 되도록 지체 없이 진행할 것을 추천한다. 시간이 지나 점차 물건이 쌓이고 노후해지면 사진을 찍어도 보기 좋지 않다. 혹 업체에서 사진 촬영을 하지 않는다면 별도로 필요한 사진 촬영을 진행하고 추가적으로 사용 가능한 다양한 이미지를 수집해서 전달한다.

업체가 알지 못하는 원장님 외부 활동이나 진료 모습같이 활용 가능한 사진을 최대한 모아서 전달하는 것이 좋다. 병원이 보유한 사진이 없다면 유료 이미지를 구매해서 사용할 수밖에 없는데 아무래도 차별화가 되지 않아 좋은 결과가 나오기 힘들다.

③ 메인 페이지 디자인 확정

모든 자료를 업체에 전달하면 이제 제작이 시작된다. 담당자 성향에 따라 다를 수 있지만 보통 메인 페이지 디자인 시안이 먼저 전달된다. 메인 페이지 시안에서 정해지는 색상, 폰트, 전반적인 톤앤매너가 그대로 나머지 전체 페이지에 반영되기 때문에 꼼꼼히 살핀 후 선택해야 한다.

시안은 대게 3개 정도를 제시하는 것이 일반적이다. 적합한 시안이 있다면 선택해 전달하고 혹 시안이 모두 문제가 있다면 정확히 어떤 부분을 어떻게 수정해 달라고 해야 한다.

내가 시안을 선택할 때 꼭 확인하는 3가지는 다음과 같다. 첫째 공간 배치. 대학 시절 홈페이지에 대한 강의를 들을 때 교수님이 한 말을 아직도 기억한다. "It's all about real estate." 공간 배치가 가장 중요하다는 이야기였다. 홈페이지란 빈 공간에 정보를 채우는 것이다. 하지만 무작정 많은 정보를 빽빽하게 채우는 것이 핵심이 아니다. 보는 사람 시선에서 정보 습득에 부담이 들지 않는 적절한 배치가 필요하다.

둘째, 가독성이다. 아무리 좋은 정보도 읽기 불편하면 소용없다. 웹 디자이너는 연령대가 낮아서 그런지 폰트를 작거나 흐릿하게 쓰는 경향이 있다. 병원은 고령층도 방문하니 필요에 따라 폰트를 키워 달라고 하는 경우가 많았다.

마지막은 색상이다. 홈페이지 전체 분위기를 좌우하는 메인 색상을 고르는 것을 신경 써야 한다. 닥터리치과의 경우 젊은 여성 환자가 많다고 이야기를 하면 꼭 연한 핑크에 체리핑크를 섞은 시안이 1개 정도는 포함됐다. 받아보는 순간 치과인지 산부인과인지 헷갈리는 느낌이었다. 업체가 선정한 색상이 우리 타깃과 병원 콘셉트와 잘 맞는지 확인하고 결정해야 한다.

보통 업체는 PC버전 시안을 제시하는 데 나는 되도록 모바일 버전도 함께 보고 싶다고 요구했다. 실제 현장에서는 PC보다 모바일 홈페이지 노출이 더 많다는 점을 감안해 최소한 모바일 화면이 어떻게 꾸며질지 감을 잡기 위해 예산이 큰 프로젝트를 운영할 때는 초반에 모바일 시안을 요구하는 것이 좋다.

④ 세부 페이지 제작 확정

메인 페이지 최종 시안을 선택하면 이제 본격적인 나머지 제작이 진행된다. 실제 병원 입장에서는 기다리는 과정에 가깝다. 경우에 따라 업체에 요청해 작업 중인 페이지를 볼 수 있는 링크를 받을 수 있다. 한 가지 조언한다면 작업 링크를 받아 확인 중이라면 중간에 너무 과도한 간섭을 하지 말자. 업체에서 확인을 요청하면 그때 확인하고 코멘트를 하거나, 되도록 불만이나 요구사항은 모아뒀다가 한 번에 전달하는 게 좋다. 클라이언트의 너무 잦은 간섭은 오히려 업무를 지연시키고 배가 산으로 가는 결과를 가져올 수도 있다.

세부 페이지가 완성되면 확인 요청을 받는다. 내 생각에 병원들이 가장 간과하는 단계다. 상상하는 것보다 더 꼼꼼히 하나하나 세심하게 확인할 필요가 있다. 각 페이지에 정확한 정보가 입력됐는지 체크해야 한다. 제작업체는 내용보다 개발 자체에 집중하기 때문에 임플란트 페이지에 치아 교정이 들어가는 것 같은 실수가 잦다. 실제 개발자와 디자이너는 내용을 자세히 보며 개발하는 경우가 거의 없다. 나는 모든 링크를 클릭해 오류가 있는지 직접 확인한다. 혹 특별히 구현을 계획한 기능이 있다면 빠짐없이 테스트해 보길 바란다.

세부 페이지 확인 시에는 환자 입장에서 다양한 기능을 활용해 보자. 환자 입장에서 사용에 불편한 점은 없는지, 개선할 사항이 있는지 확인해 필요한 부분은 추가로 요청한다.

⑤ 회원가입, 로그인 방법 및 관리자 페이지 설정

홈페이지에 숨은 기능도 확인해야 한다. 나는 크게 3가지를 확인한다. 회원가입, 로그인 방법, 관리자 페이지다. 먼저 스스로를 환자로 가정하고 회원가입을 진행해 본다. 가입창 문구도 꼼꼼히 확인하자. SNS 간편 가입 기능을 사용한다면 각각의 SNS로 가입하고 로그인이 잘 되는지 본다. 성공적으로 로그인이 되면 환자가 할 수 있는 모든 활동을 시도해 본다. 상담 글도 작성해 보고 로그인 상태로 진료 후기가 잘 보이는지 등도 확인하자.

마지막으로 관리자 페이지도 테스트한다. 관리자 페이지는 가입한 회원을 확인하거나 간단한 팝업창을 띄울 수도 있고 게시글을 작성할 수도 있다. 구현되는 기능을 모두 사용해 보고 혹시 추가적으로 원하는 기능이 있는지 체크한다. 나는 추가 비용이 발생하더라도 원하는 기능이 생기면 이 단계에서 요청하는 편이다. 써보니 불편한 사항이 있거나 혹시 이런 기능이 있다면 좋을 거 같다는 생각이 든다면 주저 말고 업체에 문의하자. 내 경험상 불가능한 것은 없었다. 그저 비용과 시간이 들 뿐이다.

⑥ 이용약관, 개인정보취급방침

확인해야 할 중요한 마지막 관문이 남았다. 이용약관, 개인정보취급방침, 회원 탈퇴, 이메일 수집 방침 등을 설정하는 업무다. 법적인 문제일 수도 있기 때문에 꼭 확인해야 한다. 업체는 병원이 전달해주면 그대로 내용을 올리는 경우가 많다. 개인정보보호법이 강화되기도 했고 병원은 의료법을 지켜야 하기에 한 번은 넘어야 할 산이다.

나는 2019년~2022년에 1개의 앱 서비스와 2개의 사이트를 제작하면서 개인정보와 이용약관에 대해 변호사 컨설팅을 받았다. 이때 느낀 점은 법이 계속 바뀌기 때문에 실제 정확히 법적으로 올바른 약관을 만드는 것은 작은 병원이 직접 하기 어렵다는 것이었다. 만일 첫 홈페이지 제작이고 이 부분이 어렵게 느껴진다면 가장 안전하고 쉬운 방법은 개인정보는 되도록 받지 않는 것이다. DB

마케팅을 할 계획이 없고 단순히 정보를 제공하는 홈페이지를 제작한다면 최대한 개인정보 수집은 피하자. 닥터리병원 2호 홈페이지는 제작 당시 유일하게 본인 확인을 위한 전화번호를 받고 확인 후 즉각 삭제하는 방법을 선택했다. 만일 DB를 활용해 마케팅을 할 의향이 있다면 이 부분은 사전에 법적 조언을 받아야 한다.

⑦ 도메인·서버·SSL보안

위 모든 과정이 마무리되면 이제 홈페이지를 인터넷에 올리는 단계가 남았다. 이제 드디어 우리 홈페이지가 태어나는 순간이다. 이 과정에서 도메인을 구매하고 서버 호스팅을 선정해 인터넷에 올린다. 업체에 따라 도메인과 서버를 제공하는 경우도 있고 클라이언트가 직접 구매하거나 서버를 선택할 때도 있다. 나는 평소 마음에 드는 도메인을 구매해 업체에 연결을 요청했다. 서버는 종류와 용량 등에 따라 비용 차이가 발생하니 개발업체와 상의해 적절한 서버 호스팅을 받으면 된다.

마지막으로 SSL보안이다. 의료업은 필수라 할 수 있다. 쉽게 설명하면 http:// 표기를 https://로 바꾸는 것이다. 보안 강화로 해킹 가능성을 줄이는 방법이다. 사용하는 호스팅에서 제공하는 경우도 있고 별도로 구매해야 하는 경우도 있다. 병원은 업체에 SSL보안이 꼭 필요하다고 전달하고 적용 사실만 확인하면 된다. 별도로 SSL보안 서비스를 구매한 경우 계약 기간에 따라 재구매해야 한다.

⑧ 오류 검수와 관리 사항

드디어 먼 여정을 거쳐 홈페이지가 완성됐다. 흥미로운 것은 위와 같이 단계별로 오류를 확인하고 꼼꼼히 챙겨 론칭해도 운영하다 보면 계속 오류가 나올 수 있다는 것이다. 업체들은 대게 6개월에서 1년 정도의 AS 기간을 둔다. 되도록 이 기간 안에 오류를 찾아 수정 요청을 해야 한다.

이외 나는 개발 완료 단계에서 업체에 관리자 아이디의 비밀번호 교체와 추가 관리자 아이디 생성을 요청한다. 먼저, 관리자 아이디의 비밀번호다. 흥미롭게 여러 업체와 일을 해본 결과 전달되는 아이디는 admin이고 비밀번호는 1234 또는 1111로 전달될 때가 많았다. 누구나 예측할 수 있는 아이디와 비밀번호다. 개인정보 보호와 우리 병원 정보 보호를 위해 초기에 교체하는 걸 추천한다.

나는 직접 사용하는 마스터 아이디 외에 데스크나 마케팅팀 직원이 쓸 수 있는 아이디도 별도로 요청한다. 이런 아이디는 관리자 페이지에서 사용의 한계를 둔다. 최대한 개인정보를 보호할 수 있고 혹여 실수로 중요한 자료를 삭제하는 불상사를 미연에 방지하기 위함이다.

⑨ 온라인에 우리 홈페이지 데뷔시키기

제작과 검수 절차가 마무리됐다고 가정해 보자. 앞서 언급한 우리 홈페이지 출생신고와 함께 몇 가지 처리 업무가 남았다. 우리 홈페이지가 포털에 충분히 노출되도록 하고 또, 홈페이지 활동 상황을 알 수 있는 데이터를 수집하기 위한 준비 절차다.

구글·네이버 사이트 등록과 구글애널리틱스 신청

구글과 네이버에 사이트 등록을 하고 사이트맵을 제출한다. 구글 사이트 등록은 구글 서치콘솔에서 진행한다. 구글 이메일 아이디만 있다면 기술적으로 병원이 직접 진행할 수도 있지만 개발에 대한 기본 개념이 필요하니 홈페이지를 제작한 업체에 요청하는 것이 가장 무난하다. 병원 소유의 이메일을 제공하고 사이트맵 등록과 함께 처리를 요청하자. 이때 가장 중요한 것은 외주업체나 직원 이메일이 아닌 병원이 지속적으로 사용하는 메일 주소를 전달하는 것이다. 추후 변경해야 하는데 소유자가 연락이 안 되면 곤란할 수 있다.

구글 사이트 등록 요청 시 되도록 구글애널리틱스도 적용해 줄 것을 함께 요청하자. 홈페이지가 포털에 노출되고 사용자가 늘어나면 슬슬 궁금증이 생긴다. 어떤 사람들이 우리 사이트에 방문하는지, 몇 명이 방문하는지, 어떤 키워드를 치고 들어왔는지, 어떤 게시글을 봤는지 등등. 구글애널리틱스는 이런 우리의 궁금증에 답을 주는 통계 서비스다. 무료로 이용 가능하고 조금 공부를 하면 우리 고객에 대한 다양한 인사이트를 얻을 수 있다.

네이버 사이트 등록 역시 동일한 단계를 거친다. 네이버 서치어드바이저에서 진행한다. 마찬가지로 병원이 보유한 네이버 아이디와 비밀번호를 업체에 전달하고 적용을 요청하자.

3) 신환 유입으로 이어지는 홈페이지 관리법

홈페이지 개발 관련 업무가 마무리되면 이제부터 시작이다. 아이가 태어나면 부모가 아이를 방치하지 않는 것처럼 홈페이지도 태어나면 주인 손길이 필요하다. 특히 갓 태어난 홈페이지에 생명력을 불어넣기 위한 노력을 기울여야 한다.

기본적으로 공지 글을 관리한다. 환자가 전화나 내원 시 궁금해하는 사항을 잘 캐치해 공지 글에 올려보자. 똑같은 질문에 대응하는 불필요한 업무를 줄이며 홈페이지 콘텐츠를 채워갈 수 있다.

둘째, 상담 글 관리다. 홈페이지가 처음 생기면 상담 글 게시판이 비어 있다. 빈 게시판에 사람들은 쉽게 글을 올리지 않는다. 인간은 타인의 행동을 따라하는데 누구도 사용하지 않는 게시판은 은연중에 쓰면 안 된다는 인상을 준다. 주변 지인을 통해 최대한 초기 100개 정도의 상담 글을 채우는 노력이 필요하다. 내원한 환자에게 궁금증을 홈페이지에 올리면 빠른 답변을 받을 수 있다고 말해 작성을 유도할 수도 있다. 이외 원장님 컬럼도 운영하고 다른 게시판도 적극 활용하자. 검색로봇은 활발하게 활동하는 사이트를 선호한다.

아이가 태어나면 성장하면서 자주 아프다. 홈페이지도 마찬가지다. 운영 중 이런저런 사건사고가 발생할 수 있다. 예를 들어, 가장 흔한 건 서버 문제다. 초기에 방문자가 적을 것을 감안해 최소 용량을 구매한 경우 방문자가 늘어나면 서버가 꺼지기도 한다. 서버 업체가 이를 늘 지켜보고 있는 것은 아니니 문제를 확인하면 즉

각 처리를 요청해야 한다. 이외에도 간혹 서버가 기한을 넘겼다며 꺼질 때도 있다. 서버 호스팅을 업체가 아닌 클라이언트 아이디로 직접 운영할 때 발생 가능성이 높다. 연간 결제를 잊어 생기는 문제일 수도 있다. 나도 도메인 연장 시기를 놓쳐 홈페이지를 꺼트린 경험이 있다. 달력에 표시하거나 다음과 같은 메일 안내를 확인해야 한다.

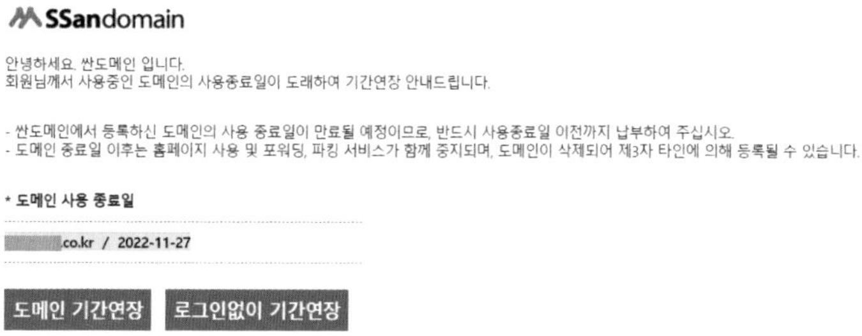

SSandomain

안녕하세요. 싼도메인 입니다.
회원님께서 사용중인 도메인의 사용종료일이 도래하여 기간연장 안내드립니다.

- 싼도메인에서 등록하신 도메인의 사용 종료일이 만료될 예정이므로, 반드시 사용종료일 이전까지 납부하여 주십시오.
- 도메인 종료일 이후는 홈페이지 사용 및 포워딩, 파킹 서비스가 함께 중지되며, 도메인이 삭제되어 제3자 타인에 의해 등록될 수 있습니다.

*** 도메인 사용 종료일**

[redacted].co.kr / 2022-11-27

도메인 기간연장 | 로그인없이 기간연장

<도메인 기간 연장 알림 이메일>

해킹 문제도 발생할 수 있다. 2022년에 한국인터넷진흥원에서 1호 홈페이지가 해킹됐다고 메일 한 통을 받았다. 우리 홈페이지가 악성코드 경유지로 사용되고 있다는 내용이었다. 주력 사이트는 아니지만 검색량이 많은 편이라 정보 제공과 추후 활용 가능성을 고려해 보유만 하고 한 달에 한번 정도만 확인하고 있었다.

[한국인터넷진흥원] 홈페이지가 악성코드 경유지로 악용되고 있습니다 (

보낸사람   KISA   VIP

받는사람   ████████.com

2022년 10월 20일 (목) 오전 10:23

귀사의 발전을 기원합니다.
한국인터넷진흥원 인터넷침해대응단(http://www.krcert.or.kr) 상황관제팀입니다.
우리원은 민간분야 인터넷침해사고(해킹,웜,바이러스 등)예방 및 대응활동 등을 수행하고 있습니다.
※ 근거 법령
- 정보통신망이용촉진및정보보호등에관한법률제47조의4(이용자의정보보호)
- 정보통신망이용촉진및정보보호등에관한법률제48조의2(침해사고의대응등)
- 정보통신망이용촉진및정보보호등에관한법률제49조의2(속이는행위에의한개인정보의수집금지등)
- 정보통신망이용촉진및정보보호등에관한법률시행령제56조(침해사고대응조치-접속경로차단요청)
아래 귀사의 홈페이지가 해킹을 당해, 악성코드를 은닉하고 있어, 홈페이지를 방문하는 이용자들에게 (

<악성코드 악용을 알리는 한국인터넷진흥원의 이메일>

급히 업체에 연락했다. 1호 홈페이지의 경우 2010년 개발 이후 여러 번 개편하며 12살이 된 노장 선수였다. 아무래도 개발 측면에서 오래전 기술을 사용하다 보니 취약점이 발견돼 급히 수정 작업을 진행했다.

기술적인 문제가 아니더라도 저작권 내용증명을 받거나 환자의 컴플레인을 처리해야 할 수도 있다. 사용 중인 폰트나 이미지가 저작권을 침해했다는 메일도 종종 온다. 침해 사실이 없어도 받을 수 있는 메일이기도 하지만 사실 여부를 확인하고 대응해야 할 수도 있다.

관리 중 가장 중요한 부분은 게시판에 올라오는 환자의 컴플레인 처리다. 내 경험상 흔하게 발생하지는 않지만 일어났을 때는 방치가 아니라 철저한 대응이 필요하다. 2017년경 2호 홈페이지에 데스크 스태프에 대한 불만 글이 구구절절 올라왔다. 환자를 무시하고 불쾌한 언사를 했다는 불만이었다. 흥미로운 것은 자신을 숨길 의사가 전혀 없고 본인 이름을 바로 확인할 수 있는 아이디를 사용했다는 점이었다. 쉽게 사과를 받고 싶어 한다는 느낌을 받을 수 있었다. 글을 지우지 않고 닥터리에게 병원 마감 후 전화 통화를 부탁했다. 대략 3분 정도의 통화였다. 같은 날 컴플레인 글은 같은 길이의 아름다운 칭찬 글로 바뀌어 있었다. 컴플레인 종류에 따라 삭제할 글과 행동으로 대응할 글을 나눠 관리해야 한다.

병원이 진행할 수 있는 다양한 마케팅 중 홈페이지 운영이 나는 가장 손이 가는 방법이었다. 하지만 수고스러운 만큼 오랜 기간 보답하는 든든한 효자 같은 존재였다. 마케팅 강의를 하면서 홈페이지에 대해 원장님들이 상당히 막연하게 느끼고 시작을 어려워하는 모습을 자주 목격했다. 그래서 조금은 구구절절하게 과정을 소개했다. 내가 겪은 과정이 정답은 아닐 수 있지만 최소한의 가이드가 되어줄 수 있으니 시작을 못하고 있는 상황이라면 따라 해 본다는 마음으로 첫발을 내딛어 보기 바란다.

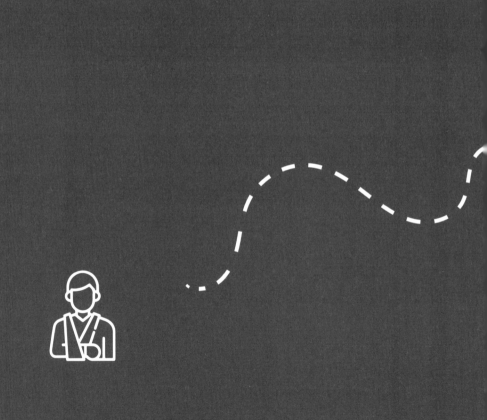

제7장

광고홍보
딱 한 가지만 한다면
블로그

01

일평균 방문자 3000명 블로그가 안드로메다로 떠난 후

닥터리치과가 초기에 안정적으로 자리를 잡을 수 있었던 마케팅 요인을 딱 하나만 꼽으라 한다면 난 두 번 생각하지 않고 블로그 운영이라고 말할 것이다. 그리고 누군가 적은 예산으로 병원 마케팅을 해야 하는데 하나만 추천해달라고 하면 여전히 지금도 블로그, 특히 네이버 블로그를 운영하라고 이야기한다. 10년이 넘게 병원 마케팅 시장을 지켜보는 과정에서 다양한 채널이 출시되고 사라졌다. 그리고 그때마다 이제 블로그는 끝났다는 소문이 떠돌았다. 하지만 블로그는 지금도 유효하다.

블로그는 특히 그 특성이 병원 마케팅에 매우 유효하다. 대학에서 매스커뮤니케이션을 전공하면 TV가 출시되며 라디오가 사라질 것으로 많은 학자들이 예측했으나 예상이 빗나갔음을 배운다. TV 출현으로 시각화된 정보가 커뮤니케이션 시장을 선점해 나갔지만 라디오는 여전히 그 특성을 살려 살아남았다. 나는 블로그가 딱 라디오 같은 채널이라고 생각한다. 새로운 마케팅 채널이 생기고, 더 화려하고 더 강렬한 소통 방식이 생겨도 살아남을 것으로 조심스레 추측해 본다.

이런 결론에 이르게 된 내 경험을 소개해 보겠다. 역사는 반복되는 만큼 흐름을 알면 그 흐름에 편승하는 것이 쉬워진다.

1) 블로그 1개로 월평균 100명 신환 유입

블로그 마케팅을 시작한지 1년, 적극적으로 활용한지 6개월이 지나자 월평균 신환 수가 100명을 넘기 시작했다. 환자가 없어 썰렁하던 병원에 활기가 돌았다. 내가 진행한 마케팅을 통해 실제 환자가 모이고 늘어나는 매출을 눈으로 확인하니 하늘을 날듯 신이 났다. 내원 환자의 80% 이상은 블로그를 보고 온 환자였다.

다음은 당시 내가 작성한 블로그 글 목록이다. 꾸준히 글을 작성했지만 그렇다고 조회 수가 대단히 많은 것도 아니다. 단지 내용을 작성할 때 되도록 환자 입장에선 궁금한데 온라인에서는 찾기 어려운 정보를 친구한테 이야기하듯 작성했을 뿐이다.

<닥터리병원 초기 블로그 게시글 목록>

　　내용도 대단할 게 없었다. 내원한 환자 사례를 기반으로 사진 몇 장과 함께 '이런 경우도 있다.' 정도로 작성했다.

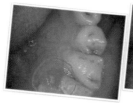

잇몸에 빨갛게 염증이 생긴게 보이시나요?
저런 상태가 오래~~ 유지 되면 치아가 흔들리는 풍치가 오게 되는 것입니다.

참고로 위의 사진의 환자분은 30대초반의 젊은 남성분입니다.

저상태를 몇년 더 유지한다면 치주질환이 심각해 질것은 너무나 당연한 결과겠지요.

하지만 문제는

이런 상태에서 스켈링을 받게 되면
솔직히 말해
건강한 잇몸보다 스켈링이 아프게 느껴지는 것은 사실입니다.

그렇다고 스켈링 안아프자고 <u>마취주사</u>를 맞는것은 <u>더욱 싫으시겠지요</u>^^

그래서 본원에서 사용하고 있는 것이 **가글마취제**입니다.

<블로그 운영 초기 작성한 가글마취 관련 글>

　예를 들면 가글마취에 대한 글이다. 물론 지금은 가글마취를
사용하는 병원이 워낙 많지만 당시에는 추가 비용을 들여서 쓰는
병원 수가 적었기에 효과를 톡톡히 누릴 수 있었다. 쓰면 쓸수록
어떤 글에 사람들이 반응하는지 파악이 됐다. 당장 조회 수가 다르
고 내원하는 환자 수가 달랐다.

글 제목	조회수
투명교정비용 싸다 비싸다? (104) 비공개	247
라미네이트 vs. 투명교정 (110) 비공개	233
라미네이트 후기 (124) 비공개	188
치아교정전후 14개월 일기 (142) 비공개	7,018
쁘띠치아성형 후기 (120) 비공개	461
치아성형 남자여자 (105) 비공개	177
라미네이트 디자인 (120) 비공개	144
교정치료 해품달 보며 (103) 비공개	43
치통의 가장 흔한 원인 6가지 (146) 비공개	7,579
앞니교정- 미니앞니교정 소개 (107) 비공개	317

<블로그 운영 3년 차에 작성한 게시글 목록>

꾸준히 글을 쓰다 보니 어떤 키워드가 어느 정도의 조회 수를 가져오는지, 어떤 글이 실제 반응이 좋은지를 파악하게 됐고 주제별로 글을 시리즈로 작성하니 전화 폭주로 나를 포함한 진료실 스태프 전원이 전화를 받는 상황이 오기도 했다. 넘치는 신환 전화로 예약을 받을 수 없는 상황이 오고 있었다. 내 시건방짐이 하늘을 뚫고 달나라로 향하던 시점이다.

2) 어뷰징, 도배, 저품질, 안드로메다

욕심을 멈추고 여기까지 했더라면 얼마나 좋았을까. 하지만 당시 나는 멈출 수가 없었다. 뻔히 보이는 다양한 상위 노출 요령들이 나를 현혹했다. 매크로 프로그램으로 조회 수를 늘리다 네이버에서 문자를 받았다. 그때만 해도 네이버 정책이 참 친절했다. 지금 멈추지 않으면 바로 조치하겠다는 사전 경고장이 나에게 도착했다. 매크로를 멈추고 또 다른 방법을 찾았다. 조금만 찾으면 게시글을 상위 노출시키고 당장 환자를 모으는 요령이 자꾸만 눈에 들어왔다. 매번 '이번 한 번만'을 외치며 악마의 유혹에 빠져들었다. '라미네이트'나 '치아성형' 같은 특정 키워드는 검색 상위에 내 글이 수두룩했다. 한마디로 '도배'가 되고 있었다.

　결과는 처참했다. 일명 '저품질 대란'이 일었던 것이다. 네이버 정책에 변화가 생기며 기존에 잘 운영되던 블로그 계정들이 저품질로 전락했고 내가 운영하던 블로그 역시 그 여파를 피하지 못했다. 저품질이란 어떤 글을 작성해도 노출이 되지 않는 블로그 계정을 뜻한다. 기존에 작성한 글이 모두 검색 노출에서 한 번에 사라지는 것을 목격했다.

　요령을 피우고 수작을 부린 결과는 처참했다. 차라리 일반 광고업체처럼 글에 정성을 들이지 않고 언젠가 저품질이 되면 버릴 블로그 계정이라 생각하고 운영한 것이라면 조금 낫겠지만 모든 글은 내가 진료실을 기웃거리며 원장님과 진료 스태프를 귀찮게 쫓아다니며 묻고 또 물어 작성한 것이었다. 마음이 찢어지는 기분이었다.

3) 다 알고 있는 네이버에서 바르게 블로그 운영하기

이제 마음이 다급해졌다. 매출은 급감하고 있었고 어떻게 해서든 빠른 시일 내 문제를 해결해야 했다. 당시 문제를 해결한 방법은 추가 아이디를 활용하는 것이었다. 안드로메다로 떠난 블로그 계정 활동을 중단하고 새로운 블로그 계정을 2개 사용했다. 당장 매출 하락을 막은 후 상황 파악을 시작했다. 네이버 정책 변화와 장기적으로 시장이 어느 방향으로 향하는지를 살폈다. 건방진 마음을 진정시키고 상황을 자세히 들여다보니 문제가 보였다. 내가 블로그를 운영한 방법은 네이버가 지향하는 방향과 거리가 멀어지는 방식이었다. 그렇다면 그들이 원하는 것은 무엇일까. 실제 이 부분에 대해서는 네이버가 상세하게 공지한 상황이었다. 5장에 소개한 좋은 문서와 나쁜 문서 게시물을 살펴봤다.

블로그뿐 아니라 카페나 지식in도 동일한 규칙이 적용되니 내용을 완전히 숙지하자. 내용을 살펴보면 결국 네이버가 생각하는 좋은 문서란 '경험을 기반으로 작성된 진술하고 독창적인 글로 읽기 쉽게 작성돼 도움을 주는 글'이라고 정리할 수 있다. 결국 이런 좋은 글을 상위 노출시켜 검색 사용자가 원하는 글을 쉽게 찾을 수 있도록 하는 것이 네이버의 궁극적인 목적이다. 하지만 시간이 지나며 블로그 글이 효과를 내고 환자가 몰려오기 시작하면 이 당연한 규칙을 잠시 잊게 된다. 그리고 잘못된 방향으로 향하면 작은 경고가 지속되다 잘 운영되던 블로그가 결국 사망선고를 받는 결과를 초래한다.

내 추천은 좋은 문서를 만들기 위해 노력하라는 거다. 특히 외주가 아닌 내부에서 브랜드를 키우기 위해 사용하는 브랜드 계정은 더욱 그래야 한다. 블로그는 장기간 병원 브랜드를 강화하는데 가장 도움이 되는 채널이다. 당장 눈앞의 조회 수나 환자 수보다는 우리 병원 정체성을 세상에 알릴 채널로 보고 접근하는 것이 바람직하다.

2021년 검색 로직과 이에 따른 노출 상황을 확인하기 위해 나는 치과 관련 글을 다시 한번 블로그에 작성해 봤다. 좋은 문서에 대한 기본 개념을 기억하며 작성했고 결과는 다음과 같다. 아말감 관련 글 조회 수다.

<2021년 6월 닥터리 블로그에 작성한 아말감 관련 글 조회 수.

2023년 2월 28일 기준, 2만 8,396회에 이른다.

(출처 : 네이버 블로그)>

다른 글도 작성했는데 1년이 지나니 다시 사용을 시작한 닥터리 블로그 조회 수가 다음처럼 꾸준히 증가했다.

기간	전체	피이웃	서로이웃	기타
2022.01. 월간	41,327	84	66	41,177
2021.12. 월간	41,365	147	216	41,002
2021.11. 월간	34,145	136	241	33,768
2021.10. 월간	35,177	136	181	34,860
2021.09. 월간	35,813	117	194	35,502
2021.08. 월간	33,073	169	205	32,699
2021.07. 월간	24,899	131	286	24,482
2021.06. 월간	19,458	103	317	19,038
2021.05. 월간	12,224	94	227	11,903
2021.04. 월간	10,177	125	140	9,912
2021.03. 월간	5,027	172	56	4,799
2021.02. 월간	1,352	15	0	1,337
2021.01. 월간	1,806	2	0	1,804

<2021년 1월부터 2022년 1월까지 닥터리 블로그 조회 수 추이(출처 : 네이버 블로그)>

오히려 내가 적극적으로 환자를 모으기 위해 각종 어뷰징을 총 망라했을 때보다 성장세가 빠르다. 그렇다. 네이버 블로그 아직 늦지 않았다. 환자가 진정 궁금해하는 질문에 답을 주는 좋은 문서를 제공한다는 마음으로 지금 시작해 보기 바란다.

02

작은 병원과
찰떡궁합 블로그

    개원을 준비 중이거나 개원 초기 마케팅을 고민한다면 나는 되도록 초기에 잠시라도 원장님이나 내부 담당자가 직접 블로그를 운영해 볼 것을 추천한다. 추후 외주를 맡기더라도 아는 만큼 일을 시킬 수 있기 때문이다. 개원 초기는 상대적으로 환자가 적으니 시도하기 적합하다. 개원 전 봉직의 근무 시절이면 더 적합할 수 있다.

    블로그를 직접 운영하면 가장 쉽고, 가장 빠르게 마케팅 기획에서 집행, 그리고 결과까지 경험할 수 있다. 내가 닥터리병원에 처음 입사한 당시는 블로그 계정 개설을 알아보기 위해 대략 1주일 정도 정보를 찾고 시도한 것으로 기억한다. 요즘은 검색창에 '블로그 만들기'라고 쓰면 너무나 쉽게 방법을 찾을 수 있다. 하루면 개설하고 일주일에 한두 개의 게시글을 작성할 수 있다. 특히 작은 병원이라면 다양한 마케팅에 관심을 두기보다 블로그 하나를 시작해 보자. 그 이유에 대해 살펴보자.

1) 의료 정보 전달에 적합한 일방향 소통 채널

커뮤니케이션 전문가들이 자주 하는 이야기가 있다. "매체는 메시지다."라는 말이다. 우리가 전달하는 메시지의 내용보다도 그 메시지를 담고 있는 매체가 정보 수용자에게 더 큰 영향을 미친다는 이론이다. 그렇다면 의료 정보 전달에 적합한 매체는 어떤 매체일까? 정보 비대칭성이 필히 존재할 수밖에 없는 의료 정보는 쌍방향 소통으로 정보 전달자와 정보 수신자의 컨센서스를 얻는 것이 최우선이 아니다. 오히려 정확한 정보가 전달자에서 수신자로 이동하는 것이 더 중요하다. 따라서 채널이 혼돈을 야기하지 않고 작성자 의도가 명확히 전달돼야 한다.

이런 의료 정보 특징을 살펴볼 때 블로그는 채널 특성이 의료 정보 전달에 적합하다. 적당한 일방향 소통으로 작성자가 충분히 자신의 의도를 전달할 수 있다. 문서 기반이기에 읽는 사람은 자신의 이해 속도를 조절하며 정보 습득이 가능하다.

블로그는 일기 형태로 작성된다는 것에 광범위한 컨센서스가 형성돼 있다. 의사가 작성하는 글이지만 쉽게 이야기하듯 정보를 전달하는 것이 가능하다. 의사가 전달하는 공신력을 가진 글, 그러나 친구에게 이야기하듯 편하게 전달하는 글이라는 점에서 환자가 의료 정보임에도 쉽게 받아들인다.

블로그가 의료 정보 전달에 적합한 또 다른 이유는 관계 형성이다. 블로그의 가장 큰 매력은 작성자 즉, 의사와 환자가 온라인을 통해 관계 형성을 한다는 점이다. 닥터리병원에 내원하는 신규 환자를 접수할 때 나를 포함한 모든 스태프들은 환자가 블로그를 보고 왔는지, 그렇지 않은 지, 말하지 않아도 알 수 있었다. 이미 내원 첫날부터 마치 우리를 예전부터 아는 동네 병원 대하듯 한다는 것을 경험상 알게 됐다. "원장님이 너무 상냥하신 것 같아서 왔어요.", "여기는 환자 치아 건강이 중요한 병원이잖아요." 같이 마치 다니던 병원에 온 듯한 이야기를 할 때가 많았다. 블로그는 병원이 환자에게 이야기하듯 좋은 정보를 전달해 내원 전 미리 라뽀를 형성시켜주는 채널이라는 게 가장 큰 장점이다. 이 장점을 충분히 활용해서 블로그를 운영하기 위해서는 개원 초기 최소한의 글 작성을 내부자가 할 것을 추천한다. 추후 외주를 주게 되면 미리 작성한 초기 글이 기본 재료로 활용될 수 있다.

2) 초보도 가능한 콘텐츠 제작

마케팅이라는 것이 처음 접하는 사람에게는 상당히 어려운 것으로 다가올 수 있다. 전체적인 마케팅에 대한 이해가 있어야 하고 다양한 마케팅 도구를 활용할 수 있어야 한다. 나는 주로 '연장'이라고 표현하는데 각 연장의 사용법과 장단점 및 특징을 알아야 제대로 된 마케팅이 가능하다. 온라인 마케팅 연장은 파워링크 광고,

SNS 광고, 유튜브, 기사 송출 등 다양하다. 이 많은 연장 중 가장 사용법이 쉬운 것이 블로그다.

유튜브는 영상 촬영과 편집이 필요하다. 콘텐츠를 제작하는 과정이 그만큼 복잡하다. 하지만 블로그는 글을 작성할 마음, 그리고 키보드를 칠 수 있는 손가락이면 충분하다. 준비과정이 간단하니 당장 해보기 좋은 도구다. 내용도 평소 하는 이야기에서 찾을 수 있다. 환자에게 매일 반복해서 전달하는 내용이 있다면 연습 삼아 작성한다. 주의사항이나 치료 전 챙길 내용을 쓸 수도 있다. 병원에서 일어났던 소소한 이야기를 써도 좋다. 사진 몇 장이 추가된다면 금상첨화다. 내용이 길 필요도 없다. 그날 정한 하나의 주제에 대해 가볍게 작성하면 된다. 그저 가족이나 친구에게 이야기하듯 그 말투 그대로 작성해 보자.

블로그가 초보에게 적합한 또 다른 이유는 운영이 쉽기 때문이다. 네이버 아이디만 있다면 시작이 가능하다. 본인 아이디로 로그인 하고 들어가 블로그로 이동하고 글쓰기 버튼을 누르면 다음과 같은 에디터창이 나타난다. 제목을 쓰고 본문에 글을 작성하면 된다. 맨 위 왼쪽에 나열된 기능은 하나씩 사용해 보며 익히면 된다.

<네이버 블로그에서 글을 작성하는 에디터창 화면

(출처 : 네이버 블로그)>

물론 기본적인 블로그 정보를 작성하고 화면의 배경이라 할 수 있는 스킨을 바꾸거나 메뉴에 속하는 카테고리를 지정하는 등의 블로그 꾸미기가 필요하지만 온라인에서 방법을 쉽게 찾아볼 수 있다. 하나씩 차근차근 시도하면 된다.

이렇게 쉽지만 시작을 못하는 분들을 자주 접한다. 뭔가 잘하고 싶은 마음이 클수록 시작은 더디다. 블로그는 전문가처럼 잘 쓴 글보다 약간은 아마추어 느낌을 주는 '날것' 같은 글이 더 큰 호응을 얻으니 두려워 말고 일단 시작해 보자.

마지막으로 블로그 작성을 병원이 직접 하면 마케팅 초보에서 중급으로 빠른 이동이 가능하다. 외주에 맡기고 누군가 대신해 주기를 기대하며 관리를 요청할 때가 많지만 안타깝게 주인의 마음이 담기지 않은 마케팅은 효과가 미미하다. 결국 주인이 마케팅에 대한 감을 잡아야 하는데 최대한 빨리 감을 잡도록 도와주는 것이 블로그 운영이다. 그 이유는 통계와 친해지기 때문이다. 블로그에 글을 작성하고 나면 관리 페이지에서 통계를 확인할 수 있다. 어떤 경로로 우리글에 도달했는지, 어떤 주제가 인기 있는지 등을 직접 확인할 수 있다.

🔲 유입경로		🔳 상세 유입경로	
네이버 통합검색_모바일	59.11%	지르코니아 크라운	8.92%
네이버 통합검색_PC	14.87%	아말감 레진	5.95%
네이버 뷰검색_모바일	8.55%	레진 인레이	3.72%
네이버 블로그_모바일	6.32%	치아 하얀점	3.35%
다음 통합검색_모바일	2.97%	스켈링시간	2.23%
네이버 이미지검색_모바일	2.60%	가철식 유지장치 비용	1.12%
Google	2.23%	송곳니 치료	1.12%
네이버 이미지검색_PC	0.74%	썩은이 치료	1.12%
Nate 검색_모바일	0.37%	인레이교체	1.12%
www.todayfortune.co.kr	0.37%	레진인레이	0.74%
네이버 검색_기타	0.37%	송곳니 마모	0.74%
네이버 블로그_PC	0.37%	스켈링 통증	0.74%
네이버 블로그검색_모바일	0.37%	아동 불소도포 실란트	0.74%
네이버 웹문서검색_모바일	0.37%	아말감 교체	0.74%
다음 이미지검색_모바일	0.37%	아말감 인레이	0.74%
		앞니 깨짐 출치	0.74%

<닥터리병원 네이버 블로그 통계 화면(출처 : 네이버 블로그)>

10년 넘게 병원 블로그를 운영하며 알게 된 것은 병원마다 각

각 궁합이 맞는 주제와 키워드가 있다는 것이다. 특별히 조회 수가 높지 않고 다른 병원에서 잘 쓰지 않는 키워드라도 우리 병원에서 사용하면 매출을 만드는 사랑스러운 '캐시카우' 키워드가 되기도 한다. 이렇게 우리 병원에 꼭 맞는 주제와 키워드를 찾는 여정에서 블로그는 나침반 역할을 해줄 수 있다. 우리 병원 이야기가 게시되고, 그 게시글에 환자가 반응하고, 병원으로 연결되는 과정을 지켜보면서 올바른 마케팅 방향을 정할 수 있다. 만일 특정 주제나 키워드를 활용한 시점에 환자 유입이 늘어난다면 정확히 그 주제와 키워드를 파악하고 활용 범위를 넓혀보자.

3) 비용 대비 우수한 효율

블로그를 병원에서 직접 운영한다면 비용이 들지 않는다. 물론 '브랜드 콘텐츠'라고 작성한 블로그 게시글을 유료 광고로 노출시킨다면 비용이 발생하지만 글을 작성해 검색 결과로 노출하는 과정에서는 광고비가 발생하지 않는다. 무상으로 운영이 가능한 것도 감사한데 실제 네이버 검색창을 자세히 살펴보면 블로그의 노출 가능성이 다른 네이버 채널에 비해 높다는 것을 쉽게 알 수 있다. 다음은 2023년 6월 기준, 블로그 게시글이 네이버에 노출되는 범위를 정리한 표다.

키워드	파워링크 (광고)	비즈사이트 (광고)	정의 (지식스니핏)	FAQ	함께 많이 본 질병	인기주제 둘러보기	브랜드콘텐츠 (광고)	View (세부 주제 나옴)	웹문서	이미지	지식백과	인플루언서	플레이스	지식in	뉴스	동영상	연관검색어	지역카페글
임플란트	1	2	3			4	5	6	7								8	
임플란트가격	1	2		6		3	4	5	7								8	
임플란트페이식	1	9	2			3	4	5	6	7	10	6			8		10	
임플란트수술	1	11	2	9		3	4	5	7		8					8	12	
라미네이트	1	7	2	10		3	4	5	9	6	8							
무삭제라미네이트	1	9				2	3	4	8	7		5		6			10	
교정치료	1	8	2	3			5	5	6	7	4					7		
치아교정비용	1	8	2	3		4	3	6	7		4						9	
인모도	1	7				2	5	4	9	5			8	6			10	
인모도효과	1	7	2					3	6	5	6	6	6	4				
울쎄라	1	2		10		3	4	5	9	7		6			8		11	
울쎄라가격	1	9	2			3	5	5	8	7	6	7					10	
고려정통증	1	10	2	3		4	5	6	8	9	7						11	
인구전조증	1	7	2	4	3			5	6									
구내염	1	7	2	4	3			6	8									
사랑니치과	1	6						5	7				2	4				
청담동치과	1	7						4	5				2	4				
청담동피부과	1	2			3			5	6				3		6		8	3
강구정성형외과	1	2				4					7		3					3
이수역부인과	1	2						3	4	5			2	3				
신사역코피수술	5							1					2			4		

<2023년 6월 기준, 블로그 작성 시 키워드별 네이버 노출 가능 채널>

잘 쓴 블로그 글은 View뿐 아니라 다양한 영역에 노출된다. 네이버의 다른 채널과 비교할 때 상대적으로 노출 범위가 가장 넓다는 장점을 가지고 있다. 이런 관점에서 볼 때 블로그는 비용 대비 효율이 높은 마케팅 채널이다.

4) 외주 운영도 가능하다

블로그 운영은 외주 대행을 주는 것도 어렵지 않다. 블로그 마케팅이 오랜 시간 사용되면서 운영 대행 시장이 상당히 크게 형성돼 있다. 저가 운영 업체에서부터 전문적으로 병원 블로그만 운영하는 업체까지 다양하다. 그만큼 예산과 상황에 맞춰 업체를 선정할 수 있다. 앞서 설명한 홈페이지같이 한번 시작되면 마치 결혼처럼 묶이는 관계도 아니다. 운영 중 소통이 어렵거나 결과가 만족스럽지 않다면 쉽게 업체를 바꿔서 다시 시도할 수 있다. 업체를 비교하며 외주 운영이 가능하다는 뜻이다.

블로그 마케팅을 해 보고 싶지만 도저히 스스로 운영이 여의치 않아 외주를 고민한다면 해볼 것을 추천한다. 직원 관리도 경험이 필요하듯 외주 운영도 마찬가지다. 상대적으로 외주 운영 난이도가 낮은 블로그로 연습하면서 실력을 쌓을 수 있다. 나도 병원 운영 당시에는 외주업체를 지정하고 대행을 맡기며 다양한 질문을 통해 업계 현황을 배웠다. 아무래도 대행사들은 현장에서 다양한 경험을 하고 있어 병원이 발견하기 힘든 기회를 알려주기도 한다.

03

다양한 블로그 종류와
운영 방법

　　블로그 세계를 자세히 들여다보면 마치 시장통 같다는 느낌이
든다. 시끌벅적하고 복잡하지만 나름의 규칙이 존재한다. 서로 비
슷한 듯 다르다. 반듯하게 오랜 시간 운영되는 정직 스타일에서 빠
르게 치고 빠지겠다는 단타형도 보인다. 시장에서 장사로 성공하
려면 그곳의 규칙을 알아야 하듯 병원이 블로그 마케팅을 하고자
한다면 시장의 규칙을 알 필요가 있다. 블로그를 초기 운영하던 때
는 숲을 전체적으로 보고 이해하려는 생각조차 하지 못했다. 매일
급급하게 닥치는 대로 운영했지만 시간이 경과하면서 큰 그림이
보이니 마케팅 운영이 수월해졌다. 실제 운영에 앞서 업계 특징과
속 사정을 한번 살펴보자. 일단 병원에서 활용할 수 있는 블로그
서비스의 종류부터 파악해 보자.

1) 네이버 블로그 VS 티스토리 VS 브런치

병원 마케팅 용도로 활용할 블로그는 네이버와 카카오 서비스가 대표적이다. 각 블로그는 특징이 조금씩 다르고 장단점도 차이가 있다. 가장 대중적인 선택은 아무래도 네이버다. 카카오는 티스토리와 브런치를 운영 중이다. 자, 그럼 어떤 블로그를 운영할지 하나씩 살펴보자.

네이버 블로그는 최다 사용자를 자랑한다. 대한민국 국민이 가장 많이 활용하는 검색 서비스에 우리 병원을 노출하고 마케팅 효과를 기대하기에 단연 최적의 채널이다. 작성한 게시글에 광고비를 지불하면 상위 노출시킬 수도 있다. 만일 운영 경험이 없다면 큰 고민하지 않고 네이버 블로그를 시작하면 된다.

티스토리는 카카오가 운영하는 블로그다. 내가 처음 운영을 시작할 때는 기존 사용자의 초대장을 받아야만 개설이 가능했다. 현재는 이런 장벽이 사라져 누구나 쉽게 시작할 수 있다. 티스토리는 장점이 명확한 채널이다. 크게 2가지다. 첫째, 네이버 블로그와 달리 HTML과 CSS를 활용해 맞춤으로 블로그를 꾸밀 수 있다. 둘째, 광고 수익을 창출할 수 있다. 구글 애드센스를 적용해 광고비를 받을 수 있다. 물론 네이버도 애드포스트를 활용해 수익 창출이 가능하지만 가망 수익 차이가 커 수익형 블로거들은 티스토리를 선호한다. 단점도 물론 있다. 일단 시작이 어렵다. 여기서 소개하는 3가지 블로그 중 초기 세팅에 가장 큰 노력이 필요하다. 작성된 글의 노출 정도도 네이버에 비해 적다. 아무래도 게시글이 네이버 검색 결과에 노출되는 정도가 다르기 때문이다.

나는 티스토리는 오랜 기간 보조 채널로 활용했다. 블로그 내용의 콘셉트도 아예 다르게 했다. 원장님이 아닌 병원 스태프 목소리를 대변하는 채널로 활용했다. 원장님과 환자 사이에서 생긴 소소한 이야기나 환자와 대화 중 재미있었던 이야기 등을 전달하기도 했는데 메인 블로그와는 다른 인기를 누렸다.

노출면에서도 닥터리병원을 운영하는 기간 내내 티스토리의 도움을 받았다. 특히 네이버 노출 알고리즘에 변동이 생기는 시점마다 티스토리 노출이 유리할 때가 많았다. 다음은 내가 2017년 작성한 티스토리 글이 2023년 초에도 여전히 네이버 검색 첫 페이지에 노출되고 있는 모습이다. 추가적인 블로그 운영이 가능하다면 백업 플랜으로 운영을 추천한다.

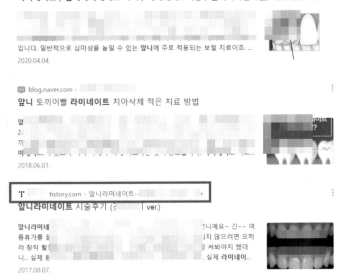

**<2017년 작성한 티스토리 글이 2023년 초 네이버 검색 첫
페이지에 노출되고 있다.(출처 : 네이버 검색)>**

마지막으로 브런치다. 브런치는 목적이 명확한 서비스다. 글을
쓰는 작가 혹은 예비 작가를 위한 공간이다. 브런치에서 활동하기
위해서는 작가 신청을 하고 심사를 통과해야만 글 작성이 가능하
다. 브런치는 홍보가 아닌 진정성 있는 글로 독자와 소통하려는 원
장님께 추천한다. 작가다운 글 작성을 통해 장기적 관점에서 공신
력을 쌓을 수 있다. 출판사에서 작가를 찾을 때 주로 검색하는 채
널이라 출간 기회도 노려볼 수 있다. 나는 현재 이 책의 초고를 브
런치 에디터로 작성 중이다. 깔끔한 화면과 작가에게 글 쓰기 편안

한 환경을 제공한다.

브런치는 당장 마케팅 효과를 기대하기 어렵다. 검색 노출이 네이버 블로그나 티스토리보다 유리하지 않다. 다시 말해 네이버에 노출될 가능성이 매우 적다. 개원 초기 적자를 벗어나야 하는 시점이라면 추천하기 어려운 채널이다.

2) 배포형 블로그 VS 브랜드 블로그

블로그 운영을 대행하기 위해 업체를 만나면 브랜드 블로그와 배포형 블로그라는 단어를 듣게 된다. 블로그를 활용해 마케팅 효과를 보고자 하는 대전제는 같다. 하지만 세부 목적이 다르다.

우선 일명 배포형 블로그는 단기간에 조회 수를 늘리고 최대한 환자를 유입시키기 위한 단기 목적의 마케팅 방법이다. 다수의 글을 작성해 다수의 블로그 아이디로 노출시키기도 하고 임대형 블로그라는 타인 블로그에 글을 올리기도 한다. 빠른 광고 효과를 위해 타인의 아이디를 빌리거나 다수의 아이디를 생성해 마케팅에 활용하는 방법이다. 본인이 속한 업종에서 검색해 보면 이런 블로그 글을 꽤 자주 접하게 될 것이다.

광고회사 동기가 어느 날 전화를 해서 이런 질문을 한 적이 있다. "언니, 왜 병원 관련 정보를 블로그에서 찾으면 하나 같이 똑같은 홍보성 글만 보이는 거야?" 나는 외주로 병원 특성을 고려하지 않고 운영한 배포형 블로그들을 봤기 때문이라고 알려줬다. 물론 이런 방식도 단기적으로 효과를 볼 수 있다. 단지 누적되는 브랜드 가치를 기대하기는 어려운 것이 단점이다.

최근 들어 브랜드 블로그라는 단어가 업계에 자주 등장하고 있다. 배포형 블로그는 더 이상 차별화가 어렵고, 식상한 정보에 지친 사람들이 늘면서 브랜드 블로그가 더욱 관심을 받고 있다. 브랜드 블로그는 병원을 대변하는 우리 병원만의 콘텐츠를 품은 블로그다. 운영에 광고주 즉, 병원 내부자의 노력이 필요하다. 외주 운영을 맡기면 배포형 블로그보다 비용 부담이 크다. 하지만 블로그 운영을 하기로 결정했다면 최소 하나의 브랜드 블로그를 운영해야 한다. 여력이 된다면 병원 내부에서 직접 운영하는 것이 가장 효과적이다.

3) 최적화 블로그 VS 일반 블로그

보통 블로그를 운영하는 가장 큰 이유는 작성한 게시글이 네이버 검색에 상위 노출돼 많은 환자가 그 글을 보고 내원하기를 바라기 때문이다. 하지만 실제 계정을 만들고 글을 써보면 작성한 글이 쉽게 눈에 띄지 않는 현실을 마주한다. 이유는 여러분의 블로그가 최적화 블로그가 아닌 일반 블로그이기 때문이다.

앞에서 내가 1년간 운영한 블로그의 조회 수를 보여줬다. 오랜 기간 운영하지 않았는데도 조회 수가 높은 이유는 운영한 블로그가 최적화 블로그이기 때문이다. 그렇다면 최적화 블로그란 무엇일까? 실제 업계 사람들 이야기를 듣다 보면 오히려 혼돈이 올 수 있는 개념이기도 하다. 씨랭크와 다이아 같은 네이버 상위 노출 로직에 대한 이야기가 나올 것이다. 복잡하게 생각하면 한도 끝도 없지만 간단히 설명하면 네이버가 생각하는 믿을 만한 블로그다. 네이버의 검색 로직이 우리 블로그 계정을 어떤 특정 주제의 전문가로 인식했다면 최적화 블로그가 된 것이다. 예를 들어, 내가 최근 1년간 운영한 블로그는 과거 닥터리치과에서 5년 정도 사용한 계정이다. 병원 양도 당시 글을 모두 비공개로 전환하고 쉬었지만 워낙 오랜 기간 치과 정보를 꾸준히 올렸고 반응이 좋았던 블로그다 보니 다시 활동을 재개하자 여전히 치과 관련 전문가로 인식되는 듯하다. 아마도 같은 기간 처음으로 치과 정보를 작성한 블로그가 있다면 검색 노출 면에서는 내 블로그를 따라오기 어려웠을 거다. 이미 누적된 노력의 결실이라 보면 된다.

그렇다면 최적화 블로그는 어떻게 만드는 것일까? 인터넷에 검색해 보면 많은 방법이 있다. 나는 그 복잡한 모든 것을 읽고 터득하는 시간을 아껴 환자를 위하는 마음으로 글을 꾸준히 작성할 것을 권한다. 최적화 블로그를 만들 때 중요한 것은 꾸준히 브랜드 블로그로 운영해 오랫동안 우리 병원의 자산이 되게 하는 것이다. 만일 블로그 운영에 진심이라면 네이버 이용약관을 꼼꼼히 읽어 보기 바란다. 네이버가 생각하는 옳지 않은 블로그 운영에 대한 힌트를 얻을 수 있다.

네이버 약관 및 개인정보 보호

| 이용약관 | 개인정보처리방침 | 청소년보호정책 | 스팸메일정책 | 책임의 한계와 법적고지 |

네이버 이용약관   네이버 유료서비스 이용약관   네이버 위치기반서비스 (

네이버 및 네이버 관련 제반 서비스의 이용과 관련하여 필요한 사항을 규정합니다.

네이버 서비스 이용약관은 다음과 같은 내용을 담고 있습니다.

여러분을 환영합니다.
다양한 네이버 서비스를 즐겨보세요.
회원으로 가입하시면 네이버 서비스를 보다 편리하게 이용할 수 있습니다.
여러분이 제공한 콘텐츠를 소중히 다룰 것입니다.
여러분의 개인정보를 소중히 보호합니다.
타인의 권리를 존중해 주세요.
네이버 서비스 이용과 관련하여 몇 가지 주의사항이 있습니다.
네이버에서 제공하는 다양한 포인트를 요긴하게 활용해 보세요.
부득이 서비스 이용을 제한할 경우 합리적인 절차를 준수합니다.
네이버의 잘못은 네이버가 책임집니다.
일부 네이버 서비스에는 광고가 포함되어 있습니다.
언제든지 네이버 서비스 이용계약을 해지하실 수 있습니다.
서비스 중단 또는 변경 시 꼭 알려드리겠습니다.
주요 사항을 잘 안내하고 여러분의 소중한 의견에 귀 기울이겠습니다.
여러분이 쉽게 알 수 있도록 약관 및 운영정책을 게시하며 사전 공지 후 개정합니다.

<네이버 약관 및 개인정보 보호 관련 게시물(출처 : 네이버)>

04

우리 병원 신환 70%가
블로그로 유입된 진짜 이유

닥터리병원 상담을 하던 시절 신규 환자에게 어떤 경로로 내원했는지 물으면 70% 정도가 블로그를 보고 왔다고 답했다. 물론 조금만 더 대화를 이어가면 블로그뿐 아니라 홈페이지나 다른 SNS 채널에서도 정보를 봤지만 대게는 블로그를 보고 내원했다고 답했다. 나는 이런 반응이 흥미로웠다. 분명 다른 채널 마케팅을 함께 보고 내원했다. 그럼에도 답변은 대부분 블로그였다. 티 나지 않게 유도심문을 해 보면 최종적으로 내원을 결정한 접점이 블로그라는 것을 알 수 있었다.

왜일까? 나는 블로그가 스토리텔링에 적합한 소통 창구이기 때문이라고 결론 내렸다. 대화하듯 이야기를 끌어갈 수 있는 블로그가 환자 입장에서 가장 편안한 병원 정보 습득 창구이기 때문이다. 닥터리병원 블로그 게시글은 환자가 평소 궁금해하고 자주 질문하는 것으로 주제를 정하고 내용은 텍스트 기반 스토리로 전달했다. 다음은 마케팅 운영 3~4년 차 때의 글 제목이다.

"이빨이 아파요"에 대한 답변 (39) (비공개)	774
원장님 스켈링 받으시는 날 (35) (비공개)	96
나에게 맞는 칫솔은 어떻게 선택할까? (30) (비공개)	308
강남역 점심식사 괜찮은 식당 (30)	443
검은잇몸 컴플렉스 탈출을 위한 잇몸미백 이렇게 진행된다 (103) (비공개)	31
발치가 필요한 치아와 뽑지 않아도 되는 치아 (73) (비공개)	952
스켈링가격 의료보험적용 된다? 안되나? (102) (비공개)	165
무삭제라미네이트 사례로 배우기 (64) (비공개)	137
2013년 신년 계획 (82) (비공개)	80

<닥터리치과 개원 3~4년 차 게시글 제목>

예시를 살펴보면 병원 일상을 편안하게 소개하는 글도 있고, 평소 원장님이 강조하는 구강관리법을 환자가 쉽게 이해할 수 있게 대화하듯 전개한 글도 있다.

새로운 스텝분들의 교육을 위해서 제일 처음으로 항상 입을 벌려주시는 우리 원장님 이십니다.

항상 그래왔듯이 새로오신 스텝 선생님들께서 거치게 되는 관문 이기도 하지요.

자 ~ 여유롭게 브이를 그려주신 원장님 !

반면에 바짝 긴장한 우리 막둥이 입니다.

저도 저럴 때가 있었는데 말이죠 갑자기 저의 1, 2년차적이 생각이 나네요

<닥터리치과 블로그의 일상 관련 게시글 예시>

이렇게 블로그를 꾸준히 운영하니 시간이 지나며 어떤 방향으로 흐를 때 해당 글이 효과가 있는지 파악이 됐다. 실제 환자가 내원해 상담을 받을 때 은연중에 블로그 글을 참고해 대화하는 것을 느낄 때가 있다. 이런 블로그 글이 내가 잘 썼다고 판단하는 블로그 글이다. 그럼 환자의 마음에 남아 효과를 보는 글은 어떤 글인지, 4가지 요인을 하나씩 살펴보자.

1) 그들의 마음 속에서 흐르기

광고회사에서 4년 정도를 근무한 어느 날, 문뜩 이런 생각이 들었다. '광고로 소비자를 설득한다는 것은 새빨간 거짓말이구나.' 당시 금융사 경쟁 PT를 준비하며 제작팀과 기획팀이 회의실에 모여 난상토론을 벌이던 중이었다. 모기업이 출시하는 새로운 금융상품 광고 전략을 짜고 있었다. 여러 아이디어가 도출됐지만 나는 그 어떤 안도 좋다, 나쁘다, 말을 꺼내기가 어려웠다. 어떤 이유에서든 나라면 그 상품에 가입할 것 같은 느낌이 들지 않았다. 어떤 미사여구를 사용해도 관심이 가지 않았다. 소개하는 상품에 관심이 가지 않았고 좋다, 싫다라는 느낌조차 들지 않았다. 결국 광고 메시지가 효과를 보려면 그 메시지 내용에 대해 최소한의 관심이 있지 않다면 설득이 어렵다는 생각을 하게 됐다.

그후로 오랫동안 광고 관련 일을 하며 이 생각은 변하지 않았다. 마케팅이나 광고 메시지는 이미 고객이 가지고 있는 관심이나 선호하는 방향이 우리 제품과 부합한다는 점을 부각하는 기능 정도에 국한된다. 고객이 제품에 대한 필요나 욕구를 전혀 가지지 않은 상황에서 광고 메시지만으로 구매를 유도하는 것은 불가능하다는 것이 내 생각이었다. 그리고 수년 후 리차드 틸러의 '넛지(Nudge)'라는 책이 출간됐을 때 드디어 내가 진정 옳았다는 결론에 도달할 수 있었다.

블로그 마케팅으로 환자가 가지지 않는 욕구를 만들 수는 없다. 그만큼 대단한 마술적 능력을 가지고 있지 않다. 단지 환자가 가지는 관심, 궁금증, 소통 욕구를 충족시켜 구매를 유도하는 정도가 가능하다. 다시 말해 가벼운 넛지를 시도하는 정도다.

대기업의 경우 없는 욕구를 만들 때도 있다. 예를 들어, 애플 같은 기업이다. 하지만 작은 병원은 큰 마케팅 예산을 갖지 못한다. 가장 가능성 높은 것은 이미 환자가 원하는 것에 가까이 접근해 호감을 얻는 것이다. 그 방법은 환자가 진짜 궁금해하는 그 무엇을 먼저 찾는 데 있다.

우리 병원에 내원할 수도 있는 사람들의 마음을 읽고 자연스럽게 함께 흘러야 한다. 나는 작성할 글의 주제를 잡으면 머릿속으로 우선 상상했다. 내가 작성한 이 글을 읽을 사람들이 컴퓨터 앞에서 검색창에 자신의 궁금증을 입력하는 모습을 떠올렸다. 그리고 그들이 검색창에 적는 단어나 문구를 훔쳐본다고 상상했다. 예를 들어, 벌어진 앞니 때문에 고민이 있는 20~30대 여자를 상상한다. 연애도 해야 하고 결혼도 해야 할 여자는 벌어진 앞니가 있을 때 어떤 키워드로 검색을 하고 어떤 게시글을 클릭할지 머릿속으로 상상의 나래를 펼친다. 그녀의 부모님이 관상학적으로 이가 벌어지면 돈이 샌다는 이야기를 했다고 가정도 해 보고 웃을 때 앞니가 보일까 입술에 힘을 주는 모습도 상상해 본다. 충분히 상상한 후 키워드를 도출하고 그 키워드로 그녀가 클릭할 수밖에 없는 제목을 정한다.

2) 이야기와 같은 방향으로 흐르기

내가 운동선수로 활동하던 시절, 시합을 준비하고 있으면 종종 아버지는 여러 번 같은 조언을 하셨다. 어깨에 힘을 빼고 오직 스스로에게 집중하는 사람이 우승한다는 내용이었다. 복싱 선수가 잔뜩 긴장해 어깨에 힘이 들어가면 몸이 굳어 상대 펀치를 피할 수 없고, 굳은 어깨에서 나가는 공격은 위력을 잃는다는 이야기였다. 10살 정도부터 듣던 이 이야기가 무슨 의미인지 깨달았을 때 1등 자리에 올라 있었다. 마케팅도 마찬가지다. 주변 경쟁자를 이기기 위해 과도하거나 어떻게든 환자를 모으겠다고 욕심을 부리면 설득의 위력이 떨어진다. 이런 욕심으로 바짝 긴장된 메시지는 특징이 있다. 주로 산만하고 목적이 불명확하다.

광고회사에 입사하면 가장 먼저 배우는 광고 기법이 '원 메시지(One Message)'다. 소비자에게 하나 이상의 설득 메시지를 전달하는 것은 불가능하다. 블로그 글을 작성할 때도 이 절대 진리가 통한다. 하나의 게시글은 원하는 하나의 정보와 하나의 목적을 중심으로 어깨에 힘을 빼고 작성해야 한다. 블로그는 논문이 아니다. 그저 세상과 소통하는 가벼운 채널이다.

나는 블로그에 글을 쓸 때 나의 모니터 건너편에 있는, 아직은 서로를 알지 못하는 환자가 이 글을 읽고 호기심이 생겨 상체를 모니터 쪽으로 기울이며 흥미롭게 읽어 내려가는 모습을 자주 상상했다. 글을 작성하는 것이 아니라 모니터 건너에 궁금증이 많은 그 사람과 대화하는 것이라고 생각하면 블로그 글쓰기가 쉬워진다.

그리고 장담하건대 마케팅 효과 역시 보게 될 것이다.

3) 환자의 동선 따라 흐르기

병원 입사 3년 차쯤 된 어느 날, 상담 실장님의 장기간 휴가로 나는 일주일을 꼬박 데스크를 지키고 있었다. 그러다 환자에게 흥미로운 이야기를 들었다. "제가 어떤 키워드로 검색해도 여기 글이 보이더라고요." 입꼬리가 꿈틀대며 속으로 기쁨의 환호를 질렀다. 내 의도대로 환자가 움직인 것을 눈으로 목격했기 때문이다. 그 환자는 이런 말도 남겼다. "보다 보니 재미있어 몇 십 개를 읽고 바로 예약한 거예요." 로또에 당첨된 만큼 기뻤다. 그 또한 내가 의도한 결과였기 때문이었다.

1년 정도 데스크에서 상담을 하면서 환자들은 온라인에서 접한 정보 제공자를 쉽게 기억하지 못한다는 것을 알게 됐다. "강남에 어느 병원은 이런 서비스도 한다던데요."내지는 "치아 삭제 전혀 안 하고 돌출치아도 개선된다고 했어요."라는 환자 이야기에 "그 병원이 어디에요?"라고 되물으면 답은 항상 같았다. "몰라요."였다.

이 반응은 진실이고 당연한 것이다. 환자가 우리 병원 블로그 혹은 다른 광고 메시지를 한번 접했다고 우리를 기억하거나 좋아할 수 없다. 앞에서 '도달과 빈도'의 개념을 설명했다. 중요한 핵심은 광고 메시지는 한 명의 고객에게 여러 번 도달해야만 효과가 있다는 사실이다. 환자를 넛지하기 위해서는 과정이 필요하다. 그리고 그 과정 즉, 환자가 우리 정보를 처음 접해서 내원을 결정하고 도달하기까지의 경로를 마케팅하는 병원에서 의도하고 계획해야 한다. 블로그 마케팅을 할 때도 이 개념을 적용할 수 있다. 바로 시리즈로 글을 작성하는 것이다. 하나의 주제로 다양한 시각에서 시리즈로 글을 작성해 보자.

예를 들면 다음과 같다. 만일 잇몸성형 관련 글을 작성한다면 일단 잇몸성형에 대해 전혀 모르는 사람들에게 전달하는 소개 글을 꼭 작성한다. 예를 들어 '웃을 때 입술이 많이 움직인다면'은 환자가 카톡 상담에서 자주 쓰는 문장이다. 어떤 시술을 해야 할지 몰라 문의할 때 쓰는 말이다. 이런 잇몸의 심미적 문제를 개선할 수 있는 치료 자체를 소개하는 글도 쓴다. '잇몸돌출 원인 치조골 수술 소개'가 하나의 예다. 환자 구강에 맞춰 올바른 치료법을 추천한다는 자신감을 보여주기 위해 다양한 치료방법을 비교해서 보여주기도 한다. 그리고 실제 내원할 마음이 생긴 환자를 위해 비용 소개도 작성한다.

<닥터리치과에서 하나의 주제로 작성한 블로그 시리즈 게시글 예시>

이렇게 하나의 주제에 다양한 궁금증에 답할 수 있는 글이 준비돼야 실제 병원 내원까지 이어질 수 있다. 위와 같이 글이 준비되면 글과 글에 링크를 삽입해 최대한 우리 블로그에 오래 머물게하자. 다음은 게시글 내부에 다른 게시글을 삽입한 사례다.

단 시술의 정도를 크게 하여 치아의 크기를 더 키우고 싶으시다면 그때는 치조골성형술이 아니면 원하는 효과를 얻을수 없을때가 있다는것은 기억해주시기 바랍니다.

잇몸성형 자주묻는 질문 5가지
http://blog.naver.com/l   1

잇몸성형 자주 묻는 질문 5
잇몸성형은 하고 싶은 마음을 가지신분들이 많은데 아플까 회복이 오래…
blog.naver.com

<블로그에서 기존 게시글 링크 활용 방법 예시>

결과적으로 환자의 온라인 동선을 따라서 빈틈없이 촘촘하게 다리를 놓는 것이다. 그들이 중간에 물에 빠지거나 길을 잃지 않고 우리 병원 문을 열고 들어올 수 있도록 촘촘한 징검다리를 놓아보자.

4) 큰 물줄기 따라 흐르기

병원 마케팅을 하며 나는 아침에 출근하면 최소 한 시간 정도 치과 관련 키워드 동향을 살폈다. 어떤 주제가 떠오르고, 어떤 주제가 효과가 떨어지는지 흐름을 파악했다. 네이버나 구글이 제공하는 통계를 참고하고 직접 주요 키워드를 검색창에 입력해 업계가 어떤 방향으로 흐르는지 살폈다. 그 과정에서 각 업종마다 온라인상에 커다란 흐름이라는 것이 존재하고 그 흐름은 마치 유기체처럼 계속 변한다는 것을 알게 됐다.

<네이버 광고시스템 키워드 도구에서 '치과' 관련 키워드 검색
화면(출처 : 네이버 광고시스템)>

2023년 6월 기준, 네이버 키워드 도구에서 '치아미백', '라미네이트', '치아교정' 검색량을 비교해 보면 치아미백, 라미네이트, 치아교정순으로 검색량이 많다. 2012년에는 이와는 상당히 다른 결과를 보였다. 치아교정과 치아미백이 비슷한 관심을 받았고 라미네이트는 서서히 검색 수가 늘어나는 경향을 보였다. 몇몇 연예인의 라미네이트 시술 소식에 슬슬 대중의 관심이 생기는 정도였다. 하지만 보는 것과 같이 2023년에는 치아교정에 대한 검색이 오히려 줄어든 것을 확인할 수 있다. 내 입장에서는 치아미백 가격에 대한 조회 수가 저렇게 낮은 것이 의아하다. 과거에는 치아미백보다 치아미백 가격과 치아미백 비용의 조회 수가 높을 때가 많았다.

결국 흐름이 있다는 것이다. 의료업이 변동이 적고 항상 같아 보이지만 자세히 보면 흐름이 존재한다. 이 흐름에 편승할 때 성공 기회를 잡을 수 있다. 내가 본격적으로 블로그 마케팅을 할 때는 치아미백 관련 다양한 세부 키워드의 조회 수가 높았다. 따라서 치아미백을 절대 놓치지 않고 마케팅 주력 아이템으로 잡았었다. 하지만 지금이라면 나는 분명 전략을 수정하고 미백을 서브 진료과목으로 전환할 것이다. 메인 키워드인 치아미백에 대한 조회 수는 높지만 조사해 보니 세부 키워드 조회 수가 과거만큼 높지 않다. 단순히 치아미백이 무엇인지 궁금해 한번 검색해 보는 사람이 많을 가능성이 크다. 이런 전체 방향을 결정하는 것은 주인의 몫이다. 실제 병원 내부에서 이런 방향을 결정해야 실수 가능성을 줄일 수 있다. 환자를 매일 대하고 그들이 하는 이야기를 듣고 소통하는 것은 병원 인력이다. 외주 업체를 통해 마케팅을 해도 이런 방향은 필히 내부에서 결정해야 한다.

물론 세세한 네이버 알고리즘이나 키워드 검색량 등은 업체나 담당자에게 맡겨도 무관하지만 전체적인 흐름을 꿰고 있기 위한 노력은 필요하다. 온라인 세상의 가장 큰 장점은 집에 앉아서도 의지만 있다면 충분히 알 수 있다는 것이다. 우리 업계와 관련된 새로운 뉴스나 SNS 인기 게시글이 어떤 방향으로 흐르는지, 우리 업계의 새로운 진료 방법을 요즘 사람들이 선호하는지 살피고 이런 흐름이 우리 병원 환자에게 어떤 영향을 미치는지, 새로운 트렌드에 민감한지, 그렇지 않은지를 판단해 방향키를 전환해야 한다.

처음엔 익숙하지 않아 어렵게 느껴질 수 있지만 현장에서 환자를 접하고 그들과 소통하는 원장님이나 내부자가 가장 잘 알 수밖에 없는 주제다. 실은 지금도 이미 알고 있지만 그저 마케팅에 활용해야 한다는 사실을 인지하지 못해 스쳐지나 갔을 수 있다.

05

블로그 외주를 맡길 때
알아야 할 것들

1) 외주로 성공했다는 그 병원 속 사정

나는 시간이 허락한다면 눈에 띄는 마케팅 강의를 들어본다. 최근 동향도 파악하고 각 강사들의 노하우를 빠른 시간 내에 습득할 수 있기 때문이다. 아마도 2017년경으로 기억한다. 시간 여유가 있어 당시 인기 있던 몇몇 마케팅 강의를 들었다. 그리고 각기 다른 3명의 강사가 같은 이야기를 하는 것이 흥미로웠다. 바로 C 치과 블로그 운영을 자신이 했다는 주장이었다.

당시 블로그 운영이 잘 돼 관심을 갖던 치과였다. 조금 의아했던 것은 내 눈에는 분명 그 블로그는 외주로 운영됐을 가능성이 희박한데 3명의 강사가 당당하게 자신이 그 병원 성공의 주인공이라는 말투로 강의를 이어갔다. 그렇다면 이들이 거짓을 이야기하고 있을까? 아니다. 나는 그들 모두 C 치과 블로그 운영을 했을 가능성이 높다고 본다. 그리고 주장하는 바와 같이 병원 성장에 도움을 주었을 가능성이 높아 보인다. 하지만 여기서 주목할 것은 한곳이 아니라는 점이다.

각 강사님이 운영하는 업체는 특징이 조금씩 달랐다. 분명 장점을 가지고 있는 곳들이었다. 그리고 놀랍게 C 치과 블로그에는 이 모든 업체의 장점이 녹아 있었다. 물론 내가 그 병원 내부자가 아니기에 실제 내부에 담당자가 있는지, 원장님이 직접 운영, 관리하는지는 알 수 없지만 분명 다양한 업체를 경험하며 실력을 쌓아가고 있다는 점은 확실했다. 내 결론은 C 치과는 다양한 외주업체와 업무를 함께하며 그들의 노하우를 하나씩 익히고 장단점을 파악했다는 것이다. 그리고 C 치과만의 운영 방법을 찾아간 것으로 보인다. 결국 그 병원 성공은 외주업체가 가져온 것이 아니라 그 외주업체를 활용해 성장을 만들어낸 병원 몫이다.

간혹 블로그 외주를 줘봐야 효과가 전혀 없다고 말하는 원장님을 만난다. 그렇다. 그분들 말이 옳다. 비용을 지불하면 알아서 작성해 주는 그런 블로그는 효과가 없다. 그런 글이 효과를 발휘하던 시절은 호랑이 담배 피우던 시절이다. 하지만 마케팅을 전문으로 하는 외주업체는 병원 내부자보다 훨씬 더 새로운 방법과 집행 노하우를 가지고 있다. 병원 내부자는 이런 그들의 기술과 노하우를 쓸 수 있는 능력을 키워야 한다. 일을 잘하는 업체의 담당자를 알아볼 수 있어야 하고 위 3명의 강사님처럼 우리 병원을 담당했다는 것에 자부심을 가질 수 있도록 도와줘야 한다.

2) 외주비 월 30만 원과 600만 원의 차이

블로그 외주 운영업체의 견적을 받아보면 천차만별이다. 월 30만 원에 운영을 해주는 곳에서부터 월 600만 원에 운영을 해주는 곳도 있다. 나도 외주로 블로그를 운영해 보기도 했다. 대행을 맡겨보면 확실히 예산이 다르면 결과물도 달랐다. 가격 차이는 인건비 차이기 때문이다. 결국 블로그 운영은 사람이 하는 것이다. 운영비가 높으면 담당자가 우리 블로그 운영에 더 많은 시간을 쓴다. 어떤 글을 쓸지 고민하고 게시글 작성에 필요한 다양한 정보를 수집한다. 경쟁자 현황도 파악하고 그들과 차별화된 무언가를 만들어낸다. 광고회사 입장에서 월 30만 원에 블로그 대행을 한다는 것은 아마도 인건비 10만 원에서 15만 원 정도로 글을 쓰겠다는 의미일 것이다. 콘텐츠 퀄리티 측면에서 큰 기대를 할 수 없다.

친분이 있는 D 성형외과에서 블로그 운영을 잘하는 외주업체가 있는지 문의한 적이 있다. 병원 내부에 마케팅 담당자가 있지만 일손이 부족해 외주로 진행하려고 했다. 워낙 브랜드 콘셉트가 명확하고 이미 남들이 부러워하는 소위 '대박 병원' 중 하나였다. 예산을 물어보니 비용은 좀 써도 된다고 했다. 앞서 강의를 들었던 강사님들이 떠올랐고 그중 가장 실력이 뛰어나다고 판단한 A 업체를 소개했다. 그리고 첫 미팅에 소개자 신분으로 참가했다. 미팅은 순조로웠고 당일 D 성형외과는 그 업체와 계약을 체결했다. 나는 지금까지 만난 블로그 마케팅 강사 중 이분 실력이 가장 우수하다고 생각했다. 당시 미처 내가 보지 못한 온라인상의 이치를 꿰뚫고 있다는 것을 강의를 들어 알고 있었다. 기대가 됐다. 두 업체의 시너지를 통해 대박 병원이 초대박 병원으로 성장할 것을 믿어 의심치 않았다.

2달쯤 지났을 때 D 성형외과에서 전화가 왔다. A 업체와 6개월 계약을 했지만 2달을 못 채우고 환불받고 이별했다는 것이다. 월 600만 원에 진행되는 광고였는데 효과가 없는 데다 나아질 가능성이 없어 보였다고 했다. 분명 내가 실력을 확인하고 도움이 될 것으로 보여 추천했지만 결과는 처참했다. 마치 소개팅 주선자로 나섰는데 한쪽의 불만을 듣는 기분이었다. 클라이언트와 에이전시가 각각 최고의 실력을 가졌다고 해서 무조건 성공하는 것이 아니라는 좋은 교훈을 얻는 경험이었다.

내 추측은 이러하다. D 성형외과는 규모가 크지 않지만 이미 내부에 마케팅 담당자가 있고, 이 담당자를 중심으로 마케팅을 성공시킨 보기 드문 병원 중 하나였다. 명확한 브랜드 철학과 운영 전략을 가지고 있는 곳이다. A 업체도 실력에 대한 자부심이 대단하다. 마케팅에 있어 그들은 각자의 방법이 옳다는 확신을 가지고 있었다. 이런 두 업체의 궁합은 내 추측과는 달리 좋지 못했다. 아무리 서로 실력이 출중해도 조화를 이루지 못한다면 도움이 되지 않는다는 진실을 눈으로 지켜본 경험이었다.

닥터리병원 개원 9년 차가 되던 해에 월 30만 원에 추가 블로그를 운영해 주겠다는 B 업체에 외주를 맡긴 적이 있다. 당시 닥터리병원 마케팅팀에 공석이 생겨 일시적으로 운영을 맡겼다. 그리고 놀랍게도 나는 결과에 매우 만족했다. B 업체는 이제 막 사업을 시작한 곳이었다. 그래서인지 내 요구사항을 잘 따라줬다. 적은 인건비로 운영한다고 생각해 되도록 기획 방향, 참고사항, 사용할 이미지를 모두 미리 정해 전달했고 전달된 내용을 기반으로 배포형 블로그 글을 작성해 줬다. 직원 관리보다 편하다는 생각에 잠시 채용을 포기하고 계속 외주를 줄까 하는 생각도 했다.

　B 업체와 내가 서로 잘 상생할 수 있었던 이유는 나름 서로 스타일이 맞았기 때문이다. 나는 광고 마케팅을 전공하고 관련된 일을 20년이 넘게 하고 있다. 나름의 운영방식이 고착화되었을 수밖에 없다. 따라서 외주업체가 내 요구를 듣지 않고 자신의 방식을 고집하는 것을 매우 불편해했다. 물론 이것이 바람직한 방향이라고 생각하지는 않지만 병원 운영하랴, 신환 상담하랴, 직원 채용 면접까지 보는 상황에서 업체에게 이렇다 저렇다 말을 듣는 게 불편했다. 이런 이유로 당시 나는 오더에 충실한 업체를 선호했다. 기대치를 낮추고 요구사항을 명확하게 전달하면 딱 그만큼만 정확히 해주기를 바랐다. 다행히 B 업체가 바로 그런 곳이었다.

　상대에게 원하는 바가 스스로 명확하면 업체를 활용하기 쉬워지고 결과도 만족스럽다. 막연하게 대행사가 나 대신 마케팅을 해줄 거라고 기대하지 말고 무엇을 어떻게 요구할지를 사전에 고민해 보자. 나는 나의 아바타를 만난다 상상하고 할 일을 정한 후 적합한 업체를 만나면 과감하게 업무를 위임한다. 이것이 내가 그 효과 없다는 30만 원짜리 외주로도 마케팅 효과를 볼 수 있는 이유다.

06

작은 병원 마케팅 실전 가이드 7 :
블로그 운영 매뉴얼

　지금까지 살펴봤듯이 블로그는 병원이 사용하기 적합한 매우 활용도 높은 도구다. 당장 내일의 매출 성장을 위해 활용할 수도 있고, 반대로 장기적인 병원의 브랜드 가치를 만들어내는 도구로 활용할 수도 있다. 물론 나는 긴 호흡으로 시간이 지나면 마케팅 예산을 줄일 수 있는 후자를 꼭 하나쯤 가져보는 것을 추천한다. 다음은 10년간 병원 내부에서 마케팅 담당자 그리고 마케팅 업무에 관심을 가졌던 J 실장님, K 코디 등에게 교육했던 내용이다. 병원 내부자가 블로그를 운영하는 방법에 대한 매뉴얼이다. 처음 운영을 시작한다면 그대로 따라서 최소 글 10개를 작성해 보기 바란다.

1) 직원에게 알려주는 블로그의 4가지 특징

실질적인 글 작성에 앞서 4가지 블로그의 특징을 머릿속에 새기고 시작하자.

첫째, 아무도 읽지 않는다. 훑어본다. 우리 뇌는 귀차니즘이라는 병에 걸려있다. 멋진 표현으로는 '인지적 구두쇠'라고 한다. 스스로 모니터 속 글을 읽을 때를 기억해 보자. 빽빽한 글을 보면 부담스럽다. 아무리 실제 환자에게 도움을 주는 글이라고 해도 소제목도 없고, 이미지도 없는 글자의 나열을 만나면 우리 손가락은 윈도우창 맨 위에 ×버튼으로 커서를 이동시킨다. 글을 쓰기 전 자신의 온라인 검색 행태를 먼저 되돌아보자. 검색창에 키워드를 입력하고 엔터 버튼을 누를 때를 생각해 보자. 아마도 가장 빠르고 편하게 뇌 에너지를 최소로 사용해서 해답을 얻고자 하는 본능을 발견하게 될 것이다. 이렇듯 에너지 한 방울을 사용하는데도 짜디짠 상대의 뇌가 우리글을 읽도록 하려면 어떻게 해야 할까?

'Show not tell.' 쓰지 말고 보여주자. 즉, 작성한 글을 읽을 때 독자 머릿속에 그림이 그려지도록 글을 쓰겠다는 목표를 설정하자. 가장 간단한 방법은 실제 글이 아닌 이미지를 활용하는 방법이다. 나는 사진을 병원 내부에서 직접 촬영해 사용한다. 촬영된 사진이 없을 때는 다이어그램을 자주 쓴다. 글의 이해를 돕는 간단한 이미지를 만들면 읽는 독자 입장에서 뇌 에너지를 절약할 수 있다. 다음은 내가 병원의 네트 연봉계약으로 발생하는 흔한 오해에 대해 작성했던 글의 일부다.

동상이몽 연봉계약

구조상 발생하는 월급에 대한 관점

이 부분은 꼭 실수령액 계약이 아니라도 발생하기는 하지만 어쨋든
고용인과 피고용인 사이에 급여를 바라 보는 시각이 좀 많이 다른듯 합니다.

연봉 3000만원에 월급이 250만원으로 결정되면
직원의 입장에서 통장에 들어오는 금액은 220만원 정도죠.
하지만 사장님이나 원장님의 입장에서는 나머지 4대보험까지 합쳐서
대략 270만원 정도가 나가게 됩니다.

<병원 네트 연봉계약 문제에 대해 작성한 글 중 다이어그램 설명>

되도록 글을 읽기 전에 어떤 내용에 대해 말하려는지 알 수 있도록 간략한 이미지를 만들었다. 이 정도 이미지는 포토샵 같은 도구도 필요하지 않다. 파워포인트에서 만들어 이미지로 저장했다.

글의 내용을 정리해 이해를 돕는 이런 이미지 도구는 블로그에 방문한 독자 눈을 사로잡는다. 대충 훑어보며 자신이 원하는 정보가 있는지 찾도록 유인한다. 만일 원하는 정보를 찾는다면 그때는 뇌가 조금 더 에너지를 사용해 자세히 글을 읽을 가능성이 생긴다. 언제나 쓰지 말고 보여주자. 훑어보는 독자의 눈을 빠르게 현혹하자.

둘째, 글의 주제는 컴퓨터 앞이 아니라 진료실, 상담실에서 찾

는다. 블로그 글을 써보라고 하면 대부분은 컴퓨터 앞에 얌전히 앉아 모니터를 노려보기 시작한다. 다른 병원 블로그를 기웃거리며 좋은 정보가 있는지 찾는다. 그러다 다른 관심사에 빠져 목적 없는 인터넷 서핑을 하기도 한다. 남의 이야기가 아니라 블로그를 운영하던 초기 내 이야기다.

단도직입적으로 우리 병원 블로그에 쓸 주제는 컴퓨터 속에 없다. 현장 즉, 진료실과 데스크에 넘쳐난다. 하루하루 일어나는 병원 현장 이야기가 가장 블로그에 적합한 글이다. 환자가 작성하는 후기는 불법이지만 의사가 진료 과정에서 겪은 이야기나 후기는 합법적으로 마케팅 활용이 가능하다. 물론 환자 사진을 사용하고자 한다면 동의는 필수다.

나는 점심 식사 후 오후가 되면 종종 진료실이나 데스크로 향했다. 오늘 일어난 싱싱한 이야깃거리를 찾기 위함이다. 어느 날 젊은 여자 환자가 출입문을 통과하며 신발을 벗더니 벽을 잡고 몸을 심하게 떠는 것을 본 적이 있다. 치과공포증이 너무 심해 과도하게 떨다 보니 인지능력이 떨어져 어딘가 들어왔으니 신발을 벗어야 한다고 잠시 착각한 것이다. 이런 일이 이야기의 시작점이 된다. 나는 이 여성 환자를 치료하는 과정에서 겪은 이야기를 활용해 글을 작성했다. 상담실에도 이야기는 넘쳐난다. 환자들은 의사가 눈에 보이지 않을 때 상담자에게 흥미로운 질문을 한다.

또 다른 날에는 외국인 환자가 내원했다. 5살 정도의 어린 아들과 함께 왔다. 진료를 시작하기 전 나에게 진료실에 아들을 데리고 들어가게 해 달라고 요청했다. 아마도 아들을 대기실에 홀로 두는 것이 걱정이 돼 그런가 보다 했다. 진료가 끝나고 몇 가지 상담을 했는데 환자가 아들을 진료실에 데리고 들어간 진짜 이유를 얘기했다. 치과 진료가 무서운 것이 아니고 실제 크게 아프지 않다는 것을 간접 경험으로 미리 알려주고 싶었다는 것이다. 현명한 결정이라고 생각했고 환자 동의를 얻어 귀여운 아이가 진료실에서 대기하는 사진과 함께 블로그에 글을 올렸다.

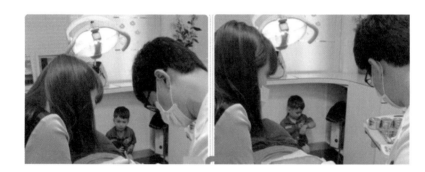

<엄마의 치료 모습을 보는 아이 모습. 진료실에서 찾은 블로그
글 주제 예시>

이렇게 매일매일 병원에서 일어나는 일상적인 이야기가 바로 블로그를 채울 가장 멋진 주제들이다. 책상 앞 컴퓨터에 앉기 전에 현장에서 많은 주제를 미리 찾아 메모하자. 글을 쓰는 것이 훨씬 쉽게 느껴질 것이다.

셋째, 블로그는 홈페이지가 아니다. 친구와 대화하듯 작성하자. 환자 입장에서 병원 홈페이지가 있는데도 불구하고 블로그에서 정보를 검색하는 이유는 이해하기 쉬운 의료 정보를 찾기 때문이다. 딱딱한 의학용어는 읽어도 잘 이해되지 않아 타인의 경험이나 쉬운 일상 언어로 풀어서 쓴 정보를 찾는 것이다. 블로그에 글을 쓸 때는 가족이나 친구에게 평소 내가 하는 일에 대해 이야기할 때와 같은 말투를 사용하자. 10살 어린이도 이해할 수 있도록 비유법을 활용하자.

참고로 이렇듯 스토리텔링 기법으로 글을 작성하라고 요구하면 처음 글을 쓰는 직원은 어려워한다. 스토리텔링이 쉬워지는 요령이 있다. 작성자의 캐릭터를 명확히 하는 것이다. 글을 작성하는 당일 글을 쓰는 나는 누구인지를 명확히 하자. 나는 'A 쌤' 혹은 'B 쌤' 등으로 캐릭터를 설정해 글을 작성하기도 했다. A 쌤이 스케일링을 하다 겪은 흥미로운 이야기를 전하면 그날 나는 그녀의 글을 쓰는 아바타가 됐다. 글을 쓰는 당사자의 캐릭터가 명확하면 글은 자연스럽게 스토리텔링 형식으로 흘러가기에 읽는 사람도 쓰는 사람도 편하다.

넷째, 콘텐츠가 누적돼야 폭발한다. 처음 블로그 운영을 시작하면 글에 대한 반응을 살피게 된다. 내가 쓴 글이 인기 있는지, 환자를 실제 유입시키는지 궁금한 것은 당연하다. 하지만 문제는 시간이 필요하다는 것이다. 하나의 블로그에 하나의 주제로 관련 글이 충분히 누적돼야 비로소 포털에서 검색 노출이 되기 시작하며 효과를 보게 된다. 문제는 조급증이다. 빨리 효과를 보고 싶지만 초반에는 그 효과가 미흡하게 느껴진다.

티끌 모아 태산이라는 철학이 블로그 운영에는 필수다. 초기에

별로 효과가 없다고 해서 포기하면 안 된다. 흥미롭게도 시간이 경과해 블로그가 성장하기 시작하면 과거에 인기가 없던 글들도 조회 수가 함께 올라가는 경향을 보인다. 만일 그렇지 않다면 인기 높은 글에 과거 작성한 글의 링크를 넣어 트래픽을 늘릴 수 있다. 중요한 것은 포기하지 않고 자리를 잡을 때까지 꾸준히 밀고 나가는 힘이다.

2) 직원에게 알려주는 12단계 블로그 콘텐츠 작성법

내가 블로그 운영을 해보지 않은 새로운 직원을 교육할 때 전달하는 매뉴얼이다. 총 12단계로 구성돼 있다. 중학교를 졸업한 수준이라면 누구나 따라 할 수 있는 과정이다. 장담하건대 12단계를 따라하기만 하면 잘 쓴 블로그 글이 완성될 것이다. 한 단계씩 격파해 보자.

1단계는 주제 설정이다. 글을 쓰겠다고 정작 블로그에 로그인하고 에디터를 켜면 백지의 공포가 찾아온다. 깜박이는 커서는 마치 나를 조롱하는 것처럼 느껴진다. 놀랍게도 내가 이런 백지의 공포를 벗어난 것은 수천 개의 글을 작성한 후였다.

의외로 백지의 공포를 벗어나는 방법은 간단했다. 주제를 에디터를 띄우기 전에 미리 결정하는 것이다. 물론 주제를 미리 정하라고 하면 이 또한 막연하게 느껴질 수 있다. 나는 TPO(Time·Place·Occasion)를 고려해 큰 주제를 정하기도 한다. 지금이 12월이라고 가정하면 겨울철 수술이 용이하다고 생각하는 타깃을 공략할 수 있다. 겨울에 수술을 받을 만한 타깃은 어떤 진료를 선호할지 생각해 본다. 피부과라면 색소를 제거하는 레이저 시술이 떠오를 수 있다. 그렇다면 주근깨, 기미, 잡티, 색소침착 등 환자가 떠올릴 단어를 충분히 공책에 적고 환자 증상에 맞는 치료법을 나열해 본다. 이런 과정에서 이번 겨울 시즌 색소 치료와 관련해 쓸 시리즈를 대략적으로 머릿속에 떠올려본다.

2단계로 큰 주제를 정했다면 이제 키워드 조사다. 색소 치료 관련 글을 쓰기로 결정했다고 가정해 보자. 우리 병원에 피부 색소 치료를 위해 내원할 환자가 검색창에 입력할 법한 키워드를 최대한 많이 상상해 본다. 물론 병원에서 상담할 때 환자가 사용한 단어를 작성할 수도 있고 포털에서 검색해 환자들이 쓰는 언어를 찾아볼 수도 있다.

가장 흔하게 활용되는 방법은 자동완성과 연관 검색어를 활용하는 것이다. 입력된 키워드와 연관돼 자주 사용되는 단어들이 나열된다. 예를 들어, 검색창에 '잡티 제거'를 입력하면 관련한 자동완성 키워드들이 뜬다. 일반적으로 포털 사용자가 어떤 단어를 검색하는지 힌트를 얻을 수 있다. 유사한 방법으로 연관 검색어도 확인할 수 있다.

사용 가능한 키워드를 충분히 수집했다면 이제 그 키워드의 검색량을 사전에 확인할 차례다. 앞에서 설명한 것처럼 네이버 검색광고에서 키워드 도구를 활용하면 된다.

전체추가	연관키워드 ⑦	월간검색수 ⑦		월평균클릭수 ⑦		월평균클릭률 ⑦		경쟁정도 ⑦
		PC	모바일	PC	모바일	PC	모바일	
추가	잡티제거	350	3,080	0.5	21.5	0.16 %	0.76 %	높음
추가	미백크림	1,540	9,480	4.9	95.8	0.33 %	1.08 %	높음
추가	피부잡티제거	340	1,250	0.3	9	0.08 %	0.77 %	높음
추가	얼굴잡티제거	160	1,110	0.1	11.5	0.05 %	1.11 %	높음
추가	기미	3,620	16,600	0.7	35.5	0.03 %	0.23 %	높음
추가	기미레이저	1,440	13,300	3.8	92.3	0.28 %	0.75 %	높음
추가	색소침착	1,210	6,890	0.5	15.1	0.05 %	0.24 %	높음
추가	기미잡티크림	1,520	17,200	13	376.8	0.91 %	2.38 %	높음

<네이버 광고 사이트 내 키워드 도구 검색 화면

(출처 : 네이버 광고)>

키워드 검색량을 확인하면 글을 쓰기 전에 사전에 게시글의 경쟁 정도와 글을 잘 썼을 때의 효과 정도를 파악할 수 있다. 조회 수가 적다면 그만큼 경쟁이 심하지 않아 블로그를 시작하는 초보에게 적합한 키워드다. 이런 키워드를 공략하며 검색량이 늘어가는 모습을 보면 자연스럽게 어떤 키워드가 어떻게 상대를 설득하는지 경험으로 알 수 있다. 초기에는 욕심을 버리고 검색량 1000회 미만 키워드로 시작해 보자. 만일 1000회 미만도 노출이 되지 않는다면 500회 혹은 300회 미만 키워드를 찾아 차근차근 연습하면 된다.

예를 들어 치과에서 '스케일링'이라는 단어로 블로그 글을 작성한다면 최적화 블로그가 아닌 일반 블로그로는 노출이 어려울 것이다. 대신 '가글마취'라는 단어를 사용해 글을 작성한다면 상대적으로 노출 가능성이 높아진다. 2023년 6월 기준, 스케일링의 검색량은 2만 8,670회이고 가글마취의 검색량은 480회이기 때문이다.

3단계는 키워드 검색 결과 상위 5개 게시물 분석이다. 사용하기로 결정한 키워드를 검색창에 입력하고 조회해 보자. 그리고 상위 노출된 블로그 글들을 읽어보자. 예를 들어, 가글마취로 검색했다. 상위 노출된 5개 제목을 꼼꼼히 살펴보자. 어떤 제목이 눈에 띄는가?

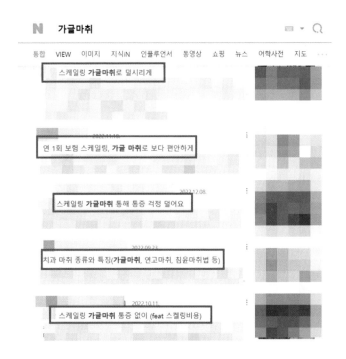

<네이버에서 '가글마취' 검색 결과 상위 노출된 5개 글의 제목
(출처 : 네이버 검색)>

5개 글 중 4개 제목은 가글마취를 쓰면 아프지 않다는 내용이다. 1개 글만 마취의 종류에 대해서 소개하고 있다. 이 상황에서 스스로 환자라면 어떤 제목을 클릭할지 상상해 보자. 통증이 없다, 편안하다를 주장하는 제목은 키워드에 적합하지만 경쟁자와 차별점이 없다. 마취 종류 차이는 매우 전문적으로 보이는 글이지만 환자 입장에서는 대단히 관심 가질 내용은 아니다. 안 아프면 되지 어떻게 안 아프게 하는지에 관심 갖는 환자는 많지 않다는 것을 병원 근무자라면 누구나 알고 있을 것이다. 이렇듯 현재 노출된 글의 제목을 분석하고 어떻게 우위를 선점할지 고민하고 실제 글의 내용도 한번 훑어보자. 환자가 이 글들을 읽고 여전히 해결되지 않는 궁금증이 어디에 있는지 간파할 수 있다면 결국 5개 글을 읽고 환자는 우리를 선택하게 될 것이다.

4단계, 제목 설정이다. 제목은 환자를 유입하는 미끼다. 경쟁자보다 매력적이고 관심을 끄는 제목을 작성해야 블로그 마케팅 효과를 보기 위한 첫 단계가 완성된다. 만일 나에게 블로그 게시글을 작성할 시간이 1시간이 주어진다면 그중 30분을 제목 설정에 사용할 것이다. 내용보다 중요한 것이 제목이다. 그렇다면 제목을 어떻게 지어야 할까? 사례를 제시해 보겠다.

만일 내가 '가글마취'라는 키워드로 글을 작성한다면 '가글마취 진짜 덜 아픈지 제가 직접 테스트해봤어요.'라는 식의 제목을 작성할 것이다. '가글마취'라는 단어를 검색창에 입력하는 환자는 가글마취가 진짜 안 아픈지 궁금해서 검색했을 가능성이 높다. 단순히 '안 아파요.'라는 주장은 주변의 모든 치과가 하는 것으로 경쟁우위를 가질 수 없다. 나라면 우선 안 아픔을 보여주는 (Showing) 주장의 제목을 사용해 클릭 가능성을 높일 것이다. 그리고 글의 내용에는 같은 가글마취를 해도 우리 병원이 덜 아픈 이유에 대해 상세하게 근거를 제시할 것이다. 모든 마케팅과 광고의 궁극적 목적은 차별이다. 제목 설정을 할 때는 다름을 만드는데 모든 에너지를 쓰기 바란다.

5단계, 키워드와 제목을 설정하고 나면 이제 게시글의 목표를 정하자. 블로그 마케팅은 징검다리를 놓는 것과 흡사하다. 환자가 우리 병원에 도달하는 튼튼한 다리를 놓아야 한다. 어떤 돌은 정보성으로 환자에게 신뢰를 주는 용도로 놓여야 하고, 또 어떤 돌은 당장 우리 병원 입구에 환자를 모셔올 '돈 되는 돌' 역할을 해야 한다. 보통 시장조사를 하다 보면 안타까운 게시글을 볼 때가 있다. '이 글은 환자에게 매력이 전혀 없구나.'라는 생각이 들게 하는 글이다. 주로 하나의 게시글이 두 가지 혹은 그 이상의 목적을 가지고 있다. 신뢰를 얻고 싶으니 정보도 넣고, 우리 병원에 환자도 와야 하니 각종 홍보성 문구가 난무한다. 환자 입장에서는 산만하게 느껴질 수밖에 없다.

블로그 운영 초기라면 당장 장삿속이 보이는 글보다 환자에게 신뢰를 얻을 수 있는 좋은 정보를 제시하는 글을 최소 30개 정도는 작성해 보자. 이것이 강을 건너는 징검다리 첫 돌 역할을 해줄 것이다. 첫돌이 튼튼해 보이지 않다면 누가 그 징검다리를 건너겠는가. 튼튼하고 오래 사용할 그런 돌을 만든다는 마음으로 작성해 보자. 의외로 병원 내부에서 직접 작성해 구성이 어설프더라도 '날 것'의 느낌이 나는 첫 번째 돌이 블로그 마케팅 성공의 핵심 요소가 된다.

이미 어느 정도 운영해 검색량이 증가하고 있다면 이제 우리 병원의 장점이나 차별점에 대해 이야기하자. 그리고 기존에 작성해둔 정보성 글을 새로운 글에 링크로 넣어 보자. 하나의 게시글이 하나의 주제에 대해 이야기해야 함을 잊지 말고 이번 글의 목표가 무엇인지 글 작성 전에 먼저 마음을 정하자.

6단계는 우리글의 관점 정하기다. 미국에서 커뮤니케이션을 전공하면 거의 1주일에 4개 정도의 페이퍼(Paper)를 제출해야 한다. 커뮤니케이션 전공 학생은 일주일 내내 글만 쓴다고 해도 과언이 아닐 정도다. 제출한 페이퍼는 대략 1주일 후 빨간 펜 수정사항 코멘트를 가득 품고 학생 손에 되돌아온다. 과장 조금 보태 어떨 때는 검정 글씨보다 빨간 글씨가 많을 때도 있다. 이때 가장 많이 듣게 되는 코멘트는 'Point of view'가 명확하지 않다는 지적이다. 작성자가 누구인지, 무엇을 원하는지, 글을 쓰는 과정에서 흔들린다는 뜻이다.

닥터리병원을 운영하며 나도 같은 지적을 직원들에게 하기 시작했다. 글의 관점이 명확하지 않다는 이야기를 수도 없이 반복했다. 그러던 어느 날, 차라리 캐릭터를 만들어 담당자에게 제시하면 어떨까 하는 생각이 떠올랐다. 의욕 충만한 귀염둥이 진료실 막내, 환자의 감정 폭발에도 눈 하나 깜짝하지 않는 데스크 코디쌤, 언제나 친절한 A 원장님, 1년 365일 밝은 기운을 가진 B 원장님 등 캐릭터를 설정해 글 작성을 요구했다. 결과는 만족스러웠다. 블로그 운영 초보라면 글 작성자의 캐릭터를 먼저 설정해 보자. 자연스럽게 스토리텔링이 가능하고 환자가 읽기 편한 글을 만날 수 있다.

이제 글을 쓸 사전 준비가 완료됐다. 드디어 블로그 에디터를 켤 차례이다. 하지만 키보드에 손을 얹고 글을 쓰기 전 몇 단계가 더 남아 있다.

7단계는 링크로 사용할 기존 글 찾기다. 블로그 로직상 한번 우리 블로그 계정에 방문한 사용자가 오랜 시간 머물도록 유도하는 것이 블로그 지수를 높이고 최적화 블로그로 향하는 가장 올바른 길이다. 방문자를 우리 블로그에 오래 머물게 하는 가장 효과적인 방법은 링크를 사용하는 것이다. 방문 후 하나의 글이 아닌 3개, 5개 혹은 10개의 게시글을 읽도록 유도해야 한다. 그 방법은 간단하다. 과거에 작성한 글의 링크를 새 글에 삽입하는 것이다. 관련 없는 글이 아닌 작성하는 글의 주제와 연관 있는 기존 글을 찾아 링크로 활용하자. 나는 글을 쓰기 전에 미리 기존 글에서 링크로 사용할 게시글을 먼저 확인하는데 이렇게 해야 과도하게 중복된 글쓰기를 피할 수 있다. 이미 쓴 글을 다시 한 번 살펴보며 부족한 부분이 어디인지 확인할 수 있다.

8단계, 글의 아웃라인 잡기다. 에디터를 켜고 이제 제목을 입력한다. 다음으로 부제목을 작성한다. 글이 목적을 잃고 헤매는 일이 없도록 미리 골격을 잡는 것이다. 앞서 사용한 가글마취로 글을 썼다면 다음과 같이 작성한다.

N blog

사진	SNS 사진	동영상	스티커	66 ·	— ·	장소	링크	파일	일정	소스코드	표	수식

본문 ∨ 나눔고딕 ∨ 16 ∨ **B** *I* U <del>T</del> T. T ≡ ≡ ≡ ≡ · T¹ T₁ ❋ ∅ A̲a̲ 맞춤법

가글마취 안 아픈지 직접 테스트 해봤습니다

스케일링 전에 사용 하는 가글마취

가글마취를 잘 하지 않는 치과내부자들

가글마취 했을때와 안했을때

이외 스케일링을 덜아프게 하는 요소들

<가글마취 관련 블로그 글 제목과 부제목 예시>

내가 블로그에 작성한 글을 모두 세어 본 적이 있다. 직접 작성한 것이 대략 9,800개 정도다. 1만 개 가까운 글을 작성하고 깨달은 점은 블로그 글은 아웃라인으로 4개 이상 소제목이 들어가면 글이 산만해진다는 것이다. 물론 필력이 우수하고 긴 글을 흥미롭게 끌어갈 능력이 있다면 무시해도 된다. 하지만 병원 내부자는 블로그만 작성하지 않는다. 다른 업무와 병행하는 경우가 많은데 이런 업무 환경을 감안하면 4개 정도의 서브 타이틀이 글쓰기 가장 편하고 읽는 독자도 충분한 정보를 얻을 수 있다.

9단계, 이미지 삽입하기다. 이 부분은 개인 성향에 따라 아래 10단계 글쓰기와 순서가 바뀔 수도 있다. 하지만 나는 경험상 이미

지를 먼저 에디터에 넣어두는 것이 글을 작성할 때 주제를 벗어나지 않고 계획한 내용을 작성하는데 도움을 준다고 느꼈다. 소제목 아래 최소 1개 이상의 관련 이미지를 넣자.

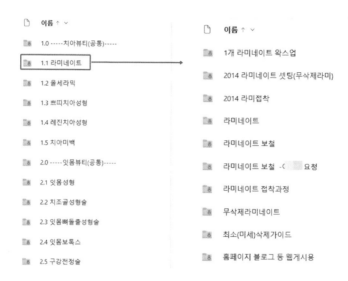

<평소 촬영한 사진 중 라미네이트를 정리해둔 폴더>

닥터리병원은 평소 다양한 사진을 촬영해 이미지를 카테고리별로 분류해서 보관한다. 직접 촬영한 이미지가 없다면 무료 이미지를 사용하거나 비용을 지불하고 구매할 수도 있다. 유료 서비스 선택 시 의료 관련 이미지를 다수 보유한 곳이 좋다.

사진은 되도록 촬영해서 쓰자. 강력하게 추천한다. 물론 환자를 진료하는 환경에서 사진 촬영이 쉬운 것은 아니다. 초반에 대단한 노력과 의지가 필요하다. 하지만 어느 정도 촬영 시스템이 갖춰

지면 업무가 수월해진다. 닥터리병원 마케팅 B 직원은 어느 날, 나에게 신이 나서 이런 이야기를 한 적이 있다. "이제 진료실에서 사진 찍을 만한 상황에 되면 스태프쌤들이 알아서 알려줘요. 그리고 진료 중 제가 촬영할 딱 그 시점에 원장님이 어떻게 아셨는지 2초 정도 멈춰주세요. 완전 편하고 사진도 안 흔들려요." 사진 촬영의 중요성을 병원 식구들에게 미리 인지시킨 노력의 결과였다.

10단계, 드디어 글쓰기다. 이미 제목이 정해졌고 소제목도 작성됐다. 필요한 이미지까지 모두 넣은 상태다. 당연히 백지의 공포는 스며들 틈이 없다. 이제 이미 정해진 구도에 맞춰 이 글을 읽을 환자의 모습을 끊임없이 떠올리며 작성하면 된다. 저자의 관점을 기억하고 빈칸을 채우면 의외로 글을 쓰기가 매우 쉽다는 것을 깨달을 것이다. 나는 이런 방법으로 닥터리치과 게시글을 하나 쓰는데 대략 20~30분 정도를 사용했다. 제목이 설정된 상태에서 이미지 붙이고, 소제목 작성하고, 글을 완료하는 데까지 드는 시간이다. 어찌 보면 블로그 글쓰기 중 가장 쉬운 단계이기도 하다.

11단계, 섬네일 만들기다. 글쓰기가 완료됐다면 이제 게시글을 인터넷에 올릴 시간이다. 이때 한 가지 더 심도 있게 고민할 것이 남아 있다. 바로 섬네일이다. 작성 글의 오른쪽에 뜨는 한 장의 이미지를 정해야 한다. 손가락 부상으로 정보를 검색한다고 가정해 보자. 검색창에 손가락 부상을 입력하니 다음과 같은 게시글이 나열된다. 어떤 글을 먼저 클릭할 것 같은가?

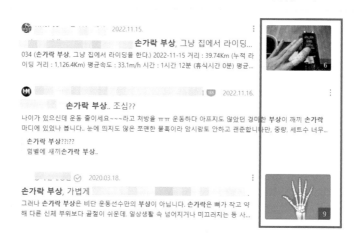

<**'손가락 부상' 검색 시 노출 화면. 게시글 오른쪽에 섬네일이
나온다.(출처 : 네이버 검색)>**

　　자연스럽게 사진이 먼저 눈에 들어오게 돼 있다. 이런 상황에
서는 아마도 첫 번째 글을 가장 먼저 클릭할 가능성이 높다. 순서
가 아래였어도 가능성은 높다. 섬네일에 손가락 부상을 입은 실제
사진이 노출돼 있고 나의 지금 상황과 가장 연관이 크기 때문이다.
상대적으로 두 번째 게시글에는 섬네일이 없다. 세 번째 게시글의
섬네일은 손을 다친 환자에게 강력하게 와닿는 그런 이미지는 아
니다.

　　그렇다면 '제목을 지을 때 섬네일을 만들 수도 있는데 왜 11단
계에서 하라고 하는 걸까?'라는 의문을 가질 수 있다. 검색 결과 상

황이 매일 바뀌기 때문이다. 섬네일은 환자가 우리글을 클릭하게 만드는 최강의 미끼다. 글이 게시되는 바로 그 시점에 상대적으로 다른 글이 사용한 섬네일보다 매력적으로 만들기 위해 나는 가장 마지막에 이미지를 만들어서 올린다. 여기서 중요한 것은 상대적이라는 것이다. 만일 상위 섬네일이 모두 다친 손을 보여준다면 이때는 차별화를 위해 다른 이미지를 만들어야 한다. 다음은 내가 메모장으로 사용하는 블로그에 작성한 글의 섬네일이다.

 ▓▓▓▓▓▓▓▓▓▓▓ 2019.05.05.

6개월 원형탈모 ▓▓▓▓▓▓▓▓
검은**머리**가 나고 있음 이 정도 되니 슬슬 욕심이 나더라고요. 아 좀 빨리 구멍이 없어졌음 좋겠다 **탈모** 치료 **과정**이 훨씬 빨리 마무리 되었으면 좋겠다... 아 참고로 ...

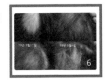

\<차별되는 섬네일을 만든 예시\>

'원형탈모'라는 키워드로 조회하니 전후 사진을 비교하는 이미지가 하나도 없어 과정을 보여주는 사진을 촬영해 섬네일을 만들었다. 평소 하루 100명이 방문을 할까 말까 한 일반 블로그인데 상당한 조회 수를 얻을 수 있었다. 섬네일을 만들 때는 상대적 강점을 반드시 생각해 마지막에 만들 것을 추천한다.

<눈에 띄는 섬네일로 얻은 조회 수 증가 효과

(출처 : 네이버 블로그)>

마지막 12단계는 최종 검수 후 포스팅 완료다. 마지막으로 발행 버튼을 누르기 전 점검한다. 당연히 오타 확인은 필수다. 내용에 문제가 없다면 드디어 발행 버튼을 누른다. 몇 가지 지정사항이 나온다. 내 블로그 카테고리 어디에 저장할 것인지와 주제를 정한다. 병원의 경우 건강·의학을 선택하면 된다. 공개 설정과 발행 설정을 정하고 태그도 원한다면 입력한다. 최종적으로 발행 버튼을 누른다.

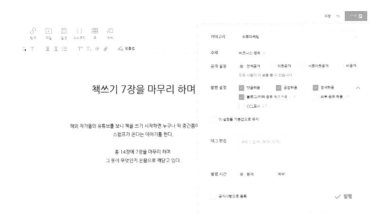

<게시글 작성 후 발행 단계(출처 : 네이버 블로그)>

놀랍게도 이렇게 확인 또 확인을 거쳐 글을 업로드해도 절대 보이지 않던 오타가 보인다. 네이버 로직상 수정을 하면 된다, 안 된다, 다양한 가설이 존재하지만 제목이 아닌 이상 수정이 필요한 문제가 발생했다면 수정하자.

3) 블로그 효과를 확인하는 3가지 방법

실제 모든 마케팅이 그렇듯 블로그 역시 콘텐츠를 만들어 내는 것보다 그 효과를 분석하는 과정이 성공에 더 큰 부분을 차지한다. 블로그 운영 2년 차가 되자 나는 어느 순간, 하루에 8개 정도의 마케팅 콘텐츠를 배출하고 있는 나를 발견했다. 시도해 보면 알겠지만 컴퓨터 앞에서 10시간 정도 물도 마시지 않고 키보드를 두들겨야 나올 수 있는 산출물이다. 효과가 있어서 이런 행동을 하기도 했지만 정확히 언제, 어떤 콘텐츠가 우리 병원에 환자를 끌어모으는지 모르는 상황이다 보니 불안증이 생긴 것이다. 혹시 내가 일을 멈추면 성장하던 닥터리병원 매출이 하락하는 것은 아닐까 겁이 나 손가락을 멈출 수가 없었다. 결과적으로 어느 날 보니 키보드에 구멍이 나 있었고 손가락 마디마디에 관절염이 오기 시작했다. 이 한심한 불안증을 멈출 수 있었던 것은 내가 매체기획팀 출신이라는 사실을 기억한 순간부터였다. 광고 효과를 분석하고 나아갈 방향을 좀 더 명확히 하자 밤잠이 편해지고 업무를 적정량으로 줄이고도 효과를 유지할 수 있었다.

마케팅을 할 때 병원의 목표는 결국 하나다. 마케팅을 하지 않고도 병원을 정상적으로 운영할 수 있는 상황을 만드는 것이다. 이것이 불가능하다면 가장 적은 비용으로 병원을 운영할 수 있도록 상황을 만들어야 한다. 내가 병원업계에 들어온 후 단 한 번도 시장은 호황인 적이 없다. 대기업도 불황에는 마케팅 비용부터 줄인다. 하물며 작은 병원은 당연히 마케팅 비용을 줄여 운영해야 한다. 이 당연한 경영 결정을 위해서는 평소 준비가 필요하다.

만일 블로그에 글을 작성했다면 무조건 매일 통계를 확인해야 한다. 엑셀을 쓸 줄 모른다고 해도 숫자를 보며 환자의 마음을 읽어내는 능력을 키울 수 있다. 중요한 마케팅 데이터 분석은 대행업체에 요청을 할 수 있지만 전달된 자료를 이해하고 우리 병원의 마케팅 방향을 설정하기 위해서는 그 숫자가 무슨 의미인지 이해하는 감각이 필요하다. 지금부터 그 감각을 키울 수 있는 가장 간단한 4가지 방법을 소개한다.

첫째, 블로그에서 확인할 수 있는 데이터를 체크하자. 예를 들어 작성한 글 목록에서 조회 수 차이를 살펴볼 수 있다.

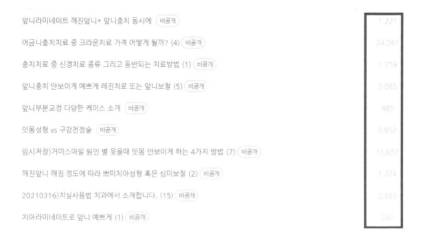

<**블로그 게시글 목록에서 조회 수 확인 화면**

(출처 : 네이버 블로그)>

우리 블로그에서 어떤 글이 검색량이 많은 지 알면 그 주제로 추가 글을 작성할 수 있다. 나는 이미 작성한 글에 새로운 글을 쓰고 링크를 남기기도 한다. 다수의 글이 시너지를 일으키는 모습을 목격할 수 있다. 효과가 나지 않는 즉, 검색량이 미미한 글은 원인이 무엇인지 잠시 멈추고 고민해 볼 필요가 있다. 만일 대행사를 사용 중이라면 그들의 해석에 기대지 말고 스스로 글을 다시 읽어보고 포털에서의 노출 위치나 다른 경쟁자와 어떤 점이 다른 지 확인해 보기 바란다. 우리 병원이 나아가야 할 방향을 이 과정에서 찾을 수 있다.

조회 수보다 조금 더 상세한 정보도 블로그 통계 페이지에서 확인해 보자. 통계 중 특히 유입 경로와 상세 유입 경로에 관심을 가져야 한다. 우리글을 어디서 보고 있는지, 어떤 검색 키워드로 유입되는지 살펴보자. 지금 상황을 알아야 다음 작전을 세울 수 있다. 예를 들어, 풍치 치료에 대한 조회 수가 높다면 이와 관련된 치주 질환 스케일링으로 우리 병원을 우수하게 포지셔닝 할 수 있는 시리즈 게시물을 기획하는 것이 유리하다. 지금 노출된 글의 후광을 이용해 적은 에너지로 환자 유입을 높일 수 있다.

유입경로		상세 유입경로	
네이버 도 없는검색_모바일	66.42%	아말감 레진	2.47%
네이버 통합검색_PC	8.36%	풍치 치료	2.30%
네이버 뷰검색_모바일	8.22%	앞니 충치	2.11%
네이버 블로그_모바일	6.71%	임플란트기간	2.02%
다음 통합검색_모바일	4.19%	스케일링 시간	2.00%
네이버 이미지검색_모바일	1.60%	스켈링	1.68%
네이버 블로그_PC	1.42%	잠잘때 이갈이	1.43%
네이버 뷰검색_PC	1.13%	토끼이빨 교정	1.18%
다음 통합검색_PC	0.79%	스케일링 마취	1.09%
Google	0.37%	아말감 교체	1.08%
Nate 검색_모바일	0.22%	스케일링 통증	0.94%
네이버 이미지검색_PC	0.16%	임플란트	0.90%
네이버 메인_PC	0.06%	치석제거	0.86%
네이버 원문서검색_모바일	0.05%	이갈이 마우스피스	0.85%
다음 블로그검색_모바일	0.05%	충치 크라운	0.85%
네이버 블로그검색_모바일	0.05%	잇몸 색깔	0.84%

<블로그 통계에서 유입 경로 확인 화면(출처 : 네이버 블로그)>

둘째, 육감을 이용한 분석이다. 데이터를 데이터로만 바라본다면 주인의식이 부족한 것이다. 나는 이런 통계 페이지를 블로그뿐 아니라 홈페이지나 다른 채널에서도 자주 확인한다. 실제 내원하

는 환자가 상담이나 진료 중 쓰는 언어와 잘 매칭되고 있는지 확인하기 위해서다. 만일 노출된 단어를 환자가 내원해서 전혀 쓰지 않는다면 노출은 돼도 효과가 없는 글일 수 있다. 이런 효과 측정은 광고대행사가 해줄 수 없다. 그들은 병원 상주 인력이 아니기 때문이다. 현재 온라인에 노출되고 있는 우리 키워드 목록을 기억하고 현장에서 그 효과를 온몸으로 그리고 귀로 검증해야 한다. 놀랍게도 이런 육감은 대표라면 자연스럽게 가지고 있다는 것을 해 보면 알게 될 것이다.

셋째, 신환의 내원 이유를 살피자. 나는 신환 보고서에 작성된 CC(Chief Complain)를 거의 매일 확인했다. 새로운 단어가 발견되는지도 관심을 가지지만 CC를 카테고리로 분류해 내원하는 환자가 우리 병원을 찾는 이유와 내가 운영하고 있는 마케팅 방향이 매칭하는지 유심히 관찰했다. 만일 임플란트 관련 글을 충분히 작성했는데 신환 보고서에 임플란트 CC가 없다면 전략에 변화가 필요한 것이다. 단, 광고 효과가 나타날 때는 항시 지연(Lag)이 존재한다. 나는 닥터리병원에서는 짧게는 1개월에서 길게는 3개월까지 효과의 지연이 발생하는 것을 목격했다. 병원 상황과 마케팅 방법에 따라 기간은 다를 수 있으니 우리 병원만의 지연 기간이 어느 정도인지를 알아내기 위해 관심을 가져야 한다.

마지막으로 매출과 연계해 블로그 효과를 분석해 보자. 만일 병원 내부에서 직접 글을 작성한다면 나에게 있었던 한심한 상황이 발생할 가능성이 있다. 바로 병원 매출에 도움이 되지 않는 콘텐츠를 작성하는 것이다. 닥터리병원 마케팅을 시작한 지 얼마 되지 않은 시점에 진료실에서 닥터리가 직원들에게 신경치료에 대해 설명하는 모습을 본 적이 있다. 신경치료 시에는 필히 러버댐(Rubber dam)을 사용할 것이며 시간을 충분히 확보해 줘야 하며 진료 어시스트는 이렇게 저렇게 해줄 것을 요구하는 광경이었다. 아직 우리나라 보험 의료 수가 시스템에 대한 이해가 부족하던 나는 신경치료가 매우 중요한 진료라고 생각했다. 그리고 의도치 않게 신경치료와 관련된 글을 대량 생산하는 사고를 범하고 말았다. 병원에는 신경치료 환자가 넘쳤고 저수가 진료가 늘어나자 매출은 급감했다. 이 이야기를 하는 이유는 마케팅이 효과를 발휘하기 시작하면 그때부터는 매출과 연결해 블로그 글의 효과를 분석할 필요가 있기 때문이다. 혹 병원을 가난하게 만드는 마케팅을 하고 있다면 즉각 중단하고 방향을 틀어야 한다.

나의 목적은 원장님의 노동 강도를 높여 돈을 버는 것이 아니었다. 최대한 고생을 덜하게 도우며 수익을 창출하고 싶었다. 이런 관심과 분석은 내부에서 스스로 해야 한다. 꾸준히 마케팅 효과와 그 결과를 분석해 방향을 변경하다 보면 적절한 전략이 눈에 보이기 시작한다.

제8장

환자를 끌어오는 지도
: 네이버
스마트플레이스

01

지도, 그 이상의
온라인 마케팅 솔루션

병원에 입사한지 5년 정도 되었을 때 제조업 사장님 모임에서 들은 말이 기억난다. 네이버 스마트스토어가 본격화되면서 온라인 쇼핑몰을 운영하는 업체들에게 엄청난 지각변동이 일어날 거라는 이야기였다. 스마트스토어가 온라인 쇼핑몰 운영 업체의 생존 여부를 가르는 기준이 될 것으로 예상하는 사장님들을 보며 대단한 물건이 나왔다고 느꼈다. 나는 "저희는 제조가 아니라 관계가 없네요."라고 이야기를 했다. 이후 주변에서 스마트스토어로 돈을 벌었다는 분들을 적지 않게 만났다.

스마트플레이스가 뒤를 이어 세상에 나왔다. 이제 병원을 운영하는 우리와 관계 있는 물건이 출시된 것이다. 두 서비스의 앞에 '스마트'라는 공통된 브랜드명을 쓴다는 것으로 네이버의 의중을

읽을 수 있다. 오프라인 매장을 위한 비즈니스 툴을 본격 출시한
것이다.

새로운 플레이스를 경험하세요!
우리 매장의 온라인 첫 인상, 플레이스
더욱 정교한 관리로 매장 경쟁력을 높이세요
매장 신규등록 · 관리권한받기(주인변경) · 앱다운로드

매장운영도구   온라인교육   고객센터

<‘스마트플레이스’ 네이버 검색 시 노출 화면

(출처 : 네이버 검색)>

1) 매장 사업자를 위한 네이버 비즈니스 도구

과거에는 ‘네이버 지도’라는 명칭으로 업체 위치 등 간단한 정
보를 사용자에게 제공하는 단순한 기능이었지만 스마트플레이스
는 그보다 개념이 확장됐다. 가장 큰 특징은 지역 사업자가 직접
네이버 통합검색과 지도에 사업장 정보를 등록하고 관리할 수 있
는 비즈니스 도구라는 점이다. PC뿐 아니라 스마트폰으로 사업자
가 언제든 관리할 수 있도록 앱 서비스가 출시됐다.

스마트플레이스에서는 지역 사업자가 직접 주소와 전화번호뿐 아니라 다양한 정보를 제공할 수 있다. 영업시간, 휴무 여부에서 진료 수가나 진료과목명과 과목별 전공의 수도 표기 가능하다. 이외 홈페이지와 다양한 SNS를 연동해 소비자에게 우리 병원을 어필할 수도 있다.

2) 병원과 찰떡궁합! 스마트플레이스의 4가지 장점

병원 입장에서 스마트플레이스는 크게 4가지 주요 장점을 가진다. 첫째, 지역 기반으로 운영된다는 점이다. 다시 말해, 같은 지역에서 검색하는 사용자에게 우리 병원이 노출될 가능성이 높다는 것이다. 과거에는 '내과'라는 단어를 강남역에서 검색하면 지도에 부산에 위치한 내과가 보이기도 했지만 지금은 내가 위치한 주변의 내과 목록이 검색 결과에 제공된다.

둘째, 영수증 리뷰로 병원 신뢰도를 높일 수 있다. 스마트플레이스는 병원이 스스로 정보를 입력하는 공간이기도 하지만 추가적으로 환자도 정보를 올릴 수 있다. 특히 영수증 리뷰는 내원해 결제한 환자만 쓸 수 있다. 후기에 대한 불신을 제거하는 요소다. 환자 입장에서는 진짜 리뷰를 손쉽게 확인할 수 있다는 장점이 핵심이다.

셋째, 예약과 톡톡 같은 환자소통 창구가 스마트플레이스에 연동된다. 단순히 환자에게 일방향 정보를 전달하는 것에 그치는 것이 아니라 환자와 병원이 네이버톡톡을 활용해 상담할 수 있고 예약 버튼으로 환자 DB를 수집하거나 바로 예약을 진행할 수도 있다. 환자의 저니 맵(Journey Map)관점에서 볼 때 검색으로 특정 병원을 알게 되는 인지과정에서 시작해 정보 습득을 통해 호감과 관심을 보이는 단계를 지나 소통 후 내원하는 전 과정에 관여할 수 있다. 뿐만 아니라 내원 후 영수증 리뷰까지 올릴 수 있는 상당히 통합적인 마케팅 솔루션이다.

마지막으로 내가 가장 마음에 드는 부분은 바로 직접적으로 마케팅을 할 수 있는 무료 도구라는 점이다. 기존에 블로그, 지식in, 카페 등은 존재 주목적이 업체의 마케팅이 아니다. 블로그는 사용자가 자신의 이야기를 세상과 나누는 창구다. 지식in은 사용자가 궁금증을 문의하는 곳이다. 카페는 그나마 영업이 가능하지만 역시 온라인에 커뮤니티를 제공하는 것이 주요 목표다. 따라서 콘텐츠 제작과 운영에 있어 이 같은 채널에서 장사를 하고자 하는 성향이 두드러지면 저품질 같은 제재를 받는다.

하지만 스마트플레이스는 다르다. 업체가 충분히 자신을 알리고 성장할 수 있도록 돕는 도구다. 우리 병원 장점을 충분히 알리고 실제 환자가 병원에 내원하도록 유도하는 핵심 도구 역할을 한다. 만일 내가 지금 닥터리병원 마케팅을 담당하고 있다면 아마도 전체 마케팅 활동에 투여하는 에너지 중 30%를 스마트플레이스에 집중할 것이다. 만일 전국을 대상으로 하는 병원의 마케팅을 기획한다면 그 비중을 40%까지 늘릴 것이다. '한번 세팅하면 되는 거 아닌가?'라고 생각할 수도 있지만 스마트플레이스에 연동된 홈페이지, 블로그, 톡톡이나 예약 기능 등을 통합해 효과적인 마케팅을 진행하기 위해서는 꾸준한 관심과 노력이 필요하다.

코로나19 팬데믹 이후 의료시장에 다수의 O2O 서비스가 출시되고 안정화돼 가고 있다. 영수증 리뷰를 하는 '모두닥'이나 예약을 돕는 '똑닥' 등 다양한 비대면 서비스가 출시되고 성장세를 보이고 있다. 의료 플랫폼이 아닌 당근마켓을 통해 환자 내원이 이뤄지기도 한다. 이런 성장 시장을 우리나라 1등 플랫폼이 놓칠 리가 없다. 어떤 방법으로 진행할까 궁금했는데 네이버 스마트플레이스가 그 역할을 톡톡히 하는 것으로 보인다.

스마트플레이스는 지도라는 튼튼한 기반 위에 기존에 네이버에서 출시된 다양한 커뮤니케이션 서비스가 연동돼 있다. 사업자는 관리자 페이지에서 다양한 기능을 쉽게 마케팅에 이용할 수 있다. 이 같은 기능을 사업자가 충분히 활용할 수 있도록 온라인 교육도 제공한다. 맛집 등에는 이벤트와 쿠폰 기능이 출시됐다. 다양한 사업자를 위한 서비스가 추가 출시 중이다. 한마디로 장사 한번 제대로 해보라고 판을 깔아주고 있다. 단순히 병원 위치를 알리는 지도나 전화번호부 정도의 기능으로 바라본다면 손해일 수 있다. 전략적으로 스마트플레이스 하나만 잘 관리해도 사업에 큰 성장을 꾀할 수 있다. 네이버에서 비용을 투자하는 핵심 서비스에 편승해 가자.

02

스마트플레이스
해부하기

평범한 일반 대한민국 국민이라면 맛집을 찾기 위해 네이버에서 지도 검색을 사용해 봤을 것이다. 자연스럽게 물 흐르듯 '서래마을 맛집', '강남역 브런치' 등의 키워드를 입력하고 결과에서 원하는 식당을 찾아봤을 것이다. 위치나 원하는 메뉴, 가격 등을 조합해 검색하고 식당 특징과 메뉴를 확인하고 비교해 방문 여부를 결정한다. 스마트플레이스 성공을 위해서는 이런 행동 패턴을 객관적으로 바라보고 특정 가게의 어떤 점이 고객 시선을 사로잡고 매장으로 이끄는지 살펴봐야 한다.

지금 잠시 책 읽기를 멈추고 주변 병원의 스마트플레이스를 살펴보기 바란다. 특히 PC와 모바일을 각각 살펴보자. 검색하는 환자의 상황이 다를 수 있다. 이를 반영해 PC 검색 결과에선 지도와 주변 정보를 제외하고 정보를 제공한다. 내가 환자라면 어떤 기기를 사용해 검색을 할지, 그리고 검색 결과를 보고 어떤 곳에 내원을 하고 싶은지, 이유는 무엇인지 고민해 보자. 객관성을 유지하기 힘들다면 조만간 내원해야 할 진료과목을 고르고 직접 검색해 보는 것도 방법이다. 나는 새로운 마케팅 도구가 나오면 가장 익숙하지 않은 진료과목을 선택해 직접 검색해 본다. 특정 진료과목, 예를 들어 '손가락 부상'이라는 단어를 검색창에 치고 환자 시각에서 정보 습득에 어떤 한계가 있는지, 어떤 병원이 환자 입장에서 신뢰할 수 있고 이해하기 좋은 정보를 제공하는지 확인하며 나의 반응과 행동 패턴을 스스로 유심히 살핀다.

대략 어떤 병원의 스마트플레이스 구성이 사용자 입장에서 매력적인지, 감각적으로 살펴봤다면 이제부터 사업자로서 스마트플레이스의 구성요소를 정확히 이해하고 활용해 볼 시간이다. 실제 업종에 따라 다양한 기능을 제공하지만 병원에서 중점적으로 활용할 수 있는 기능을 하나씩 살펴보자.

1) 병원을 위한 스마트플레이스 기능

우리 병원에 내원할 가능성이 높은 환자가 네이버 검색창에 키워드를 입력한다. 첫 검색 결과에는 여러 주변 병원 정보가 섬네일 형태로 나열된다. 우리는 이 시점부터 상대적 매력을 발산해야 한다. 병원명을 포함해서 4~6줄의 정보가 검색 결과창에 노출된다. 노출되는 정보는 병원명, 예약, 톡톡 사용 여부, 진료시간, 동까지 표기되는 주소, 전문의, 방문자 리뷰와 영수증 리뷰 수, 섬네일이다. 비용을 지불하고 광고를 집행하면 병원명 아래 한 줄의 광고 문구 삽입이 가능하다.

<'강남역 성형외과' 검색 시 스마트플레이스 검색 노출 화면(출처 : 네이버 검색)>

사용자에게 전달되는 내용을 자세히 살펴보면 크게 두 가지로 나눠 생각해 볼 수 있다. 사실을 전달하는 정보와 차이를 만들 수 있는 정보다. 병원명, 주소, 진료시간은 사실을 전달하는 정보다. 다른 업체와 차이를 만드는 요소는 예약, 톡톡, 블로그 리뷰, 방문

자 리뷰, 전문의와 의사 숫자 표기, 섬네일이 있다.

병원명, 주소, 진료시간은 변할 수 없는 사실을 제공하는 목록이니 누락이나 오타가 없도록 정확히 기재하면 된다. 이외 차이를 만드는 요소를 최대한 우리 병원에 유리하게 활용할 필요가 있다. 예를 들어, 방문자 리뷰와 블로그 리뷰 숫자는 이 병원이 유명하고 인기 있는 곳이라는 인상을 환자에게 줄 수 있다. 되도록 숫자를 채우자. 우리 병원과 관계 좋은 환자에게 정중히 부탁하면 후기를 작성해 줄 가능성이 높다. 후기란이 비어 있으면 작성을 꺼린다는 인간의 사회적 특징을 감안해 관계가 좋은 환자에게 도움을 청하는 것이 바람직하다. 다양한 어뷰징 방법이 빠른 길로 보일 수 있지만 되도록 정도를 걷자. 네이버는 실은 우리의 모든 '수작'을 알고 있다. 병원의 주인으로서 병원을 지속 경영하려면 멀리 보고 천천히 움직일 필요가 있다. 중요한 것은 속도가 아닌 방향이다.

예약과 톡톡 기능을 사용하면 초록색 아이콘이 활성화돼 눈에 띈다. 이는 환자가 우리 병원에 연락할 가능성과 예약 버튼을 이용해 DB를 남길 가능성을 높인다. 따라서 병원 내부에서 예약과 톡톡 기능을 활용할 여지가 있다면 안 쓸 이유가 없다. 단, 기능은 켜두고 톡톡 문의에 답변을 할 인원이 없거나 예약 버튼을 누르면 자동으로 예약이 완료된다고 생각하는 환자와의 커뮤니케이션에 문제가 있다면 오히려 사용하지 않는 것이 더 적합할 수 있다. 추가적으로 보통 포털 알고리즘은 제공하는 기능을 많이 사용하면 할수록 유리한 방향으로 흐르는 경향이 있다. 환자와 소통하고 검색 상위 노출에도 유리할 수 있으니 금상첨화다.

검색 결과에서 우리 병원과 주변 경쟁자를 가장 차별화할 수 있는 요소는 아무래도 섬네일이다. 시각적으로 강한 인상을 남기기에 적극 활용해야 한다. 단, 우리 병원 브랜드 정체성과 부합하고 경쟁 병원 대비 매력적으로 어필할 수 있는 이미지를 선별해서 쓰자. 자세히 보지 않고 스쳐 지나가도 우리 병원의 매력이 두드러질 수 있는 방법을 고민해야 한다. 2장에서 살펴본 우리 병원의 브랜드 콘셉트를 표출하는 이미지를 선정하자.

며칠 전 호기심에 현재 내 사무실이 위치한 지역의 치과를 PC에서 검색해 봤다. 지역 특성상 마케팅이 활발한 곳은 아니다. 스케일링을 받으러 내원할까 고민하던 곳의 섬네일을 보고 눈물이 나올 것 같았다. 당장 들어가 원장님께 스마트플레이스 기본 세팅 좀 바꾸면 안 되냐고 물어보고 싶었다.

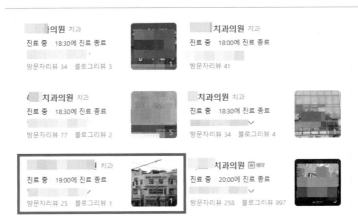

<사무실 주변 '치과' 검색 시 스마트플레이스에 노출된 매력 없는 섬네일들(출처 : 네이버 검색)>

출근길 매일보는 광경이 섬네일에 있었다. 상당한 노후 건물로 간판 정비가 되지 않았고 건물 바로 위에 위치한 고시텔 간판도 그다지 깔끔해 보이지 않는다. 여기에 복잡하게 꼬여 있는 전신줄과 빨간 신호등까지 더해져 섬네일로 걸려있었다. 치과 하면 깔끔하고 소독 잘 된 인상을 줘야 하는데 안타깝게 반대 느낌이 들었다. 물론 건물 사진을 쓰는 게 무조건 나쁘다는 것은 아니다. 중심가에 멋진 건물이라면 건물 자체도 긍정적인 이미지를 부각시키는 시각적 도구가 될 수 있다. 하지만 건물 자체가 장점이 아니라면 섬네일로 강조할 필요는 없다.

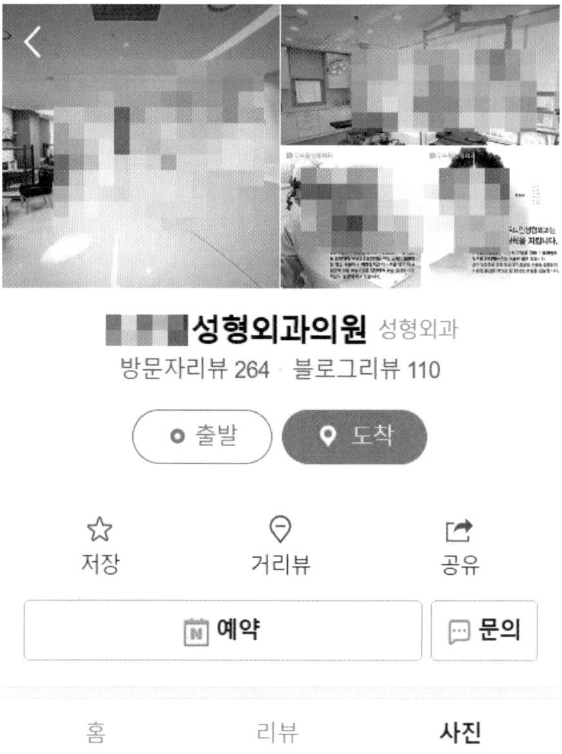
성형외과의원 성형외과
방문자리뷰 264 · 블로그리뷰 110
출발
도착
저장
거리뷰
공유
예약
문의
홈
리뷰
사진

<스마트플레이스에서 특정 병원 선택 시 노출 화면

(출처 : 네이버 스마트플레이스)>

PC나 모바일에서 환자가 특정 병원명을 클릭하면 그 병원의 상세 정보가 모여 있는 페이지가 열린다. 가장 상단에 섬네일에 사용한 이미지와 병원에서 추가한 이미지가 함께 노출된다. 이미지는 1장 혹은 여러 장을 업로드할 수 있고 이 창에서는 섬네일이 왼쪽 화면의 반을 차지하고 반대편에 최대 4개 이미지가 노출된다.

만일 더 많은 이미지를 업로드했다면 더 보기 버튼으로 볼 수 있다.

여기서 보이는 섬네일 이미지들은 환자가 시각적 힌트를 얻는 곳이다. 하나의 콘셉트로 주제를 선정하고 일관된 이미지를 업로드하자. 언뜻 봤을 때 일관된 이미지를 남겨야 기억에 남는다. 우리 병원 장점이라고 통일감 없이 사진을 나열하면 보는 사람의 입장에서는 산만하게 느낄 수 있다. 보통 병원 내부 인테리어나 원장님 프로필, 모델 사진을 활용하기도 한다.

2) 우리 병원 스마트플레이스 운영하기

모바일 버전에는 업체 정보창 중간쯤에 5개의 카테고리 버튼이 있다. 홈, 리뷰, 사진, 지도, 주변 탭이다. PC버전에는 사용자 활용성을 고려해 지도와 주변 탭이 없다. 네이버 스마트플레이스 관리는 결국 이중 주변 탭을 제외한 앞의 4개 탭을 최적으로 사용하는 것이다.

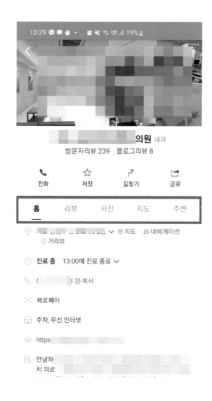

<모바일 버전 병원 스마트플레이스 화면 5개 메뉴

(출처 : 네이버 스마트플레이스)>

첫 번째로 홈 화면을 살펴보자. 우리가 운영하는 작은 '미니홈
피' 정도로 이해하면 된다. 가장 기본적인 매장 위치와 방문 가능
시간을 알려주는 정보가 맨 위에 노출된다. 홈 화면 정보에서 병원
이 놓치지 말아야 할 부분은 진료시간에 대한 올바른 표기다. '진
료 중'이라고 표기되면 환자는 그 정보를 믿고 병원을 찾을 가능성
이 높다.

얼마 전, 나는 주변 한의원에서 추나 진료를 받고자 스마트플레이스를 검색했다. 오후 1시 10분경이었는데 스마트플레이스에 '진료 중'으로 표기돼 있었다. 예약을 위해 전화를 걸었다. 점잖은 남성분이 전화를 받아 좀 놀랐는데 내원해 보니 원장님이었다. 점심시간이 진료 중으로 표기돼 있었던 것이다. 나는 다행히 전화로 진료시간을 확인하고 내원했지만 만일 확인하지 않고 환자가 내원했다면 불필요한 컴플레인 원인이 될 수 있다.

홈 화면 상단은 결국 주소, 오시는 길, 진료 시간, 전화번호 같은 사실을 있는 그대로 정확히 전달하는 것이 중요하다. 홈 화면 아래쪽은 상대적으로 차별화를 꾀할 수 있는 정보 입력이 가능하다. 비보험 수가표, 홈페이지와 각종 SNS 채널 연결, 부가서비스 선택, 우리 병원과 관련된 태그 입력, 진료과목과 전문의 여부 등을 선택해 우리 병원만의 강점을 어필할 수 있다.

업체 정보에는 가격 정보 입력란이 있다. 수가를 이미지 한 장으로 업로드할 수도 있고 각 진료비를 항목별로 올릴 수도 있다. 전체 수가를 모두 올리지 않고 가격 경쟁력이 있는 일부 진료비만 업로드할 수도 있다. 물론 비보험 수가표의 노출 여부는 전적으로 병원의 전체적인 마케팅 전략 방향에 따라 결정할 부분이다. 단지 네이버에서 기능을 제공하고 있고 이 기능을 사용한다면 상위 노출에 유리하며 환자 입장에서 보기 편하게 느낄 수 있다는 점을 감안한 후 전략적 선택을 하면 된다.

보유한 홈페이지나 SNS 채널이 있다면 당연히 링크를 입력하는 것이 좋다. 이외 스마트플레이스 홈 화면에서는 우리 병원이 제공하는 부가 정보를 표기하는 기능이 있다. 주차, 발레파킹, 제로페이 사용 여부 등 사용자가 궁금해하는 부가 기능을 관리자 페이지에서 선택해 표시할 수 있다. 없는 이야기를 꾸밀 필요는 없지만 있는 장점을 사용자에게 제대로 전달하지 않는 것은 직무유기다. 장점이 될 수 있는 부가 정보는 모두 선택하자.

<스마트플레이스 관리자 페이지 부가 기능 선택 화면
(출처 : 네이버 스마트플레이스)>

아마도 네이버의 의도로 보인다. 홈 화면 맨 아래로 내려가면 드디어 병원이 자랑거리를 늘어놓을 수 있는 작은 공간이 나타난다. 바로 태그 입력과 상세 정보란이다. 태그는 최대 5개까지 선택할 수 있다. 우리 병원의 주력 키워드를 사용하자. 되도록 환자가 5개 키워드를 종합해서 우리 병원이 어떤 곳인지 파악할 수 있는 세트로 구성해야 한다.

상세 정보란은 말 그대로 병원이 환자에게 하고 싶은 이야기를 모두 할 수 있도록 제공된 스마트플레이스 내 유일한 공간이다. 병원의 철학, 장단점, 우리 병원만의 가치를 충분히 반영해 작성하자. 되도록 이때는 3C 분석 즉, 경쟁자, 우리 병원, 그리고 환자 이렇게 3가지 관점에서 고민해 내용을 작성해야 한다.

스마트플레이스를 관리함에 있어 홈 화면에 우리 병원 장점과 특징을 부각해 채우는 것은 무엇보다 중요한 업무다. 환자가 홈 화면을 어떤 시각으로 보게 될지 끊임없이 고민하며 지리적으로 우리 병원의 옆, 앞, 뒤에 위치한 경쟁 병원과 다른 우리만의 강점을 어필하도록 노력해 보자.

스마트플레이스 업체 정보창에는 홈 화면 메뉴 이외 리뷰와 사진 그리고 지도 메뉴가 함께 존재한다. 주변 메뉴는 병원이 직접 관리할 대상이 아니니 제외한다. 리뷰 메뉴는 방문자 리뷰(영수증 인증 후기)와 블로그 리뷰로 구성돼 있다.

홈　　**리뷰**　　사진　　지도　　주변

 **방문자 리뷰**　　　　블로그리뷰

네이버 예약, 주문, 영수증으로
방문 인증한 후기입니다.　　　　✏ 나도 참여

<스마트플레이스 리뷰 화면(출처 : 네이버 스마트플레이스)>

　방문자 리뷰 즉, 영수증 인증 리뷰는 고객이 작성할 경우 되도록 병원 내부에서 성심껏 답변할 필요가 있다. 실제 상담을 진행했던 담당자라면 리뷰 내용을 보고 어떤 환자 후기인지 파악이 가능한 만큼 가장 적절한 답변을 할 수 있다. 조금 귀찮게 느껴질 수 있지만 블로그 작성 등에 비하면 최소한의 노력으로 최대 효과를 볼수 있다.

　방문자 리뷰 이외에 블로그 리뷰 역시 별도 메뉴에서 제공된다. 직접 운영하는 블로그 내용이 보이기도 하고 내원한 환자가 작성한 글이 보일 수도 있다. 업로드되는 게시글을 100% 컨트롤할수 없는 만큼 원치 않는 후기 여부를 확인하고 관리할 필요가 있다.

홈　　　리뷰　　　**사진**　　　지도　　　주변

 업체사진　　 방문자사진

<스마트플레이스 사진 화면(출처 : 네이버 스마트플레이스)>

사진의 경우 업체 사진과 방문자 사진으로 분류된다. 업체 사진은 우리가 섬네일 노출을 위해 선별해 업로드한 이미지가 보이고, 방문자 사진은 영수증 리뷰와 함께 환자가 업로드한 이미지가 노출된다. 만일 지인에게 후기를 부탁할 때는 우리 병원에 유리한 이미지를 함께 업로드해 줄 것을 요청하자.

지도에는 병원 위치에 대해 우리가 직접 작성한 상세 설명이 표기된다. 우리 병원 위치를 제대로 설명하고 있는지 관리하자. 만일 지도를 보고도 위치를 문의하는 전화가 자주 온다면 설명을 고치는 것이 바람직하다.

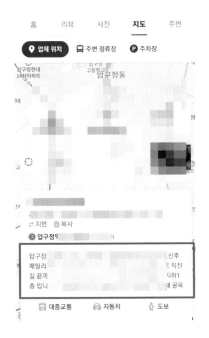

<스마트플레이스 지도 내 병원 위치 설명 화면

(출처 : 네이버 스마트플레이스)>

3) 네이버 비즈니스 스쿨 활용법

　모바일 스마트플레이스 홈 화면 가장 아래에는 지식in과 Q&A 가 함께 보인다. 만일 우리 병원이 지식in 활동을 하고 있다면 이곳에 노출된다. 과거에는 없던 추가 노출이다. 또, 운영하고 있는 블로그를 연결해 홈 화면에 노출시킬 수도 있다. 내가 1년간 지켜본 결과 네이버는 사용자가 원할 만한 다양한 기능을 추가하고 불필요한 정보를 삭제하는 과정을 거치고 있다. 스마트플레이스는 고정된 것이 아니라 자라는 청소년과 같이 내일 다른 모습일 수 있다는 점을 감안하고 관심을 가지고 지켜봐야 한다.

만일 어떤 변화가 일어나는지 파악이 어렵다고 해도 걱정할 필요가 없다. 스마트플레이스 관리자 센터는 지극히 친절하다. 관리자 페이지에 로그인하고 공지사항을 한 번씩 확인해 보면 된다. 만일 공지를 이해하기 어렵다고 해도 걱정 없다. 광고주를 위해 제공되는 네이버의 스마트플레이스 온라인 교육을 참고하면 된다. 네이버 비즈니스 스쿨은 매장을 운영하는 사업자를 위해 만든 공간이다. 적극 사용해 병원의 빠른 성장을 도모해 보자.

<네이버 비즈니스 스쿨의 스마트플레이스 강의
(출처 : 네이버 비즈니스 스쿨)>

스마트플레이스의 중요도는 시간이 지나면 더 높아질 것으로 예상된다. 그리고 다양한 기능이 서서히 추가될 것으로 보인다. 이미 음식점과 미용실 업종에는 아직 병원에 적용되지 않은 추가 기능이 여럿 있다. 병원의 장기적인 존속을 고려해 스마트플레이스를 운영하기 바란다. 새로운 변화와 전략 방향을 수립할 때 답이 보이지 않는다면 고객센터와 스마트플레이스 활용법 페이지를 방문해 자세히 살펴보면 된다. 되도록 행간의 의미를 잘 고민해 분석하면 현재 시점에서 가장 올바른 방향이 보일 것이다.

03

우리 병원 스마트플레이스
상위 노출시키는
3가지 방법

    스마트플레이스를 운영하기 시작하면 유혹에 빠질 수밖에 없다. 이왕 노력할 거 우리 병원을 검색 상위에 노출시키고 싶다. 아무래도 검색 결과 첫 페이지에 있어야 환자가 클릭할 가능성을 높으니 당연한 욕구다.

    왜 모르겠는가. 나 역시 그 유혹에 빠진 적이 있었다. 수년 전 아직은 '네이버 지도'라는 이름으로 불리던 시절이었다. 지도상에 닥터리치과를 첫 페이지에 노출시키고자 하는 마음에 프로그램을 사용했다. 그리고 네이버에서 협박 문자를 받았다. 그때만해도 참으로 친절하던 그분께서는 그만하라는 긴 메시지를 나의 핸드폰으로 보내주셨다. 당시 온라인 마케팅 초보였던지라 네이버가 나의 행동을 어디까지 알고 있는지 전혀 가늠하지 못했다. 지금 생각하면 저 한통의 문자는 내가 가장 감사하게 여겨야 할 경고였다.

안타깝지만 최근에 이런 문자를 받았다는 업체를 만나본 적이 없다. 어뷰징은 경고 없이 하루아침에 일명 '저품질'이라는 형태로 단죄되고 있다. 스마트플레이스에서는 리뷰 작성 제재를 받았다는 이야기가 들려온다. 스마트플레이스 저품질, 생각만 해도 가슴이 철렁 내려앉고 저승사자를 만나는 느낌이다. 지식in, 블로그, 카페 저품질은 앞에서 설명했듯이 초기화하거나 새로운 아이디로 다시 시작하는 방식으로 문제를 해결할 수 있었지만 스마트플레이스는 새로운 아이디로 대체가 어려울 것으로 보인다. 스마트스토어를 운영하는 사업장은 폐업하고 사업자등록증을 다시 냈다는 이야기가 떠돈다. 병원은 이런 방식이 불가능할 것이다.

그렇다면 스마트플레이스 상위 노출을 포기해야 할까? 그렇지는 않다. 기본에 충실한 정석 방식으로 공략하라고 말하고 싶다. 최근 다양한 AI 기능이 네이버 검색 결과에 반영되고 있다. 안 그래도 업체의 모든 '꼼수'를 알고 있었는데 이제는 방대한 빅데이터를 기반으로 AI 기능까지 하나씩 접목하고 있다. 하지만 이것은 분명 나쁜 소식이 아니다. 오히려 정석으로 꾸준히 지속 경영을 꾀하는 병원에는 유리할 수 있다. 이런 새로운 기능은 오직 고객, 소비자, 그리고 환자가 진정 원하는 정보를 더 정확하게 전달하는 도구이기 때문이다. 결국 마케팅을 하는 우리 입장에서는 조금 더 확실하게 고객 즉, 환자가 원하는 것이 무엇인지에 집중하면 자연스럽게 상위 노출이 보장될 가능성이 높아진다.

지금부터 장기적으로 바르게 우리 병원 상위 노출을 위한 방법

3가지를 소개하겠다. 사실 이 힌트는 스마트플레이스 사업주 고객센터에서 업체 검색 노출 메뉴에 적혀 있다.

업체 플레이스 순위 정렬 기준 안내

> **지도 검색 결과는** 이용자가 입력한 검색어와 업체의 연관성, 이용도, 정보의 질 등 다양한 요소를 고려해 노출됩니다.
>
> 검색 결과 순위는 임의로 조정하지 않습니다.
> 순위 또한 자동 결정되어 노출을 보장할 수 없습니다.

가장 적합한 검색 결과를 제공하기 위해 관련도 순으로 기본 정렬된 결과를 확인할 수 있습니다.

만약, 가까운 업체의 검색 결과라면 거리순을 선택해야 하며, 일부 업종(음식점, 미용실, 병원 등)은 업종에 맞는 필터 값이 별도 제공됩니다.

<네이버 고객센터 내 업체 플레이스 순위 정렬 기준 안내문 (출처 : 네이버 검색)>

검색 결과는 이용자가 입력한 검색어와 업체의 연관성, 이용도, 정보의 질 등 다양한 요소를 고려한다고 말하고 있다. 결국, 다양한 요소를 고려해 노출시키지만 그중 연관성, 이용도, 정보의 질이라는 3가지 요소가 가장 중요하다고 우리에게 알려준 것이다.

1) 사용자에게 정확하고 도움 되는 정보 제공하기

네이버 고객센터에서 스마트플레이스 관련 정보를 살펴보면 네이버가 스마트플레이스에 얼마나 진심인지 알 수 있다. 업주에게 다양한 정보와 교육을 제공하기 위해 투자를 아끼지 않고 있다. 뿐만 아니라 스마트플레이스를 이용하는 고객 입장에서 살펴봐도 놀랍다. 오늘보다 내일 더 정확하고 믿을 수 있고 만족스러운 업체 정보를 전달하기 위해 노력하고 있다는 인상을 준다. 식당을 검색하면 어떤 시간대에 어떤 연령대 손님이 많은지를 그래프로 보여준다. 가보지 않고 손님이 몰리는 시간대를 알 수 있고 식당에 방문하면 내 옆 테이블에 앉아 식사하게 될 손님의 연령대까지 상상이 된다. 뿐만 아니다. 고객 리뷰를 모두 읽어보지 않아도 이 식당이 왜 인기가 있는지 한눈에 확인 가능하다. 그래프로 보기 좋게 선호 이유도 제공한다.

<각 식당 특징을 데이터로 시각화해 제공하는 스마트플레이스
(출처 : 네이버 스마트플레이스)>

그렇다면 이제부터 '상대 심리'를 활용해 보자. 만일 우리가 네이버라면 이렇듯 사활을 건 스마트플레이스에서 어떤 행동을 하는 업체를 선호할까? 선호라는 단어가 조금 어색할 수도 있지만 이해하기 쉽게 네이버 입장에서 상위 노출시키고 싶은, 마음에 드는 업체는 어떤 곳일까 생각해 보자.

나는 사실에 입각한 정확한 정보를 제공하는 업체일 것으로 예상한다. 이렇게 멋진 서비스를 만들었는데 올바르지 않은 정보가 스마트플레이스를 채운다면 상대 심리를 활용해서 상상해 보면 밉다 못해 화가 날 것 같다. 오직 고객에게 가장 정확하고 도움 되는 정보를 제공하고자 스마트한 서비스를 만들었는데 이를 '스튜핏플레이스(Stupid Place)'로 전락시키는 업체가 있다면 응징하고 싶을 것이다.

이런 맥락에서 나는 두 가지를 신경 쓸 것이다. 첫째, 정확한 정보를 전달하려는 노력이다. 진료시간을 입력했다면 그 진료시간에 진료하는 병원이어야 한다. 작성된 내용과 사실이 일치해야 한다. 말과 행동이 다르면 신뢰를 잃게 되지 않는가. 네이버와 고객에게 신뢰를 잃는 정보 전달을 하고 있지는 않은 지 항상 관심을 가져야 한다.

둘째는 변경사항에 대한 업데이트다. 병원 운영을 하다 보면 당연히 변화가 생길 수밖에 없다. 이런 변화가 생겼을 때 잊지 말고 스마트플레이스에 빠르게 업데이트하자. 무료주차가 된다고 표기했는데 건물 규정상 변화가 생겼다면 지체 없이 변경사항을 수정해야 한다. 물론 정확한 정보 전달만으로 상위 노출을 보장할 수는 없다. 하지만 네이버는 좋은 정보를 고객에게 전달하기 위해 꾸준히 노력하고 있다. 좋은 정보의 기본은 정확한 정보이니 기본을 놓치지 말도록 하자.

2) 사용한 검색어와 우리 병원 연관성 관리하기

상위 노출이 된다는 것은 사용자가 검색창에 특정 키워드를 입력하고 검색했을 때 결과 값에 우리 병원이 가장 위에 보이는 것을 말한다. 네이버 고객센터에서는 고객이 검색창에 입력하는 검색어와 우리 병원의 연관성을 판단해 상위 노출을 결정한다고 말한다. 결국 우리 병원이 검색 결과에서 좋은 위치를 선점하기 위해서는 고객이 사용하는 검색어와 연관성이 높은 곳이라는 점을 네이버에 어필해야 한다는 뜻이다.

우리 병원이 환자가 사용한 검색어 즉, 단어와 연관된 곳임을 알리는 방법은 '키워드'일 수밖에 없다. 스마트플레이스에서 우리 병원을 설명하기 위해 사용한 키워드를 기반으로 연관성을 분석하게 될 것이다. 업종에 따라 차이가 있지만 병원은 스마트플레이스 총 6곳에서 텍스트 즉, 키워드를 입력할 수 있다. 스마트플레이스에서 텍스트 입력창은 대표 키워드, 상세 설명, 찾아오는 길, 가격 정보, 주차 상세안내, 진료시간이나 휴무일 관련 추가 안내 이렇게 총 6개다. 이중 무료주차와 휴일은 특정한 목적을 가진 입력창이다. 이외 대표 키워드, 찾아오는 길, 가격정보, 상세 설명, 이렇게 4개 입력창에 우리 병원 정보를 입력할 수 있다.

대표 키워드는 특히 중요하다. 스마트플레이스 고객센터의 자주 묻는 질문의 답을 보면 업체명·업종·대표 키워드에 포함된 단어 조합으로 검색 결과에 반영한다고 나와 있다. 결국 네이버 로직은 대표 키워드를 보고 우리 병원이 검색어와 어떤 연관성이 있는지 파악하겠다는 것이다.

N 고객센터

스마트플레이스 사업주 고객센터

자주 묻는 질문

Q. 업체 등록을 했는데 지도 화면 위에 업체명이 안 나와요.

A. 업체명/업종/대표키워드에 포함된 단어 조합으로 검색 결과에 반영됩니다.

특정 키워드로 반영되지 않는다면, 대표키워드 확인 후 업체와 관련된 메뉴 또는 서비스명을 추가하세요.

※ 단, 대표키워드는 PC 환경에서만 제공되고, 최대 5개까지만 등록이 가능합니다.

홍보성 또는 주관적인 키워드가 포함된 경우 임의 제외되며 검색 결과 노출을 보장하지 않습니다.

<스마트플레이스 상위 노출과 대표 키워드의 연관성에 대한 설명(출처 : 네이버 고객센터)>

이 같은 점을 고려해 환자가 자주 사용하는 검색어를 분석하고 그 검색어와 연관성이 높아 보이도록 스마트플레이스를 관리해야 한다. 대표 키워드 외 참고 가능성이 높은 상세 설명과 찾아오는 길도 작성해야 한다. 상세 설명은 말 그대로 우리 병원 특징을 최대한 긴 문장으로 설명하는 곳이다. 환자에게 전달하는 광고 문구이니 심혈을 기울여 작성해야 한다.

스마트플레이스는 지도 기능을 기반으로 한다. 장소를 소개하는 기능을 가진 만큼 사용자가 위치와 관련해 사용할 가능성이 높은 검색어를 선별해 키워드로 사용하자. 예를 들어, 나는 강남에 한 피부과 스마트플레이스를 세팅할 때 찾아오는 길에 다음의 키워드를 포함해 문장을 작성했다. '압구정역', '수인분당선', '압구정 로데오역', '압구정 카페골목', '로데오거리', '성수대교 남단', '신사동', '도산공원', '카페골목'. 단어만 나열해도 병원의 위치를 대략적으로 예측할 수 있는 키워드를 선별하고 이를 활용해 찾아오는 길을 작성했다.

상세 설명과 찾아오는 길 외에 키워드를 입력할 수 있는 마지막 입력창은 가격 정보다. 대표 키워드나 상세 설명만큼 중요도가 높지는 않아 보인다. 현재는 가격 정보 칸을 비우고도 상위 노출이 가능하다. 하지만 만일 가격 정보를 입력한다면 환자가 원하는 정보를 제공하는 결과를 낳는다. 또, 자연스럽게 병원의 주력 진료과목을 인지시킬 수 있다. 가격 정보가 당장 네이버 검색 결과에 큰 영향이 없더라도 관심을 가지고 지켜볼 필요가 있다. 장기적으로 네이버가 진료명과 비용을 병원이 직접 입력하도록 유도하고 있다는 것은 확실하다. 향후 전국 병원이 가격 정보를 입력하는 추세가 된다면 네이버는 강력한 데이터베이스를 보유하게 된다. 사용자가 원하는 가치 있는 정보를 수집하는 것에 진심인 네이버가 언젠가 가격 정보 입력란을 사용하는 병원에 가산점을 줄 가능성을 열어 두고 시기를 지켜볼 필요가 있다.

3) 고객이 우리 스마트플레이스에서 오래 머물게 유도하기

스마트플레이스 고객센터는 상위 노출 조건으로 검색 사용자의 특정 스마트플레이스 체류시간을 반영한다고 알려준다. 대부분의 정보 제공 플랫폼이 그러하듯 스마트플레이스도 검색 결과로 도달한 사용자가 제공된 정보에 관심을 가지고 얼마나 시간을 보내는가에 따라 가산점을 준다는 의미다.

예를 들어, '강남역 사랑니발치'라는 단어를 검색창에 입력하고 검색 결과를 살펴보다 '다뽑아치과의원' 스마트플레이스를 클릭했다고 가정하자. 다뽑아치과의원 스마트플레이스 홈에서 정보를 꼼꼼히 살핀 후 방문자 리뷰를 읽는데 한참의 시간을 소비하고 연결된 블로그를 방문해 다양한 블로그 리뷰를 읽어본 후 병원에서 작성한 지식in 글도 모두 읽었다. 사용자가 우리 스마트플레이스에서 긴 시간을 보내고 있는 것이다. 그리고 네이버톡톡을 켜고 몇 가지 질문을 하고 병원 답변을 받았다. 아마도 몇 분의 시간이 경과했을 것이다. 결국 예약 버튼을 누르고 예약까지 마쳤다. 이용도 면에서 볼 때 참으로 이상적인 정보 탐색 코스다. 환자가 이런 다양한 정보 탐색과 스마트플레이스가 제공하는 기능을 모두 사용했다면 다뽑아치과의원은 스마트플레이스 이용도가 매우 높은 병원이 되는 것이다.

이렇듯 우리 병원의 스마트플레이스 이용도를 높이려면 이용할 수 있는 옵션이 많아야 한다. 스마트플레이스가 제공하는 서비스라면 최대한 많이 사용하는 것이 바람직한 이유다.

04 ———————————

작은 병원 마케팅 실전 가이드 8 :
스마트플레이스 무작정 따라하기

  스마트플레이스는 결국 마케팅을 대대적으로 할 의향이 없는 병원에서도 최소한은 관리해야 하는 채널이다. 간판을 걸고, 지도나 내비게이션에 우리 병원 위치를 노출시키는 것과 같은 필수 작업이다. 과거에는 개원하면 전화번호부에 우리 병원이 등록됐는지 확인했다. 이제는 스마트플레이스에 우리 병원이 제대로 노출되어 있는지 확인해야 한다. 만일 이 책을 덮고 마케팅 따위는 안 한다고 마음먹는다고 해도 스마트플레이스 기본 설정은 하고 가자.

  아마도 외주업체를 이용한다면 다른 마케팅 효과의 극대화를 위해서라도 기본적인 세팅을 진행해 줄 가능성이 크다. 하지만 만일 특별한 마케팅 활동을 해본 적이 없고, 업체를 사용할 계획도 없는 작은 병원은 어떻게 해야 할까? 지금부터 다음의 4단계로 스마트플레이스를 시작해 보자.

1) 1단계 : 운영 범위와 운영 담당자 정하기

홈페이지나 블로그 운영을 시작할 때와 같다. 우선 목표 설정이 필요하다. 스마트플레이스가 제공하는 서비스 중 어느 범위까지 활용할 것인지 결정해야 한다. 크게 3가지 범주에서 결정한다.

첫째, 최소 활용이다. 네이버 플레이스에 병원 정보를 정확히 입력하는 것을 목표로 설정한다. 둘째, 브랜딩이다. 이왕 정보를 입력하기로 했으니 최대한 우리 병원의 차별점을 부각해 브랜드화까지 시도한다. 셋째, 커뮤니케이션 활용이다. 스마트플레이스가 제공하는 다양한 기능을 활용해 환자와 쌍방향 소통을 하는 것이다. 스마트플레이스를 마케팅 도구로 적극 활용한다.

물론 정답은 3번째 방법을 선택하는 것이지만 어떤 목표를 세우는가는 병원 상황과 원장님 의지에 따라 다르다.

다음으로 담당자 지정이 필요하다. 만일 최소 활용을 목표로 설정했다면 1회성으로 기본 정보를 입력한 후 관리는 진료시간이나 의료진 변경과 같은 주요 사항이 바뀔 때만 업데이트하면 된다. 마케팅 담당자가 없어도 원장님 혹은 내부 직원이 기본 정보를 입력할 수 있다.

목표가 브랜딩까지 진행하는 것이라면 당연히 원장님, 그리고 전략 방향에 대해 대화하고 함께 고민할 내부 인력을 지정할 것을 추천한다. 하지만 이 또한 지속적인 관리가 아닌 병원 내부 변경사항만 드물게 수정하면 되기에 마케팅 담당자가 필요한 정도는 아니다.

만일 커뮤니케이션 용도로 사용을 꾀한다면 내부 담당자가 지정돼야 한다. 병원 내부에 마케터가 없다면 이런 마케팅 업무에 관심을 갖는 직원을 찾아볼 필요가 있다. 주로 데스크 업무를 보는 상담 실장님이 적합할 수 있다.

만일 목표 설정조차 어렵다면 최소 활용으로 1차 연습을 해 보고, 2차로 브랜딩을 추가해 보자. 조금씩 실력을 늘려 가면 커뮤니케이션 활용까지도 어렵지 않게 운영할 수 있을 것이다.

2) 2단계 : 관리자 센터와 친해지기

담당자가 지정되었다면 이제 스마트플레이스에 우리 병원을 등록할 차례다. 우선 네이버 정책을 살펴보자. 스마트플레이스에 의료기관 등록 기준은 건강보험심사평가원에서 의료기관으로 확인되는 병원이다. 개원 상태이고 심평원에서 확인 가능하다면 사업자등록증 이미지 파일을 준비해 등록할 수 있다.

등록 기준　　제출 서류 안내　　작성 기준

스마트플레이스 등록 기준

---
1. 기본 원칙

· 국내에 있는 업체의 위치 및 전화번호 정보가 이용자에게 의미가 있다고 판단되는 경우만 등록 가능합니다.
· 온라인을 기반으로 하는 쇼핑몰의 경우 위치 및 전화번호 정보가 유의미 하다고 판단 될 경우 등록 가능합니다.

5. 의료 업체

· 건강보험심사평가원(https://www.hira.or.kr/)에서 확인되는 병원 등 의료기관만 의료업체로 등록 가능합니다.

<스마트플레이스 의료업체 등록 기준

(출처 : 네이버 스마트플레이스)>

　스마트플레이스에서 업체 신규 등록부터 진행하자. 기본적인 병원 정보와 사업자등록증을 증빙서류로 업로드하면 등록이 완료된다. 등록을 마치고 나면 관리자 페이지를 편안한 마음으로 살펴보자. 도구와 익숙해져야 전략적으로 내용을 채우는 것이 쉬워진다. 익숙하지 않은 환경에서 무작정 내용부터 채우려고 하면 업무가 지연된다.

　관리 메뉴를 살펴보면 왼쪽 메뉴 맨 위에 '업체 정보' 버튼이 있다. 최소 활용이나 일부 브랜딩을 목적으로 한다면 이 메뉴를 집중적으로 살펴보자. 업체 정보 내에 기본 정보, 부가정보, 가격정보, 휴무일·진료시간 등의 소메뉴가 있다. 각 메뉴가 어떤 정보 입력을 요구하는지 가벼운 마음으로 훑어보자.

<스마트플레이스 관리자 페이지 업체정보 화면
(출처 : 네이버 스마트플레이스)>

　업체 정보 메뉴 외 예약, 리뷰, 스마트콜 기능도 한번 살펴보자. 고객과 소통을 돕는 기능들이다. 병원에서 사용 여부를 결정하기 위해 직접 그 특징을 살펴볼 필요가 있다. 예약과 스마트콜의 경우 병원 상황에 따라 선택해 사용하게 된다. 하지만 리뷰는 환자가 작성한다. 영수증 리뷰나 블로그 리뷰는 병원 의도와 관계없이 업로드될 수 있다. 리뷰 내용을 확인하고 대응하는 것은 필수니 리뷰 파트는 꼼꼼히 살펴봐야 한다.

　고객과 통계는 스마트플레이스에서 만들어지는 데이터를 확인할 수 있는 메뉴다. 환자가 어떤 경로로 우리에게 도달했는지, 몇 명이 방문했는지 등을 통계로 확인할 수 있다. 이런 데이터를 기반으로 현재 운영 적합성을 판단하고 개선이 가능하다. 구성이 어떻게 돼 있는지 가벼운 마음으로 살펴보자.

스마트플레이스의 적극적 활용을 꾀한다면 운영 도구를 살펴보고 비즈니스 스쿨에서 온라인 강의를 들어보자. 참고로 네이버는 2022년 스마트플레이스를 모바일로 관리할 수 있는 앱을 출시했다. 이 또한 적극 활용할 생각이라면 다운 받아 앱과 익숙해져보자.

3) 3단계 : 업체 정보 채우기

어느 정도 관리자 환경과 친숙해졌다면 이제 우리 병원 업체 정보를 입력할 차례다. 앞서 설명한 바와 같이 사실을 전달하는 기본 정보와 우리 병원만의 차별점을 전달하는 정보로 구성돼 있다. 사실 정보를 먼저 채우고 그다음으로 차별화 정보를 채우자.

첫 번째로 사실을 전달하는 정보부터 하나씩 채워 넣자. 관리자 페이지의 기본 정보에서 업체 사진, 상세 설명, 대표 키워드를 제외한 정보를 오류 없이 꼼꼼히 기입한다. 작성 시 사업자등록증을 제출해야 하니 미리 준비해야 한다. 기본 정보를 작성할 때 몇 가지 고려 사항이 있다. 바로 전문의 필터 사용과 찾아오는 길 설명이다.

스마트플레이스는 2022년에 전문의 필터를 적용했다. 사용자가 필터로 진료과목의 전문의 여부를 확인할 수 있는 기능이다. 만일 우리 병원 전문의 여부를 스마트플레이스에 노출하려고 한다면 '전문의 정보 노출'을 활성화해야 한다. 전문의 정보는 건강보험심사평가원 등록 내용을 활용하게 된다.

전문의 정보 노출 ⑦   노출 ◖●◗

<스마트플레이스 업체 정보 중 전문의 정보 노출 여부 선택 화면
(출처 : 네이버 스마트플레이스)>

찾아오는 길은 최대 400자로 작성할 수 있다. 상세 설명 다음으로 병원에서 길게 글을 작성하는 곳이다. 다양한 랜드마크와 대중교통 이용방법, 주차방법 등을 상세하게 적자. 최대한 환자 입장에서 병원을 찾을 때 도움 되는 정보를 입력한다. 우리 병원에 내원하는 환자는 단 한 명도 길을 헤매는 일이 없게 하겠다는 굳은 의지로 설명을 써보자. 이 내용이 그대로 환자가 모바일로 검색한 스마트플레이스 지도 아래 노출된다.

스마트플레이스 관리자의 기본 정보 메뉴 이외 부가정보, 휴무일·진료시간도 빠짐없이 기재하자. 만일 가격 정보를 노출할 계획이 있다면 이미지보다는 텍스트를 이용해 정보를 업로드하자.

사실을 정확히 전달하는 정보를 기입하는 업무를 마쳤다면 이제 우리 병원의 차별점을 표현할 3가지 도구를 활용해 스마트플레이스 세팅을 마무리하자. 업체 사진, 상세 설명 그리고 대표 키워드를 완성할 차례다.

업체 사진은 여러 장 업로드할 수 있다. 되도록 일관된 톤앤매너로 하나의 메시지를 전달하는 묶음을 선택하자. 예를 들어, 대형 병원으로 의료진이 많다면 이런 특징이 드러나는 사진 묶음이 유리하다. 지역 환자와 관계가 긴밀한 병원이라면 이런 특징이 담긴 사진을 선별해야 한다. 업로드한 이미지 중 하나를 대표 사진으로 선택할 수 있다. 섬네일을 선택하는 것이다. 다른 경쟁 병원 섬네일과 비교해 가장 차별화되는 강점을 드러내는 이미지를 선택하자. 이때 꼭 기억할 것이 있다. 모바일에서 섬네일 크기는 1.5cm정도다. 복잡한 이미지나 작은 글씨는 눈에 띄지 않을 수 있다. 단순하고 분명한 장점 하나가 눈에 띄는 이미지가 유리하다.

<모바일에 노출된 섬네일 크기를 실측한 사진>

이제 상세 설명이 남았다. 최대 2000자까지 작성 가능하다. 상세 설명 앞 3줄, 60자 정도가 홈 화면에 1차 노출되고, 사용자가 추가 정보를 보기 위해 드롭 버튼을 누르면 전체 상세 설명이 노출된다. 상세 설명은 2가지 이유로 가장 신경 써서 작성해야 하는 스마트플레이스 정보다.

첫째, 네이버가 우리 병원이 어떤 곳인지 연관성을 분석하기 위해 활용할 가능성이 높다. 다시 말해 상세 설명 내용이 상위 노출 여부에 반영될 거라는 뜻이다. 둘째, 정보 탐색을 하는 환자가 우리 병원이 어떤 곳인지 파악하기 위해 활용할 수 있는 정보 중 병원 입장에서 자세히 정보를 전달할 수 있는 유일한 공간이다. 환자가 우리 병원 내원을 결정하는 핵심 정보가 될 수 있다고 생각하고 작성해야 한다.

그렇다면 어떤 내용을 작성해야 할까? 마치 광고 헤드라인과 바디 카피처럼 두 가지 구성요소를 다르게 인식하고 작성해야 한다. 헤드라인은 앞서 말한 홈 화면에 먼저 노출되는 3줄이다. 환자는 이 3줄의 글을 읽고 드롭 버튼을 눌러 병원에 대해 더 자세히 알고 싶은 지 결정한다. 최대한 검색하는 환자가 궁금해할 정보를 미끼로 활용해야 한다.

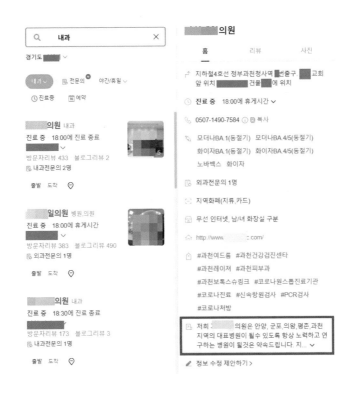

<스마트플레이스에서 특정 병원 선택 시 노출되는 3줄
헤드라인(출처 : 네이버 스마트플레이스)>

3줄 헤드라인 작성 전에는 최소한 경쟁자들의 헤드라인을 미리 참고하고 차별되게 작성해야 한다. 다양한 병원의 헤드라인을 분석해 본 결과 헤드라인은 크게 5가지 종류를 주로 사용하는 것을 확인했다. 적극 추천할 법한 표현 방식이 1가지, 중립적 표현이 2가지, 그리고 지양해야 할 표현 방식이 2가지다. 하나씩 살펴보자.

일단 헤드라인에서 지양할 표현 2가지다. 시적 표현과 잡담형이다. 시적 표현부터 살펴보자. '당신의 아름다움이 살아나는 곳', '유달리 미소가 아름다운 당신' 같은 시적 표현을 활용하는 헤드라인이 자주 보인다. 감성적 어필의 시도다. 이러한 모호한 메시지는 미끼 역할을 하기에는 힘이 약하다. 우리 병원의 차별적 강점을 드러내지 못한다. 지도에서 어떤 곳을 내원할지 마지막 결정을 고민하는 고객에게 그다지 효과 없는 문장일 수 있다.

<시적 표현을 사용한 헤드라인 예시
(출처 : 네이버 스마트플레이스)>

잡담형은 '안녕하세요 ○○동에 위치한 ○○병원입니다.' 같은 헤드라인이다. 명확하게 우리 병원을 선택할 이유를 제시해야 하는데 인사말과 이미 주소에서 확인할 수 있는 병원 위치를 다시 설명하는 중복 정보로 가득한 경우가 생각보다 많았다. 소중한 3줄의 낭비다.

<잡담형 헤드라인 예시(출처 : 네이버 스마트플레이스)>

중립적 표현 두 가지는 사실 나열형과 진료과목 나열형이다. 특히 지역을 기반으로 한 병원에서 자주 목격됐다. 진료과목 나열형이란 헤드라인 3줄에 병원이 주력으로 삼고 있는 진료과목을 나열하는 방식이다. 치과처럼 이미 내원 전 어떤 진료를 받을지 명확하지 않은 내과와 피부과 등은 진료과목을 나열하는 것이 좋은 방법이 될 수 있다. 다음 사례는 실제 내가 주근깨 제거를 위해 피부과 검색을 하다 찾은 것이다. 헤드라인을 보고 내가 갈 만한 곳이라고 판단했다.

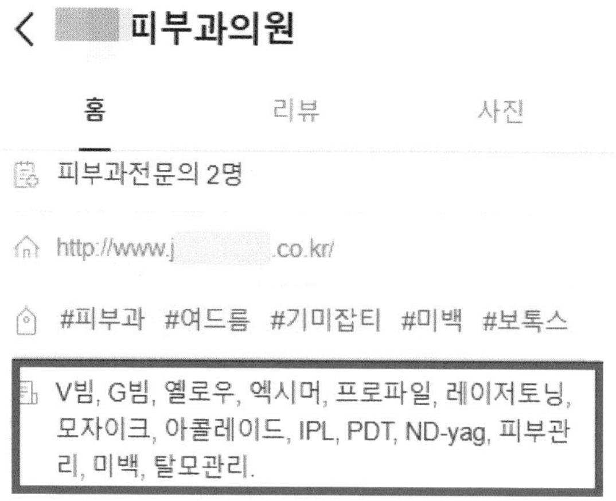

< ███ 피부과의원

| 홈 | 리뷰 | 사진 |

📋 피부과전문의 2명

🏠 http://www.j█████.co.kr/

🏷 #피부과 #여드름 #기미잡티 #미백 #보톡스

V빔, G빔, 옐로우, 엑시머, 프로파일, 레이저토닝, 모자이크, 아콜레이드, IPL, PDT, ND-yag, 피부관리, 미백, 탈모관리.

<진료과목 나열형 헤드라인 예시
(출처 : 네이버 스마트플레이스)>

사실 나열형이란 단순 진료과목이 아닌 환자에게 어필할 만한 병원의 장점을 열거하는 방식이다. 우리 병원에 후광효과로 작용할 수 있는 인증기관 여부나 외국인 환자 유치기관 등록 여부 등을 자랑할 수 있다. 강남 대형병원 위주로 자주 찾아볼 수 있었다.

< 사실 나열형 헤드라인 예시(출처 : 네이버 스마트플레이스)>

마지막은 병원 차별화 강조형이다. 내가 가장 추천하는 형태다. 환자의 페인 포인트(Pain point)를 해결하는 요소를 어필하는 3줄 문장을 만드는 것이다. 검색하는 환자가 직면한 문제를 미리 파악하고 우리만의 해결책을 제시하는 형태다. 전형적인 광고 헤드라인이라고 할 수 있다. 실제 이런 문장이 상당히 많을 것으로 예상하고 검색했는데 아쉽게 2개 사례만 찾을 수 있었다. 놀랍게도 마케팅 능력이 뛰어난 대표 원장님이 운영하는 평소 아는 병원들이었다.

하나의 사례는 '쉽고, 간단하고, 안전하고, 경제적인 진료를 지향합니다.'라는 헤드라인이다. 다른 사례는 '얼굴 축소 시술을 통해 먼저 작게 만든 후 주름과 피부 탄력을 증진…'이라고 적혀 있었다. 3줄 안에서 이 병원이 추구하는 방향이 무엇인지 한눈에 파악되는 문구다. 두 사례 모두 화려한 문장이 아니다. 단지 내원할 환자가 원하는 바를 정확히 파악한 후 자신들이 그 요구에 부합하는 곳이라는 점을 강조하고 있다.

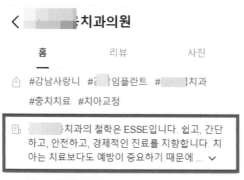

<차별화 강조형 헤드라인 예시(출처 : 네이버 스마트플레이스)>

만일 지역의 작은 병원을 운영한다면 '진료과목 나열형'이나 '사실 나열형' 헤드라인을 30개 정도 만들어보자. 그중 가장 우리 병원 장점과 특징이 잘 표현된 문장을 선택한다. 만일 경쟁이 심한 곳에 병원이 위치하고 있다면 '병원 차별화 강조형' 문장을 만들어 보자.

3줄 헤드라인을 보고 관심이 생긴 환자는 결국 드롭 버튼을 누르고 나머지 문장을 읽을 것이다. 총 2000자까지 가능하니 3줄 헤드라인에 적지 못해 아쉬웠던 내용은 여기에 방출하면 된다. 최종적으로 환자가 우리 병원을 선택하게 할 세일즈 포인트가 될 가능성이 높다. 우리만이 환자에게 제시할 수 있는 약속과 그 약속을 지킬 수 있는 근거를 상세히 작성하자. 좋은 광고 문장은 언제

나 간결하다. 약속은 되도록 3개를 넘기지 밀고 그 약속을 지키겠
다는 근거 역시 3개 이내로 작성하자. 2000자는 상당히 긴 카피다.
정리가 되지 않으면 읽는 사람은 내용을 이해하지 못하고 커서를
×버튼으로 이동할 수 있다.

마지막으로 대표 키워드 5개를 정하자. 스마트플레이스 사업
주 고객센터에 자주 묻는 질문에 대한 답변을 보면 대표 키워드의
중요성을 알 수 있다. 업체명, 업종과 함께 대표 키워드에 포함된
단어 조합으로 검색 결과가 결정된다고 말하고 있다.

우리가 사용하는 대표 키워드는 우리가 어떤 병원인지를 네이
버에게 전달하는 자료가 된다. 치과로 예를 들면, 임플란트, 치아
교정, 충치치료, 라미네이트 이런 목록을 자주 보게 된다. 한마디
로 병원에 '돈 될 법한 진료'를 나열한 형식이다. 하지만 이런 목록
으로 네이버는 우리 병원이 어떤 특징을 가진 곳인지 파악하기 어
렵다. 대부분의 치과가 같은 대표 키워드를 사용하기 때문이다. 우
리 병원만의 가치에 대해 고민하고 5개 대표 키워드를 골라보자.

자주 묻는 질문

Q. 업체 등록을 했는데 지도 화면 위에 업체명이 안 나와요.

A. 업체명/업종/대표키워드에 포함된 단어 조합으로 검색 결과에 반영됩니다.

특정 키워드로 반영되지 않는다면, 대표키워드 확인 후 업체와 관련된 메뉴 또는 서비스명을 추가하세요.

※ 단, 대표키워드는 PC 환경에서만 제공되고, 최대 5개까지만 등록이 가능합니다.

홍보성 또는 주관적인 키워드가 포함된 경우 임의 제외되며 검색 결과 노출을 보장하지 않습니다.

<스마트플레이스 사업자 고객센터 업체 검색 노출 안내글

(출처 : 네이버 스마트플레이스)>

작성을 모두 마치면 이제 검수를 할 차례다. PC와 모바일, 모두에서 내용을 꼼꼼히 확인하자. 작성자 입장이 아닌 정보를 검색한 사용자 입장에서 이해하기 어려운 부분이나 오해 여지가 있는 문장이 있는지 여러 차례 확인하자. 이미지는 섬네일로 보일 때 충분히 가시성이 있는지, 다수의 이미지 콘셉트가 서로 상충되지 않는지 살펴보자. 또, 다른 경쟁자와 비교해 우리 병원 섬네일이 눈에 띄는지, 더 매력적인지 매의 눈으로 살피고 부족한 부분이 보이면 이미지를 교체하자.

4) 4단계 : 주기적 관리와 추가 활용 방안 확대

3단계까지 진행했다면 필요 정보를 환자에게 제공하며 우리 병원 브랜딩을 위한 초기 작업을 마친 상태라 할 수 있다. 이제부터 환자와의 소통을 통해 좀 더 적극적인 마케팅 활동을 시도할 수 있다. 예약, 톡톡, 리뷰 중 어떤 항목이 가장 중요할까? 아마도 리뷰일 것이다.

우리가 식당을 찾을 때 모습을 되돌아보면 방문 가능한 위치의 식당 목록을 확인하고 다른 고객이 남긴 리뷰를 읽으며 방문 여부를 결정한다. 결정이 되면 예약을 하거나 바로 방문한다. 우리가 방문할 만한 가망 식당 목록 중 어떤 식당에 최종 방문할지 결정하는 요소에 리뷰가 포함될 때가 많다는 것이다.

병원이라고 다를 수 없다. 아니 오히려 더 심할 수도 있다. 의료 정보는 환자가 정확히 인지하고 이해하기 어려운 영역이다. 이런 상황에서는 더욱더 인간의 심리는 타인 행동을 따라 하는 경향을 보인다. 예약이나 톡톡, 스마트콜과 같은 다양한 기능 사용이 부담스럽다면 안 하면 된다. 하지만 리뷰는 필히 관리해야 할 대상이다.

　고객이 가장 유심히 살피는 것은 방문자 리뷰다. 내원한 환자가 남긴 글이라고 생각하면 신뢰가 갈 수밖에 없다. 이런 리뷰를 환자가 스스로 남길 때까지 기다리지 말고 최대한 유도하자. 물론 가짜 후기를 남기는 것은 지양해야 한다. 스마트플레이스 운영에 문제가 될 수 있고 또, 신기할 정도로 가짜 후기는 가짜처럼 보인다. 마치 우리 뇌에 가짜 후기를 검증하는 별도의 뉴런이 존재하는 것이 아닌가라는 의심이 들 정도로 티가 난다. 되도록 관계가 좋은 환자에게 정중히 부탁하자. 업로드된 후기에는 답변을 남기자. 제 3자가 볼 때 환자와 의료진의 관계 즉, 라뽀 형성 정도를 감지하는 부분으로 작용한다. 되도록 동일한 문장 반복보다는 각 환자 입장에 맞는 답변을 할 수 있다면 금상첨화일 것이다.

　리뷰 관리와 함께 주기적인 정보 업데이트도 잊지 말아야 한다. 병원을 운영하다 보면 진료시간과 휴일에 변경이 생기기도 하고 의료진이 바뀔 수도 있다. SNS 채널이 추가될 수도 있다. 이런 변경사항이 생긴다면 바로 정보를 업데이트하자. 또, 스마트플레이스는 지속적으로 다양한 추가 기능이 생기고 있다. 특별한 수정사항이 없더라도 스마트플레이스 자체의 변동 여부를 파악해 새로운 서비스가 출시될 때는 발맞추어 시도해 보는 게 좋다.

　이렇게 4단계를 거치고 나면 스마트플레이스가 어떻게 구성됐는지, 어떤 방향으로 운영해야 하는지, 서서히 감이 오기 시작할 것이다. 지금까지 설명은 단순히 외부 도움을 받지 않고 스마트플레이스를 작은 병원이 직접 시작하도록 돕는 정보다. 이렇게 글로 보면 조금 어렵게 느껴질 수 있지만 실제 관리자 페이지를 열고 작업을 시작하면 별거 아니라는 생각이 들 수 있다. 지금 당장 시작해 보자.

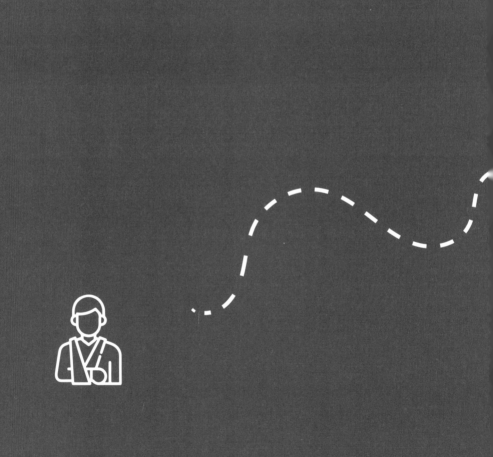

제9장

가장 끈끈한 소통 창구 :
카카오톡채널
마케팅

01

신환 90%를
온라인 마케팅으로
유입한 비결

만일 누군가 나에게 어떻게 온라인 마케팅 비용을 쓰지 않고 환자를 내원시키냐고 물어본다면 카카오톡 활용을 배경 중 하나로 꼽을 것이다. 병원을 많은 사람에게 알려 인지도를 높이는 업무는 주로 블로그와 홈페이지가 맡았다. 하루에 각각 3000명, 5000명씩 방문했는데 이는 절대 적은 수가 아니다.

온라인 마케팅을 해봤으면 알겠지만 이는 그저 우리 병원을 불특정 다수에게 노출시키고 이중 일부에게 인지도를 상승시킨 것이다. 온라인 방문자가 모두 우리 환자가 되지는 않는다. 인지도가 생기고 우리 병원에 관심을 가지기 시작한 것뿐이다. 이 시점에서 병원 마케터는 손톱 끝에 힘을 바짝 넣어 환자를 낚아채고 온몸을 결박해 꼼짝달싹 못하게 한 후 우리 병원으로 끌고 와야 한다. 물론 말은 쉽다. 그렇다고 구걸해서는 안 된다. 현장에서 '너를 우리 병원에 오게 만들 거야.'라는 느낌을 강하게 내비치면 환자는 당연히 도망가게 되어있다.

나는 우리 병원 인지도가 생긴 환자가 최종적으로 병원 문을 열고 들어오도록 하는데 카카오톡을 활용했고 결정적으로 전체 신환의 90%를 온라인 마케팅으로 유도하는 성과를 얻었다. 작은 병원이 장기적 관점에서 저비용으로 병원 마케팅을 꾸려가기 위해서는 기존 고객 관리가 동반돼야 한다. 이는 카카오톡채널 마케팅으로 가능하다. 지금부터 내 경험을 바탕으로 카카오톡 활용 방법을 하나씩 소개하겠다.

1) 카카오톡 마케팅이 신환 유입으로 이어지는 이유

병원 마케팅 3년 차가 됐을 때부터 카카오톡을 사용하기 시작했다. 당시에는 '플러스친구'라는 명칭으로 고객용 서비스가 제공되고 있었지만 작은 병원이 쓸 수 있는 서비스는 아니었다. 이가 없으면 잇몸이라고 병원 상담용 핸드폰을 구매하고 카카오톡을 개설해 이를 홈페이지와 블로그에 노출한 후 상담문의를 받았다. 기대 이상으로 반응이 좋았다. 온라인에서 홈페이지나 블로그로 유입된 환자들은 정보를 읽어본 후 카카오톡으로 문의하는 경우가 많았다.

하지만 문제가 있었다. 궁금증에 정성껏 답변해 줬지만 내원까지 이어지지 않았다. 뭐가 문제인지 알 수 없어 답답한 마음이 들었다. 인력이 투입되는 업무다 보니 중단을 고민하기도 했다. 그러던 어느 날 당시 마케팅 담당자가 흥미로운 요구를 했다. "카카오톡 이모티콘 사주세요."

상담만 하고 사라지는 문의자가 얄미워 어떻게든 내원을 시키겠다는 마음으로 이모티콘을 잔뜩 사용해서 상담하니 예약률이 올랐다는 이야기였다. 처음에는 뭔 말도 안 되는 소리인가 했지만 내원 동의율을 확인하고 놀라지 않을 수 없었다. 담당자가 이모티콘을 사용해 상담을 시작한 후 분명 동의율이 현격히 높아진 것이다. 당연히 바로 이모티콘을 구매하고 추가적인 테스트에 돌입했다. 효과가 있었다.

테스트를 해 보고 알게 된 사실은 실제 이모티콘 사용 여부가 환자의 상담 후 동의율에 영향을 미친 것은 아니라는 결론이었다. 단지 우리 상담자가 카카오톡 상담을 하는 방법이 바뀌어 있었다. 무조건 환자가 카톡으로 질문하면 원하는 답변을 즉각 해주지 않고 환자와 아이스브레이킹 시간을 먼저 가졌다. 어느 정도 서로 인사가 오간 후 진료 상담을 해줬다. 이러한 과정에서 그녀가 좋은 관계를 맺기 위해 이모티콘을 사용했던 것이다. 글로 상담할 때 발생할 수 있는 딱딱한 분위기를 이모티콘을 이용해 상쇄했다. 이 사실을 알고 나는 카톡 상담 동의율을 높이는 비법을 찾은 느낌이 들었다.

이때가 일명 네이버의 '저품질 대란'으로 블로그와 카페, 지식in 조회 수가 모두 하락하던 시절이었다. 그런데 카카오톡 상담을 하며 더 이상 상위 노출과 조회 수 그 자체에 신경을 덜 써도 되고 적은 조회 수로도 신환 내원을 만들 수 있다는 데서 희망을 얻었다.

2) 카카오톡으로 신환 유입시키는 4가지 비결

카카오톡 상담으로 환자를 응대한다는 것은 추가 인력을 투입해야 하는 일이었지만 그만큼 많은 정보를 얻을 수 있는 마케팅 전략이었다. 당장 환자를 응대해야 하는 데스크는 바쁘다. 컴퓨터 모니터의 카톡 도착 소식보다 문을 열고 들어오는 환자가 더 중요하다. 따라서 카톡 문의에 답변하는 것이 최우선 순위일 수 없다. 나도 유니폼을 입고 데스크에 앉아 있을 때는 카톡 상담에 집중하기 어려웠다. 하지만 조용한 사무실에서 환자 상담 내용을 확인하고 답변하는 과정에서는 왜 그런 질문을 하는지, 어떤 답을 원하는지 숨은 힌트를 충분히 찾을 수 있었다. 그리고 이런 힌트를 활용해 다른 온라인 마케팅 전략에 적용하면 효과가 뛰어났다. 그런 의미에서 카톡 상담은 초기에 되도록 마케팅팀이 담당했다.

나는 한번 시작한 카카오톡 활용을 점차 늘려 나갔다. 새로운 마케팅 담당자가 생기면 필히 카카오톡 상담 업무를 직접 해보도록 지시했다. 답변 전 모르는 부분은 미리 주변에 물어볼 수 있고 기존 다른 상담 내용을 읽어보고 답을 할 수도 있다. 새롭게 상담이 가능한 직원과 마케팅 전략 수립이 가능한 인력을 키우는데 최적의 도구다.

오랜 기간 카톡 상담을 하며 깨달은 카카오톡을 이용한 마케팅의 핵심은 다음의 4가지다. 첫째, 전화나 문자와 달리 라뽀 형성에 유리하다. 둘째, 시각적인 자료를 활용하면 친절하다고 느낀다. 셋째, 카톡 상담 내용을 다시 읽어보는 환자가 많다. 마지막으로 답변이 지연되는 것을 당연하게 여긴다. 모두 병원이 환자와 소통하는 데 도움 되는 요소들이다. 하나씩 살펴보자.

먼저 라뽀 형성이다. 카톡 상담은 문자나 전화와는 달랐다. 카톡이 환자 입장에서는 말을 걸기 편한 창구로 여겨지는 듯했다. 특히 질문을 할까 말까 꺼리던 내용을 쉽게 이야기했다. 이때 조금 캐주얼한 말투로 도움 되는 메시지를 전달하면 내원까지 연결되는 확률이 높았다. 필요에 따라 이모티콘도 사용했다. 이모티콘을 사용하면 환자는 닥터리병원을 자신과 가깝고 친밀한 병원으로 인식한다는 인상을 강하게 받았다. 시간이 지나며 상담 횟수가 늘면서 카카오톡에서 환자와 라뽀 형성을 매우 쉽게 하는 문장과 단어가 모였고 이를 마케팅팀 외에 상황에 따라 카톡 상담 업무에 투입되는 데스크 인력에게 전달해 상담 동의율을 높일 수 있었다.

둘째로 시각적 자료다. 환자가 상담을 모두 마치고 다른 곳에서 추가 정보를 검색한 후 다시 한번 카톡 상담 내용을 읽고 예약 문의를 자주 한다는 것을 알게 됐다. 빠르게는 하루 이틀, 길게는 한 달 후에 내원하는 환자도 있었다. 그렇다면 카톡 상담 중에 각종 유인책을 심어둬야겠다는 판단이 섰다. 시각적 자료가 포함되면 확실히 환자가 다시 상담 내용을 읽을 확률이 높았다. 물론 상담자 입장에서도 이미지를 전송하는 것이 훨씬 편하다. 닥터리병원은 카카오톡 상담용 이미지 자료 폴더를 만들어서 관리했다. 상담 시간은 줄이고 환자는 상담 내용이 유익하고 친절하다고 느끼게 하는 효과적인 장치였다. 경험이 쌓이니 카카오톡에 남기는 질문 목록이 생겼고 각 질문에 답변이 되는 이미지를 만들어 폴더에 관리했다. 이러면 모든 상담자가 동일한 목소리를 낼 수 있고 상담자 실력이 부족해도 충분히 환자를 병원으로 끌어오는 결과를 얻을 수 있다.

닥터리병원은 기존 내원 환자 관리도 카카오톡을 활용했다. 수술 전후 주의사항 등을 카카오톡으로 전송했다. 필요에 따라 인포머셜을 만들어 전송하기도 하고 기존에 작성된 블로그나 홈페이지 게시글 링크를 모아서 전송하기도 했다. 상담 시간을 줄이면서 환자가 우리가 보유한 다양한 정보를 쉽게 찾을 수 있게 하는 장치였다. 전송된 링크를 보고 다음 내원 때 "좋은 내용이 많아 감사했다."라는 인사를 종종 받았다. 환자가 전송한 링크뿐 아니라 다른 글도 읽게 된다는 것도 알게 됐다.

이 또한 시간이 경과하며 환자가 원하는 정보에 대한 이해가 생기자 엑셀에 각 환자의 궁금증별로 전송할 URL 목록을 만들었다. 바쁜 데스크 인력들은 손쉽게 환자에게 정보를 전달할 수 있어 편했고, 병원 입장에서는 적은 인원으로도 환자 만족도를 상승시킬 수 있어 일석이조였다.

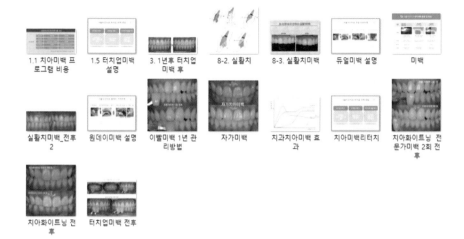

<카카오톡 상담 시 사용한 이미지 모음>

시간이 경과하며 어떤 상담 방법이 최적인지 알아갈 즈음에는
카톡 상담 매뉴얼을 만들었다. 마케팅팀에 더 이상 카톡 상담을 할
전담 인력이 필요 없어졌다.

02

병원이 사용하기 좋은
카카오톡채널 도구 소개

카카오톡채널은 카카오가 사업자를 위해 제공하는 비즈니스 도구다. 기업이 카카오 계정을 개설하면 카카오톡이라는 대한민국 대다수가 사용 중인 창구를 활용해 고객과 소통할 수 있다. 그 것도 무료 혹은 매우 적은 비용으로 가능하다.

카카오톡채널은 크게 두 가지 기능을 제공한다. 첫째는 메시지 전송 기능이다. 개인 간 메시지 전송과는 달리 카카오톡채널 메시지 전송은 목적에 따라 다른 기능을 활용한다. 고객 문의에 답변하는 1:1 대화도 있고 예약 일정을 고지하는 알림톡 기능도 있다. 또, 상황에 따라 광고 메시지 전송도 가능하다. 두 번째, 카카오톡채널에는 업체가 사업장 정보를 고객에게 전달하고 다양한 소식이나 공지를 업로드할 수 있는 '홈'이라는 공간이 있다. 지금부터 자세히 하나씩 살펴보자.

1) 환자 카톡창에 병원 메시지를 전송하는 4가지 방법

대한민국 국민이라면 대부분 카카오톡을 사용하고 있다. 누구나 한 번쯤 카카오톡으로 업체 메시지를 받은 적이 있을 것이다. 의외로 이런 홍보 메시지가 본인에게 어떻게 도달했는지에 대해 평소 관심을 갖는 사람은 많지 않다. 하지만 병원에서 마케팅 용도로 카카오톡채널을 쓰고자 마음먹었다면 일단 이 특징들을 파악해야 한다. 설명이 복잡할 수 있으니 내 카카오톡에 도착해 있는 전송 메시지 사례로 설명하겠다.

카톡을 사용한다면 다음과 같은 메시지를 받아봤을 것이다. 별생각 없이 카톡이 왔구나 생각하고 넘길 수 있다. 하지만 잠시 멈추고 생각해 보자. 이상하지 않은가? 나에게 지금 개인적으로 홍보 문구를 당당하게 전송하고 있다는 사실이.

<카카오톡으로 전달되는 업체 광고 메시지 예시>

　　메시지를 전송한 업체들이 도대체 어떤 경로로 나에게 이런 홍보 메시지를 전송할 수 있었을까 생각해 봐야 한다. 단도직입적으로 이 같은 홍보 메시지가 도달할 수 있는 이유는 하나다. 내가 메시지 전송을 허락한 적이 있기 때문이다. 카카오톡으로 이런 메시지가 전송되는 것은 오직 고객이 채널 추가를 했을 때만 가능하다. 다시 말해 메시지 수신자의 동의로 업체가 고객 DB를 확보했다는 뜻이다. 이렇듯 고객의 동의를 얻어 개인 카카오톡에 업체가 진출하는 것을 '채널 추가'라고 부른다.

그렇다면 업체는 채널 추가에 사활을 걸 수밖에 없다. 채널 추가 유도 방법은 다양하다. 물론 세상 모든 일이 그렇듯 가장 간단한 방법은 돈을 쓰는 것이다. 카카오톡에서 채널 추가를 유도하는 광고를 집행할 수 있다. 제품을 판매하는 매장이나 식당 등은 이벤트나 쿠폰을 발행하기도 한다. 그럼 병원은 어떻게 해야 할까? 가장 먼저 떠오르는 방법은 현장에서 환자에게 채널 추가를 유도하는 아주 단순한 방법이 있다. 병원 데스크에 홍보물을 두거나 상담자가 채널 추가를 통해 얻을 수 있는 혜택을 설명할 수도 있다.

다른 방법으로는 우리 홈페이지나 블로그 등 기존 마케팅 채널 방문자에게 채널 추가를 유도하는 것이다. 기존 마케팅 채널에서 정보를 습득한 고객이 추가적으로 궁금증이 생길 시점에 채널 추가를 유도한다. 홈페이지 회원 가입을 희망하는 시점에 채널 추가를 받는 방법도 있다. '카카오싱크'라는 기능이다. 처음 방문한 홈페이지에서 회원 가입을 할 때 '카카오 1초 로그인'이라는 문구를 봤다면 카카오싱크를 사용 중인 것이다. 이를 이용하면 홈페이지 회원 가입을 간소화하며 카카오톡채널 추가도 함께 진행할 수 있다.

로그인

아이디와 비밀번호 입력하기 귀찮으시죠?
카카오로 1초 만에 로그인 하세요.

> 💬   **카카오 1초 로그인/회원가입**

<카카오싱크를 이용한 홈페이지 회원 가입 화면>

이외 병원이 이미 보유한 고객 DB 즉, 구환의 개인정보를 활용할 수도 있다. 물론 기존 고객 DB를 활용할 때는 당연히 의료기관이 사전에 개인정보 이용 동의를 받아 둬야 한다. 닥터리병원은 향후 진료 관련 정보 전달에 쓰인다고 환자에게 사전에 고지하고 이용 동의를 받았다.

다시 사용자 입장으로 돌아가 보자. 아마 예약 확인이나 택배 전송 상황 등의 카톡 메시지를 받아본 적이 있을 것이다. 전송된 메시지를 자세히 보면 메시지 상단에 노란 띠가 있고 '알림톡 도착'이라고 적혀 있다. 업체에서 사용자 고객 정보를 이미 알고 있을 때 전송하는 방식이다.

단점이라고 하면 알림톡은 오직 정보 제공만 가능하다. 광고성 문구를 사용할 수 없으며 정해진 규칙에 의해 오직 사실만 전달할 수 있다. 예를 들면, 예약일 확인 문자는 알림톡 전송이 가능하다. 병원에서 환자에게 문자로 보내는 진료에 필요한 보조적 정보를 알림톡으로 대체하는 정도다.

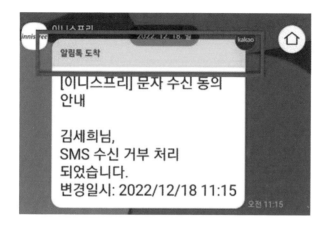

<카카오톡채널 알림톡 예시>

하지만 이렇듯 정보가 전달될 때 자연스럽게 카카오톡채널을 기존 고객에게 노출시킬 수 있고 이때 고객의 채널 추가 가능성이 높아진다. 업종에 따라서는 이벤트를 하기도 한다. 모두 고객의 카카오톡채널 추가를 위한 것으로 추가된 고객에게 추후 원활한 메시지 전송을 위한 사전 작업이다.

이외 옐로아이디 때부터 가능하였던 1:1 채팅이 있다. 환자 입장에서 평소 사용하는 카톡과 가장 유사하다.

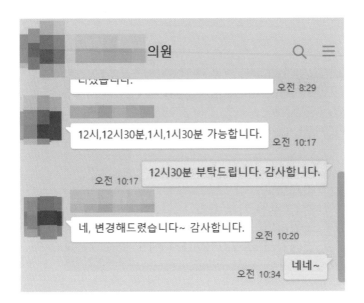

<카카오톡을 이용한 1:1 채팅 예시>

병원 입장에서는 차이가 있다. 고객이 1:1 문의를 남기면 PC 관리자 페이지에서 답변을 전송할 수 있다. 환자는 편하게 병원과 이야기를 나누고 병원은 그 이야기를 PC 관리자 페이지에서 관리할 수 있다. 예를 들어, 운영 시간 이외 시간에는 채팅이 어렵다는 자동 문자가 전송되게 설정할 수 있다.

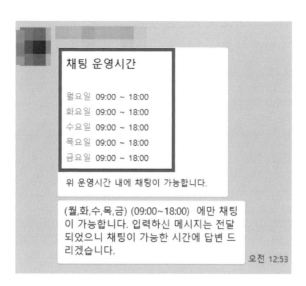

<카카오톡을 이용한 1:1 채팅 운영 시간 지정 예시>

지금까지 다양한 카카오톡채널 메시지를 살펴봤다. 업체에게 메시지를 받는 소비자 입장에서는 다 같은 메시지로 보일 수 있지만 서비스를 활용해 마케팅 용도로 사용하는 업체에서는 모두 다른 기능이다. 평소 자세히 다른 업체 동향을 살펴보는 습관이 필요하다. 되도록 병원에 국한하지 말고 마케팅이 활발한 타업종 업체에도 관심을 가져보자. 나는 이런 새로운 마케팅툴을 발견하면 되도록 경쟁이 심한 업계의 동향을 살핀다. 의류업, 교육, 유통 등 경쟁이 심하고 마케팅 예산이 큰 업계에 관심을 가진다. 의료계는 상대적으로 새로운 마케팅을 받아들이는 속도가 느리다. 타업계 동향을 보고 따라 해도 의료계에서는 선두주자가 될 수 있다.

마지막으로 고객에게 전달하는 메시지의 하나인 '스마트채팅'

기능을 살펴보자. 채팅창 맨 아래에 위치한 메뉴다. 고객이 자주 묻는 질문에 대한 답변이나 전달하고자 하는 핵심 메시지를 미리 작성해 저장해두는 기능이다. 이 또한 카톡 사용자라면 이미 본 적이 있을 것이다. 병원은 오시는 길, 의료진 소개, 진료시간, 수가표 등을 업로드할 수 있다. 환자 질문에 같은 답을 수차례 할 필요가 없으니 유용하다.

<카카오톡채널 스마트채팅 예시

(출처 : 비즈봇(왼쪽), 교보문고 스마트채팅)>

환자는 시간 구애 없이 편하게 원하는 정보를 얻을 수 있고 병원은 같은 답변을 반복하지 않아도 되니 일종의 마케팅 자동화다. 카카오톡채널을 활용하기로 결정했다면 스마트채팅은 필히 활용을 권한다.

카카오톡채널에서 알림톡, 1:1 채팅, 스마트채팅은 기본 메시지 전송 기능이다. 이외 다양한 기능이 제공되지만 최소한 기본 기능에 대해 감을 잡고 병원 내부에서 활용한다면 큰 비용을 들이지 않고 환자와 조금 더 긴밀한 소통을 할 수 있을 것이다.

2) 우리 병원 소식과 공지 포스팅하는 방법

사용하는 카톡창에 전송되는 업체 메시지를 자세히 보았다면 오른쪽 위에 집 모양 아이콘을 본 기억이 있을 것이다. 클릭하면 홈 화면으로 이동하는 버튼이다. 홈 화면은 업체에서 원하는 형태로 꾸밀 수 있다. 카카오톡채널 안의 작은 홈페이지라고 이해하면 된다. 병원 기본 정보를 입력한다. 전화번호, 장소 정보, 사업자 정보, 홈페이지와 기타 SNS 등을 입력하도록 구성돼 있다. 사용자를 채팅으로 유도할 수 있도록 상담원 채팅 가능 시간이 표기되고 간편 채팅 메뉴를 노출한다. 이외 다양한 공지를 올리거나 원하는 외부 콘텐츠를 연결해 고객에게 보여줄 수도 있다. 병원의 경우 주로 진료시간 및 휴일 공지부터 다른 마케팅 채널 콘텐츠를 연결해 노출시킬 수 있다. 카카오톡채널 내 작은 홈페이지와 같으니 우리 병원 특징이 잘 드러나도록 관리해야 한다.

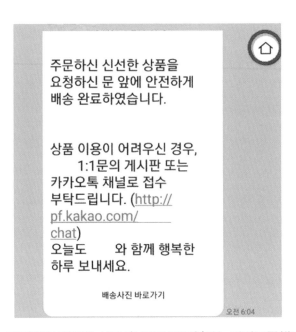

<카카오톡 대화창 상단 홈 화면 버튼(출처 : 카카오톡채널)>

03

환자 데이터베이스를 이용한
카카오톡채널 마케팅

지금까지 카카오톡채널에서 병원 마케팅에 사용 가능한 기본 기능을 살펴봤다. 실제 카카오비즈니스 사이트에 방문하면 상세한 매뉴얼과 활용 방법을 확인할 수 있다. 어떤 기능을 사용할지, 어떤 용도로 사용할지는 내부의 현재 상황과 목표에 따라 다를 수 있다. 예를 들어, 개원 초로 환자 수가 많지 않다면 최대한 DB를 모으는데 집중해야 한다. 하지만 구환이 충분한 상황이라면 카카오톡채널을 환자와의 관계를 형성하고 병원에 지속 내원할 수 있는 팬으로 만드는 도구로 사용할 수 있다.

여기서 중요한 것은 결국 환자 DB다. 우리가 필요할 때 연락을 취할 수 있는 연락처를 가지는 것이다. 2022년부터 페이스북과 구글 등에서 타깃팅 광고를 집행하는 것이 어려워지고 있다. 개인정보보호에 대한 인식이 강해지면서 과거에는 손쉽게 사용하던 고객 DB 활용이 점차 어려워지는 추세다. 타깃팅된 마케팅을 해보지 않았다면 의미를 이해하기 어려울 수도 있다. 쉽게 말해, 과거에는 인터넷에서 사각턱에 대한 고민을 가지고 관련 검색어를 입력한 30대 젊은 여성을 타깃팅해서 광고를 집행할 수 있었다. 페이스북이나 구글이 보유한 사용자 데이터를 활용한 것이다. 하지만 2023년부터 이런 타깃 데이터를 활용하는 것이 점차 어려워지고 있어 대응이 필요하다. 다른 업종에서는 이 같은 변화에 발맞춰 최대한 스스로 고객 DB를 확보하기 위해 혈안이다. 내가 언제든 마케팅 정보를 전송하고 연락을 취할 수 있는 풀(Pool)을 확보하는 것이 마케팅 성공의 핵심 요인이 되고 있다.

카카오톡채널을 통한 마케팅은 단순히 불특정 다수에게 병원을 알리고 환자가 오기를 기다리는 것이 아니다. 개개인과 소통하고 소통을 통해 관계를 지속하는 마케팅 도구다. 오늘날과 같이 경쟁이 치열하고 마케팅 예산이 증가하는 시점일수록 이런 팬클럽을 확보하는 도구가 더더욱 중요하다. 이미 병원이 보유한 환자를 잘 유지하고 관리하는 도구로서 카카오톡채널은 매우 유용하다.

하지만 한 가지 문제가 있다. 카카오톡채널을 이용한 마케팅의 장점이자 단점은 외주로 100% 업무 진행이 어려울 수 있다는 것이다. 일방향으로 정보를 전달하고 환자가 올 때까지 기다리는 그런 구조의 마케팅이 아니기 때문이다. 카카오톡채널은 환자가 병원에 메시지를 전송할 수 있고 우리 병원을 친구로 추가하는 행동을 통해 관계가 형성되는 마케팅이다. 어떤 형태로든 병원 내부에서 마케팅에 관여할 수밖에 없다. 따라서 마케팅을 적극적으로 진행할 의향이 없는 병원에서는 예산이나 인력 투입을 고려해 운영 대상에서 제외하는 것도 대안이 될 수 있다.

04

병원의 고질적 고민
4가지에 대한 해결 실마리

　　병원 마케팅을 시작하면 환자가 병원에 도달해 매출이 오르기 전까지 이런저런 문제가 발생한다. 대부분의 병원은 이 시점에서 마케팅을 할 필요가 없다고 판단하고 중간에 포기하는 것이 아닌가 조심스레 추측해 본다. 나 역시 광고 마케팅 전문가임에도 이런 과정을 겪으며 성장했다. 의외로 이 시점에서 카카오톡이라는 채널이 상당한 도움이 됐다. 내가 카카오톡을 활용해 해결한 병원의 고질적인 문제 4가지와 자세한 해결 방법을 소개해 보겠다.

1) 마케팅은 효과가 있다는데 신환이 없다

병원 마케팅 4년 차가 되던 어느 날 아침으로 기억한다. 피로를 잊기 위해 커피를 너무 많이 마셨는지 화장실을 들락거렸다. 이때마다 병원 데스크를 지나야 했다. 그날따라 어떤 이유에서인지 내가 문을 열고 나갈 때마다 데스크에서 환자와 전화 상담을 하고 있었다. 5번 정도를 오가면서 같은 상황을 연속으로 목격한 후 하루 종일 아무 일도 할 수 없었다. "네, 라미네이트 60만 원입니다."하고 전화를 끊거나 "오늘은 예약하실 수 없습니다."하고 전화를 끊기도 했다. 손가락 관절염이 생길 정도로 열심히 일하는 나와 달리 데스크 현장에서는 환자를 병원 문 앞까지 유인하는 메시지가 전혀 없다는 사실을 그날 깨달았다. '내가 죽도록 병원을 알리면 뭐하나... 병원에 도달을 안 하는데...'라는 생각에 무기력함이 느껴졌다.

데스크에 상담 매뉴얼이 없기 때문이라는 결론을 내렸다. 닥터리병원은 개원 3년 차부터 신환은 90% 이상이 온라인 마케팅으로 유입됐는데 당시 데스크 인력 교체가 있었고 새로운 인력은 온라인 마케팅을 보고 내원하는 환자를 경험한 적이 없었다. 마치 동네에서 간판을 보고 내원하는 환자를 대하듯 질문에만 답을 하니 답을 듣고 환자가 떠나는 악순환이 지속된 것이다. 상담을 친절하게 해달라고 요구하면 상황이 바뀔까? 그렇지 않을 거라는 게 나의 예측이었다. 어떻게 친절해야 하는지에 대한 정의가 명확하지 않은 상태에서의 오더는 막연할 것으로 예상했다. 정확히 우리 병원에 맞는 상담 방법이 무엇인지 내가 먼저 알아야 한다는 생각이 들었다.

다음날부터 마케팅을 진행 중인 모든 채널에 카카오톡 상담 창구를 소개했다. 최대한 전화가 병원 데스크로 걸려오지 않게 하기 위해서였다. 나를 우울하게 만든 그 당시 닥터리병원은 하루 종일 전국에서 걸려오는 문의 전화로 쉴 틈이 없었다. 이런 전화를 받는 데스크 담당자들이 모든 전화에 친절히 원하는 답을 하는 것은 기대하기 어려웠다. 상담에 쏟는 에너지를 줄이면서 병원이 바쁜 시간에는 상담을 미룰 수 있는 방법으로 카카오톡이 최적이라 판단했다. 상담은 최대한 마케팅팀에서 관리하고 정확한 의학적 답변이 필요할 때만 진료 스태프나 상담 실장님을 통해 답했다. 궁금증을 묻는 환자에게 "답변을 상담 실장님이 해야 합니다.", 혹은 "원장님이 진료 중인데 끝나면 여쭤보고 연락드릴게요."라고 말하면 거부감 없이 기다린다. 이런 특징을 활용해 병원이 상담하기 편한 시간을 관리하며 답변했다.

시간이 지나며 데스크에서 어떤 문구나 단어를 사용할 때 환자가 병원에 내원하는지에 대한 데이터가 쌓이기 시작했다. 말은 시간이 지나면 흔적이 남지 않지만 글은 언제든 다시 읽어볼 수 있다는 점을 활용해 상담 내용을 항상 다시 확인하며 효과가 우수한 문장과 단어를 찾았다. 이렇게 마케팅팀에서 1년간 실험을 마친 후 데스크에 한 가지 요청을 했다. 환자가 아파서 전화를 하거나 카톡을 할 때 그 어떤 질문을 하더라도 일단 답을 멈추고 지금 현재 환자의 상태 즉, 통증이나 불편함이 있는지부터 확인해 달라고 지시했다. 만일 불편이나 통증이 있다면 그 불편에 공감한다는 느낌을 주는 이야기를 먼저 하도록 요구했다. 예를 들면, "깨지셨다고요? 지금 통증은요? 아픈 건 아니세요?"라고 말이다. 비용 문의를 하러 전화했는데 이런 반응을 접하면 환자는 대부분 잠시 주춤하다 마음을 연다. 그리고 비용이든, 내원 시간이든, 궁금증에 답을 주면 내원 확률이 높아진다.

병원마다 진료과목과 특징이 다르다. 당연히 상담 방법도 달라야 한다. 마케팅 효과는 우리 병원에 적합한 상담 방법을 찾을 때 놀랍도록 커진다는 것을 장담할 수 있다. 그리고 카카오톡채널은 병원에게 우리 환자에 대해 알려주는 유익한 도구다.

2) 일은 많고 효과는 없다 - 리콜, 해피콜, 예약문자

닥터리병원 입사 초기 데스크 업무를 처음 배울 때 '리콜', '해피콜'이라는 단어를 처음 접했다. 라뽀 형성을 위해 필수적이고 환자가 우리 병원을 잊지 않도록 리콜과 해피콜이 중요하다고 당시 나에게 데스크 업무를 가르쳐 주던 윤 코디가 이야기해줬다. 병원들은 어떤 방법으로 리콜과 해피콜을 하느냐고 물으니 본인과 같은 코디가 주로 하는 업무라고 말했다. 환자들에게 리콜과 해피콜 전화를 돌렸지만 젊은 환자가 많은 강남역에서는 연결되는 환자가 드물었다. 젊은 환자들은 대게 모르는 번호로 오는 전화를 받지 않기 때문이었다. 하루 종일 시간 날 때마다 전화를 돌리고 문자를 보내고 단순노동의 반복이 끔찍하게 느껴졌다. 윤 코디는 되도록

413

3회까지 연락을 하되 3회가 넘으면 멈추라고 조언했다. 병원을 스토커로 볼 수도 있다는 이유였다. 내가 보기에는 3회도 끔찍 그 자체였다. 안 할 수는 없고, 해도 효과가 없는 리콜과 해피콜이 이어졌다. 예약 문자를 보내는 일도 마찬가지였다. 3일 전에 보내고 하루 전에 보내고 당일에도 보내고. 아무리 환자에게 내원 일정을 고지해도 잊거나 늦는 사람이 정시에 도착하는 사람보다 많았다.

업무는 줄이고 효과는 늘려야 했다. 이때도 카카오톡 활용이 유효했다. 물론 모든 환자의 리콜과 해피콜을 카카오톡으로 하는 것은 어렵다. 파레토 법칙에 따라 꼭 필요한 환자, 젊은 환자, 치료가 아직 마무리되지 않은 환자는 별도로 카카오톡을 활용해 리콜과 해피콜을 했고 나머지는 자동 문자를 사용했다. 환자 입장에서 개인적으로 전송된 카톡을 무시하는 경우는 드물다. 상담자 입장에서는 3번씩 전화할 필요가 없다. 효율과 효과를 고려할 때 이득이 훨씬 크다.

종종 리콜과 해피콜을 위해 별도로 직원을 고용한다는 원장님을 만난다. 진료나 데스크 업무를 보는 직원이 병행하기에는 업무가 과중하기 때문이라는 이유다. 기존 환자가 많고 관리가 필요하다면 카카오톡이라는 도구로 업무량을 줄이는 것이 가능할 수 있다.

3) 환자 응대 업무, 자동화가 필요하다

개원 6년 차쯤으로 기억한다. 환자가 늘어 직원도 추가 채용하고 원장님도 3명으로 늘었다. 1인 소규모 병원을 벗어나 점차 규모를 키워가던 중이었다. 인원도 늘고 환자도 느니 마케팅팀 업무는 더욱 기하급수적으로 늘어나는 기분이었다. 이때쯤 정부의 요구 사항도 늘기 시작했다. 마케팅 운영하랴, 개인정보자율점검 처리하랴, 법 테두리 안에서 직원 계약서 작성하랴, 한꺼번에 밀려드는 업무에 혼이 빠져 있었다. 하루에 수십 건씩 들어오는 카톡 상담이 이제는 반갑지 않을 지경이었다. 아무리 상담을 간소화하기 위해 자료를 정리하고 이미지를 미리 만들어도 일은 일이었다.

그냥 카톡에 FAQ로 바로 답변할 수 있으면 얼마나 좋을까라는 생각을 했다. 매일 치는 문장도 저장 좀 됐으면 좋겠다는 생각도 했다. 밤 8시 넘어서 오는 상담 문의는 자동으로 답변 가능 시간을 알려주면 참 편하겠다는 생각도 들었다. 현재는 이런 자동화가 카카오톡채널에서 모두 가능하다. 예산만 충분하다면 챗봇으로 자동 답변을 만들 수도 있다.

데스크에서 10년을 일하며 깨달은 바가 있다. 데스크 인력이 환자에게 친절하기 위해서는 하나의 대전제 조건이 충족돼야 한다. 업무가 과중하면 안 된다는 것이다. 바쁘고 정신없는데 친절할 수 있는 사람은 오직 한 명, 주인밖에 없다. 바빠서 불친절할 수밖에 없는 상황을 제거해야만 상담자를 친절하게 만들 수 있다. 이를 위해서는 간단하고 반복적인 업무는 최소화해야 한다. 카카오톡채널의 스마트채팅, 알림톡 등을 이용해 업무를 최소화할 수 있다. 병원이 어느 정도 성장하면 정체기에 들어서고 또 다른 도약을 위한 단계에 들어서게 된다. 이때 카카오톡채널은 병원이 활용할 수 있는 매우 유용한 커뮤니케이션 도구가 되어 줄 것이다.

4) 상담 실장님 의존도를 낮추고 싶다면

병원은 상담 실장님 의존도가 매우 높은 업종이라는 것을 입사하고 알아차리는 데는 1년도 걸리지 않았다. 실장님 입퇴사가 매출 상승과 하락에 직결되는 것을 내 눈으로 직접 여러 차례 목격했다. 나는 마케팅 데이터와 연동해 신환 수, 환자 동의율을 함께 확인하는데 마케팅의 최종 성공과 실패를 가르는 것은 상담 실장님 몫처럼 보였다. 내가 컨트롤 할 수 없는 핵심 요소가 내 업무 최종 결과를 좌우한다는 사실은 불만을 넘어 공포로 다가왔다.

물론 능력 있는 실장님을 채용하는 것이 가장 적절한 해결책이지만 차선책을 가지고 싶었다. 또, 아무리 능력 있는 상담자도 한 번에 너무 많은 환자가 몰려오면 실력 발휘가 어렵다는 것을 매번 환자 보고서에서 확인 중이었다. 내가 찾은 방법은 저연차 스태프와 마케팅 담당자에게 간단한 상담이 가능하도록 평소 교육하는 것이었다. 광고를 전공한 일반인인 나도 되는데 다른 사람이 안 될 이유가 없다고 생각했다. 문제는 처음 상담을 하는 상황에 대한 두려움이다. 의료인이든 비의료인이든 환자가 상담을 요구하면 가슴이 떨린다. 나도 첫 환자 상담 때 내가 200만 원을 어떻게 결제

했는지 기억이 없다. 뭐라고 떠들었는지도 모르고 40분 동안 상담을 했고 다행히도 환자가 진료에 동의했다. 한번 해 보고 나니 자신이 붙었고 이후로는 배짱 있게 환자를 대할 수 있었다. 하지만 모든 직원에게 이런 위험 부담을 요구할 수는 없었다.

반면, 카톡 상담은 초보도 가벼운 마음으로 시도해 볼 수 있다. 혹시 어떤 이야기를 해야 할지 모르면 언제든 선배에게 도움을 청하거나 미루면 된다. 처음 상담을 시도하는 초보 입장에서 쉽게 상담이라는 업무를 접할 수 있다. 이런 방법으로 나는 일반인, 코디, 공대 출신 마케터 등에게 상담을 교육할 수 있었다. 결과는 대만족이었다. 상담 실장님 의존도가 낮아졌다. 실장님이 휴가를 가도 큰 문제가 없었고 신환이 한꺼번에 몰리는 날도 여러 명이 간단한 상담을 도울 수 있으니 전체적으로 병원 운영이 안정됐다. 카카오톡 채널은 마케팅 도구기도 하지만 다른 용도로도 활용된다. 실장님 의존도가 높거나 업무가 과중해 고민인 병원에 적극 추천한다.

작은 병원 마케팅 실전 가이드 9
: 카카오톡채널 시작하기

이 책을 쓰는 중에 일명 대박 병원의 A 마케팅 실장님을 만났다. 카카오톡채널의 다양한 신상 기능을 어떻게 추가적으로 병원 마케팅에 활용할 수 있는지 얘기해 줬다. 워낙 걱정 없는 병원이지만 도움 될 만한 카카오톡 마케팅툴을 사용하지 않기에 내 머리도 정리할 겸 몇 가지 소개했다. 그리고 4일 정도 지난 후 카카오톡채널의 새로운 기능에 대해 어떻게 생각하는지 물어봤다. 이미 내부 마케팅팀이 할 수 있는 업무는 완료한 상태고 외주 줘야 하는 일은 미팅을 마치고 다음 주부터 진행한다고 이야기했다.

역시 그냥 대박 병원이 되는 게 아니라는 생각이 들었다. 작은 힌트를 전달하니 일주일도 지나지 않아 알려준 모든 것이 적용돼 있었다. 결국 마케팅 성공의 핵심은 아는 게 아니라 하는 것이다.

일단 조금 무식하게 하다 보면 방향이 점점 명확해진다.

안타깝게도 나는 의외로 조심스러운 성격이다. 실패에 대한 두려움이 있다고 해야 할까. 어떤 일도 충분히 사전에 알아보고 머릿속에 완전히 그림이 그려지기 전에 행동으로 옮기지 않는 편이다. 앞에 소개한 A 실장님과 10년 넘게 연락하는데 새로운 마케팅 방법에 대해 가볍게 전달하면 항상 나보다 실행이 빨랐고 그만큼 매출도 높고 성장 속도도 빨랐다. 이 책을 읽고 있는 원장님이라면 지금 당장 실행부터 하며 닥터리병원보다 더 대박 병원이 되기를 기원해 본다.

오프라 윈프리가 자신의 인생을 성공으로 이끌기 위해 스스로에게 했다는 질문을 소개한 것이 기억난다. 'What is the next right move?' 어떤 도전을 할 때, 모든 것을 알려고 하거나 과도하게 고민하지 말고 지금 당장 해야 하는 올바른 행동을 하나씩 차근차근 시작하면 된다는 조언이다. 새로운 시도는 항상 망설여진다. 한 번도 카카오톡채널을 이용해 마케팅을 해본 경험이 없다면 지금부터 함께 한 발만 내딛어 보자.

1) 카카오톡채널 담당자 지정하기

우선 카카오톡채널이라는 도구를 어떻게 활용할지 미리 고민해 보자. 경험이 없다면 기초 기능을 사용하며 활용 방법을 찾기 위한 방향으로 목표를 설정하는 것이 적합하다. 고객과 기본적인 접점을 만들며 활용에 적응하는 초기 단계가 필요하다.

가볍게 목표를 정했다면 이 업무를 수행할 담당자를 정하자. 초기 기본 설정을 누가 할 것인지, 환자와 소통은 누가 담당할지, 처음부터 정확히 정하는 것이 업무 효율을 높일 수 있다. 마케팅팀을 별도로 꾸리지 않은 병원이라면 초기 설정은 원장님이 직접 관여하는 것이 좋다. 이후 운영은 데스크 담당자가 맡는 것도 방법이다. 담당자 업무 강도와 시간을 고려해 상담 가능 시간을 설정하자.

초기 설정 시에는 퇴사가 가능한 직원보다는 대표 원장님 연락처를 활용해 회원 가입을 한다. 카카오톡채널에서 내용을 변경하거나 채팅을 위해서는 스마트폰 인증이 필요할 때가 있다. 이런 이유로 닥터리병원에서는 병원용 핸드폰 전화번호와 병원 업무용 이메일을 이용해 가입을 진행했다. 원장님 개인용 핸드폰을 마케팅 담당자가 사용해야 하는 일을 처음부터 없애는 방법이다.

2) 카카오톡채널 개설하고 기본 설정하기

카카오톡채널 마케팅을 위해서는 관리자 센터와 친해져야 한다. 우선 관리자 센터에서 회원 가입을 하고 채널을 만들자. 채널을 개설하기 위해서는 프로필에 쓸 640×640 크기의 이미지가 필요하다. 채널 이름, 검색용 아이디, 소개 글도 미리 작성하자. 채널 이름은 병원명을 사용할 수 있다. 검색용 아이디는 환자가 카카오톡에서 검색했을 때 노출되는 아이디를 의미한다. 추후 변경이 불가능하니 충분히 고민해 결정해야 한다. 이외 카카오톡채널에 노출시킬 소개 글을 간략하게 55자 이내로 작성하자. 채널 개설 페이지로 이동해 필요한 내용을 입력하고 채널을 개설하자.

<카카오톡채널 개설하기 페이지 화면(출처 : 카카오비즈니스)>

채널 개설이 완료되면 관리자 센터 화면이 뜬다. 왼쪽 메뉴를 순서대로 하나씩 살피며 필요한 추가 신청을 진행하고 정보를 입력하자. 첫 번째로 대시보드로 이동하면 웰컴 메시지를 입력할 수 있다. 고객이 처음으로 채널에 방문하면 노출되는 멘트다.

<카카오톡채널 관리자 센터 메뉴 화면(출처 : 카카오비즈니스)>

대시보드에는 비즈니스채널 신청 메뉴가 있다. 사업자로서 다양한 기능을 활용하기 위해서 필요하니 신청해야 한다. 비즈니스 채널 신청을 위해서는 사업자등록증과 신분증이 필요하다.

1. 사업자등록번호 또는 고유번호를 입력해주세요.

사업자 등록번호, 고유번호   000   -   00   -   00000   [검색]

2. 정보와 일치하는 서류를 첨부해주세요.   지원파일 : jpg, png, zip (최대 10MB)

· 사업자등록증 또는 고유번호증*   [파일선택]

· 재직증명서(발급일 3개월 이내) 또는 대표자의 신분증*   [파일선택]

* 수의사항: 성명 또는 담당자명, 생년월일, 성별, 증명사진, 발급기관 정보를 제외한 개인정보가 마스킹(가림처리)되지 않을 경우 정상 접수 처리 되지 않을 수 있습니다.
사업자등록증을 제외한 제출 서류는 심사 후, 즉시 파기처리 됩니다.
개소정 가이드 보기

3. 업종별 제출 서류를 첨부해주세요.   지원파일 : jpg, png, zip (최대 10MB)

· 통신판매업일 경우 통신 판매업 신고증을 필수로 첨부해주세요.   [파일선택]

· 통신판매신고면책인 경우 소명서와 관련 서류를 필수로 첨부해주세요.   [파일선택]

· 의료기기판매업일 경우 의료기기 판매업 신고증을 필수로 첨부해주세요.   [파일선택]

· 건강기능식품판매업일 경우 건강기능식품 판매업 신고증을 필수로 첨부해주세요.   [파일선택]

통신판매신고면책 제출 서류 안내

─────────────────────────────

[이전]

<카카오톡 비즈니스채널 신청 화면(출처 : 카카오비즈니스)>

다음으로 프로필로 이동한다. 처음 채널을 만들면 비공개 상태로 개설된다. 프로필 설정 내 공개 설정에서 채널 공개와 검색 허용을 Off에서 On으로 변경하자.

<카카오톡채널 관리자 센터 프로필 설정 화면

(출처 : 카카오비즈니스)>

다음으로 1:1 채팅 설정이다. 병원 내부 상황을 고려해 상담 가
능 요일과 시간을 지정한다. 상담자 PC에는 채팅 알림 설정도 하
자. 상담 건이 생기면 PC에 바로 표시돼 답변하기 편하다. 닥터리
병원은 모든 데스크와 마케팅팀 컴퓨터에 알림 설정을 하고 데스
크 상황과 질문 특징에 따라 적절한 담당자가 답변했다.

<1:1 채팅 사용 여부와 PC 알림 설정 화면(출처 : 카카오비즈니스)>

이제 비즈니스도구에서 채팅방 리스트 메뉴를 만들 차례다. 최대 10개까지 작성 가능하다. 채팅창을 통해 환자가 자주 물을 가능성이 있는 내용을 메뉴로 입력하고 답변을 달아보자. 진료시간, 찾아오는 길 등을 설정하는 것도 방법이다.

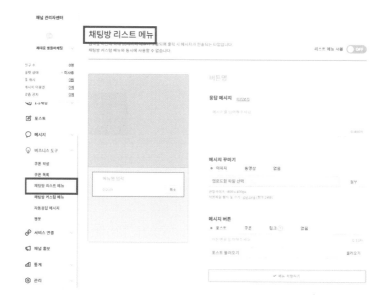

<카카오톡채널 채팅방 리스트 메뉴 만들기 화면

(출처: 카카오비즈니스)>

서비스 연결에서 매장 등록을 진행하자. 카카오맵 등에 매장을
노출할 수 있으니 필요 서류를 구비해 신청한다.

<カカオ톡채널 매장 등록 화면(출처 : 카카오비즈니스)>

여기까지 마쳤다면 카카오톡채널을 개설하고 최소한의 기본 설정을 마친 것이다. 옐로아이디 시절부터 만들어진 관리자 센터는 세월이 지나면서 더욱 사용자 친화적으로 발전했다. 조금만 사용해 보면 직관적으로 이해하고 사용할 수 있다.

3) 우리 병원 카카오톡채널 환자에게 알리기

채널을 만들었으면 이제 사용자를 모아야 한다. 사용자를 모으는 방법은 크게 두 가지다. 사용자가 우리 채널을 추가해 소통을 시작하는 방법과 병원이 이미 보유한 고객 DB를 활용해 카카오톡채널에 추가하는 방법이다. 하나씩 살펴보자.

먼저 사용자가 병원 채널을 추가하도록 유도하는 방법이다. 가장 흔하고 기본적인 시도로 우리 병원 채널 URL을 다른 마케팅 채널에 노출한다. 카카오톡채널 관리자 센터 내 '채널 홍보하기' 메뉴로 이동해 링크나 QR코드를 다운로드해 사용하면 된다. 우리 병원 홈페이지, 블로그, 각종 SNS 채널에 링크나 QR코드를 노출한다. 또, 데스크에 QR코드를 POP 홍보물로 만들어 환자의 활용을 유도할 수도 있다.

다음은 병원이 보유한 환자 DB를 활용한 사용자 추가 방법이다. 기존 환자에게 알림톡을 보내는 방법이 여기 속한다. 예약 일정 같은 진료목적 내의 꼭 필요한 정보를 전달할 수 있다. 이때 주의할 것은 개인정보보호 관련 가이드라인을 따라 정보 주체인 환자의 동의가 필요하다는 점이다. 이미 해마다 개인정보보호 자율점검을 하고 있는 병원이라면 의료기관 개인정보보호 가이드라인을 보고 이에 따라 동의를 받고 있겠지만 개원 초기로 아는 바가 없다면 필히 개인정보보호위원회 사이트를 방문해 '의료기관 개인정보보호 가이드라인'을 참고할 것을 추천한다. 2012년부터 4년에 한 번씩 개정되고 있으니 되도록 최신 버전을 참고하자. 2023년 6월을 기준으로 2020년 가이드라인의 '홍보를 위한 개인정보 사용에 대한 지침'을 살펴보면 다음과 같다.

■ 의료기관이 홍보나 홈페이지 관리 등을 위해 개인정보를 수집하는 경우에는 반드시 정보주체의 동의가 필요함

❍ 정보주체의 동의를 받을 때에는 ①개인정보의 수집·이용 목적 ②수집하려는 개인정보 항목 ③개인정보의 보유 및 이용기간 ④동의를 거부할 권리가 있다는 사실과 그에 따른 불이익(있을 경우)을 알리고 동의를 받아야 함

 환자에게 진료와 직접적인 관련이 있는 내용의 SMS를 보내는 것은 환자의 동의가 없어도 보낼 수 있다고 하는데 예방접종 예약 안내도 포함되나요? 만일 동의서를 받아야 한다면 '접종일자에 대해 안내받기 위한 정보활용에 동의함'이라는 문구만을 추가하는 것으로 가능한가요?

■ 진료목적의 범위에는 예약내용의 안내, 간염 1차 접종을 받은 사람에게 2차 접종을 안내하는 것과 같이 동일 진료와 연결된 예방접종 사항에 대한 안내, 검사결과 통보 등이 포함됩니다.

■ 그렇지만, 진료를 목적으로 수집한 개인정보는 당해 진료와 관련한 목적 내의 범위에서 이용하여야 합니다. 그러므로 진료와 관계없는 예방접종 안내 등을 위해서는 정보주체 또는 그 법정대리인의 동의를 받아야 합니다.

■ 동의를 받고자 하는 경우에는 ① 개인정보의 수집·이용목적, ② 수집하려는 개인정보의 항목, ③ 개인정보의 보유 및 이용기간, ④ 동의를 거부할 권리가 있는 사실 및 동의 거부에 따른 불이익이 있는 경우에는 그 불이익의 내용을 알리고 동의를 받아야 합니다. 그러므로 '접종일자에 대해 안내받기 위한 정보활용에 동의함'이라는 문구만을 추가해서는 아니 됩니다.

<개인정보 보호 가이드라인(의료기관편. 2020년 12월 개정) 79~80페이지(출처 : 개인정보보호위원회)>

　환자의 개인정보 수집 시 동의를 받아야 한다. 동의서에는 기본적인 개인정보 수집이용목적, 개인정보항목, 보유 및 이용 기간, 그리고 동의를 거부할 권리와 거부 시 불이익을 알리게 돼있다. 기본적인 동의를 받았다면 알림톡을 사용하는데 무리가 없다. 단, 단순한 진료목적 이외에 홍보성 정보 전달을 희망한다면 별도로 고지하고 동의를 받아야 한다. 나의 노파심일 수도 있지만 되도록 법령에 어긋나는 홍보 활동은 지양하자. 닥터리병원은 홍보를 위한 동의서를 받지 않았고 당연히 홍보 문구를 단체 전송한 적도 없다. 환자 입장에서 병원이 허락 없이 장사를 한다는 느낌을 주는 것은

오히려 역효과가 날 수 있다. 되도록 환자를 위하는 마음으로 필요한 정보를 전달하면서 환자가 스스로 채널 추가를 하도록 유도하는 것이 바람직한 방법이다.

이렇게 다양한 방법으로 카카오톡채널에 환자를 모았다면 이제 방문한 그들에게 필요한 정보를 제공할 차례다. 방문자에게 필요한 정보를 제공하고 내원을 유도하기 위해 홈에 게시물을 작성한다. 병원 공지사항을 올리거나 블로그나 홈페이지 URL을 연결할 수도 있다. 초기에는 기능과 익숙해진다는 마음으로 여러 가지 방법을 모두 사용해 보자.

<카카오톡채널 포스트 작성 화면(출처 : 카카오비즈니스)>

다양한 방법으로 채널을 알리기 시작하면 1:1 채팅이 늘어나게

된다. 상담 가능 시간 안에 되도록 상담을 진행하자.

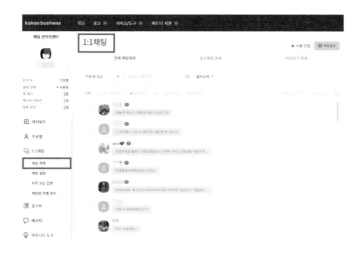

<카카오톡채널 PC버전 1:1 채팅 관리 화면

(출처 : 카카오비즈니스)>

꾸준히 채널에 정보를 채우고 채널을 알리며 상담을 진행하다 보면 우리 병원에 어떤 방향이 적합한지 자연스럽게 보이기 시작한다. 시작과 동시에 효과를 본다는 생각보다 장기적으로 병원 브랜드를 키운다는 관점에서 관리해 보자.

어느 정도 적응이 되고 카카오톡채널 사용량이 늘어난다면 통계에서 고객 반응을 살피며 다음 방향을 모색하면 된다. 알림톡 사용으로 채널 추가가 늘어나고 1:1 상담이 많다면 상담 내용을 매뉴얼화하거나 자동화하는 노력이 필요할 수 있다.

10년간 닥터리병원을 운영하며 몇 차례 급격한 성장을 이룬 적이 있었다. 그 기회는 매번 새로운 마케팅 채널이 가져다줬다. 아직 다른 병원이 관심을 가지지 않는 새로운 채널에 남들보다 조금 먼저 관심을 가질 때마다 경쟁은 적고 적은 비용과 노력으로 큰 효과를 볼 수 있었다. 나의 십수 년 경험을 통한 동물적 직감은 분명 카카오톡채널과 네이버 스마트플레이스가 이런 기회를 당분간 꾸준히 가져다줄 거라고 말한다. 두 채널에 새로운 기능이 추가되며 새로운 기회를 만들고 있음을 엿볼 수 있기 때문이다. 새로운 변화의 흐름을 빠르게 알아차리기 위해서는 그 흐름의 중심에 있어야 한다. 지금 당장 작은 실천으로 시작해 보자.

제10장

의료광고법과
의료광고사전심의 이해

01

이것만 알면
의료광고법 걱정 없다

2년 정도 닥터리병원에서 마케팅 업무를 하던 어느 날 한 대행사가 병원을 방문했다. 시간 여유가 있다면 언제나 찾아오는 영업담당자를 만나보는 편이라 그날도 시간을 내 미팅을 가졌다. 한참자신들의 서비스에 대해 이야기하던 그는 "병원 마케팅이 의료법 때문에 아무나 할 수 없는 업무잖습니까?"라는 말을 했다. 방문하는 대행사 대부분이 같은 이야기를 한다는 사실이 신기하면서 조금 의아하게 느껴졌다. 나는 그다지 의료 마케팅이 어렵다고 생각해 본 적이 없었기 때문이다.

물론 광고대행사를 다닐 때 이미 의약품이나 금융상품 광고 사전심의 때문에 고생하는 것을 워낙 자주 봐서 상대적으로 광고 관련 법규가 어렵지 않다고 느꼈을 수도 있다. 하지만 왜 같은 일을 하면서 나는 어렵다고 생각하지 않는 부분을 저들은 저렇게 어렵다고 느끼는지 호기심이 발동했다.

미팅이 끝나고 혼자 남아 잠시 고민에 빠졌다. 정말로 그들이 말하는 것처럼 의료 마케팅은 어렵고 아무나 할 수 없는 그런 일일까? 한참을 생각해도 내 결론은 그렇지 않다는 것이었다. 그리고 어렵지 않다고 생각하는 나와 그들의 차이를 알 수 있었다. 의료 서비스를 바라보는 시각 차이였다.

나는 의사로서의 양심과 도덕성을 헤치는 커뮤니케이션을 할 생각이 없었다. 닥터리가 원치 않기 때문이었다. 의료 서비스는 다른 장사와 달리 최소한의 양심과 사회를 위한 배려가 조금 더 바탕이 되는 사업이라 생각하고 마케팅 전략을 수립했다. 주인이 원치 않는 메시지를 만들 의향이 없었다. 이런 가이드를 지키면 알아서 의료법 범주 내에서 마케팅을 운영하게 된다. 그래서 나는 병원 마케팅이 다른 광고주보다 어려울 게 없었다. 단지 원하는 바가 도덕적으로 명확한 광고주일 뿐이었다.

하지만 의외로 현장에서 보면 의료법을 어길 가능성이 거의 없는 원장님들이 병원 마케팅은 어렵고 법을 위반할 가능성이 높다고 판단해 시작도 안 하는 경우를 종종 보게 된다. 몇 가지만 정확히 알면 그렇게 꺼릴 필요가 없는데 안타깝다. 이번 장에서는 병원 마케팅 클라이언트로서 꼭 알아야 할 의료 광고법에 대해 이야기해 보겠다.

1) 광고인에게 의료 광고가 어려운 이유

10년을 넘게 병원 마케팅을 하다 보니 나는 다른 업계 마케팅보다 병원 마케팅이 특별히 어렵다는 인식을 하지 않고 업무를 진행해왔다. 하지만 인터넷을 조금만 찾아보면 의료 마케팅은 어렵다는 이야기를 자주 볼 수 있다. 가장 큰 이유로 의료광고법을 정확히 이해해야 하기 때문이라는 설명이 주를 이룬다. 실제 그렇다. 다른 업종에서는 고민할 필요가 없는 '광고 사전심의'를 거쳐야 하고 법이 정한 테두리 안에서 진행해야 하기에 집행 과정에서 차이가 있는 것은 분명하다.

특히 광고인 입장에서 더 어렵게 느낄 거라고 생각한다. 대행하는 입장에서 법을 지켜야 하니 심적 부담이 클 것이다. 그들 입장에서 볼 때 평소 습관을 버리고 의료법이 정한 틀 안에서 충실히 커뮤니케이션을 진행해야 한다는 점이 어려울 것이다. 여기서 말하는 습관이란 과장(Exaggeration)이다.

광고 커뮤니케이션의 핵심은 우리 제품이나 서비스의 장점을 과장하는 것이다. 대학에서 광고를 전공하면 1학년 때 가장 먼저 배우는 것이 광고 창의성은 과장에서 나온다는 것이다. 광고는 광고주가 가지고 있는 장점, 매력, 차별점에 조금의 과장을 덧대는 작업이며 이 과장을 최대한 재미있고 믿을 수 있게 만드는 것이 능력이라고 배운다. 광고는 거짓을 말하지 않지만 조금의 허풍을 떠는 일이다. 그런데 의료광고법은 과장을 하지 말라고 한다. 오직 있는 사실을 사실 그대로 전하라고 한다.

의료법 제5장 제56조는 의료광고의 금지 내용에 대해 상세히 소개한다. 내용은 주로 병원이 광고를 집행함에 있어 해서는 안 되는 사항이다. 긴 의료광고 금지 내용을 모두 읽고 최대한 요약하면 다음과 같다. "의료 서비스 관련 광고에서는 과장 따위는 용납하지 않겠어."

이렇게 광고인이 할 수 있는 모든 표현의 자유를 차단하니 어렵다고 할 수도 있다. 하지만 병원 원장님이나 내부 관계자는 이런 세세한 태클에 너무 몰입하기보다는 숲을 보는 눈으로 절대 하지 말아야 할 것에 대한 정확한 이해를 가지고 대행사와 협력하면 된다. 대행사 입장에서 어려울 수밖에 없는 상황을 고려하고 결국 총책임을 지는 병원 입장에서 어느 정도로 '과장' 근처까지 갈 것인지를 결정하기 위해 법에 대한 이해가 있어야 한다.

세상 모든 일은 어렵다 생각하면 어려워지고 할 수 있다고 믿으면 되는 방향으로 흐른다. 광고주가 어렵다고 움츠러들면 그 태도를 대변하는 결과물이 나온다. 의료법에 대해 되도록 한 번은 직접 법령을 읽고 스스로 내용을 이해한 후 광고를 시작하기 바란다.

2) 의료광고법 핵심 4가지

의료광고법은 한마디로 '과장하지마.'라는 가이드를 제시하고 있다고 설명했다. 직접 의료광고법 조항을 읽어볼 계획이면 이번 파트는 읽지 않고 넘겨도 좋다. 하지만 병원 내부자가 최소한 의료법에서 하지 말라고 한 내용을 자세히 알고 있어야 보건소에서 전화가 와도 놀라지 않고 적절하게 대응할 수 있기에 4가지로 요약해 설명한다.

첫째는 '의료광고는 의료인만 하라.'다. 광고 메시지는 전송 주체가 필히 병원이어야 한다. 다른 제품이나 서비스를 광고하는 것과 차별되는 법적 요구다. 오직 의료인만 광고를 할 수 있기에 환자 후기나 경험담 그리고 일명 전문가로 비치는 대변인을 통한 광고가 불가능하다. 솔직히 생각해 보면 환자는 의료 결과물에 대한 객관적 평가를 내릴 능력이 없다. 그들의 후기나 경험담이 다른 환자에게 도움 되는 정보가 아닐 가능성이 높지 않은가. 경험담이나 후기는 병원 간의 과도한 경쟁을 야기한다. 개인적으로 2014년 후기와 경험담에 대한 의료법이 강화됐을 때 늦은 감이 있지만 매우 바른 방향이라고 생각해 기쁘게 받아들였다.

둘째는 '근거도 없이 잘난 척하지 마라.'다. 신의료 기술이나 근거 없는 자격증 수상 등을 활용한 광고를 금지한다. 전문적으로 보이기 위해 수술 장면을 직접 사용하는 것도 금지다. 우리 병원이, 우리 원장님이 우월하다고 주장하기 위해 광고에 사용하는 근거를 제시하는 방법에 의료광고법은 제동을 걸고 있다. 경쟁 병원을 보면 홈페이지에 수상이나 자격증을 올린 경우가 허다한데 이것도 불법이냐고 물을 수 있다. 광고 심의를 한다면 심의 불허가 날 것이다.

'의료광고에는 분명 금지된 표현이 있다.'가 세 번째다. 금지 표현에는 거짓, 비교, 과장, 비방, 진료비 할인이 있다. 결국, "내가 제일 잘났다.", "내가 제일 싸다." 같은 메시지를 전달하지 말라는 이야기다. 광고를 만드는 사람 입장에서 비교하지 않고 과장하지 않으면 실제 활용할 수 있는 표현이 거의 없다. 병원 광고를 참 어렵게 하는 사항이다. 하지만 이 또한 건전한 의료 환경을 만들고 환자를 보호하기 위해서는 필수적인 사항이라 받아들였다. 경쟁 병원도 동일한 환경에 놓여있다고 생각하면 오히려 마음이 편하다.

넷째는 '유료 광고를 할 때는 사전심의를 받아라.'다. 위 3가지 사항을 잘 지키고 있는지 광고를 집행하기 전에 미리 심의하겠다는 것이다. 심의는 대한의사협회, 대한치과의사협회, 대한한의사협회 내에 설립된 의료광고 심의위원회가 진행한다. 의료광고물은 게시하기 전 미리 심의위원회에 광고물을 제출하고 심의 절차를 밟아야 한다. 기간은 한 달 이상이 필요하다고 생각하면 된다. 수수료도 발생한다.

심의를 하는 것은 결국 과도한 환자 유치 행위나 의료법에 위배될 내용을 확인해 사전에 차단한다는 취지다. 당연히 심의를 받기 위해서는 콘텐츠에 의료광고법에서 허용하지 않는 내용이 포함되면 안 된다. 심의를 받은 광고는 '의00000', '치00000', '한00000' 등의 심의필번호를 달고 광고를 진행하게 된다. 심의를 받아 본 적이 없어도 온라인에서 본 적은 있을 것이다. 국내 최대 매체사라 할 수 있는 네이버나 카카오의 경우 심의필번호가 있어야만 광고 개제가 가능하다.

위 사항을 자세히 살펴보면 다시 다음의 한 문장으로 정리할 수 있다. '의료인으로 도덕성을 지켜라.'다. 나는 병원 광고를 만들 때 하나하나 광고 금지 내용을 상기하며 업무를 하지 않는다. 과도하게 창의성이 제한되기 때문이다. 그저 큰 그림을 보려고 노력한다. 우리가 만드는 광고에 원장님 지인이나 옆 병원에서 보고 흠잡을 만한 내용이 포함됐는지 고민한다. 혹시 내 광고 표현을 보고 불쾌해할 경쟁자가 있다면 의료법에 위배될 가능성이 높다. 이 정도의 큰 틀이 머릿속에 세워지면 의료광고법에 대한 두려움이 조금은 사라진다.

3) 역사를 알면 미래가 보인다

의료광고법은 고정돼 있지 않다. 의료광고시장 변화에 적응하며 시시각각 변한다. 예들 들어, 2012년까지 인터넷 의료광고는 사전심의 대상에서 제외돼 있었다. 제외됐다기보다 새로운 마케팅 도구에 대해 규제 필요성이나 방법이 정해지기 전이라 생각하면 된다. 그 어떤 규제도 없던 그 시절 의료광고시장은 광고를 하는 내가 보기에도 매우 혼탁했다. '그래도 의료 서비스인데 저렇게까지 거짓된 이야기를 해도 되나?'라는 생각이 드는 메시지가 범람했다.

자신이 파워 블로거라며 공짜로 라미네이트를 해주면 블로그에 병원 홍보를 멋지게 해주겠다는 제안을 수십 차례 받았다. 닥터리가 중심을 잡고 그건 아니라고 말해주지 않았다면 나도 파워블로거 후기 마케팅을 했을 것이라 고백한다. 그만큼 그 당시는 모두가 하는 당연한 방법이었다. 결국 2012년 온라인 광고가 사전심의 대상으로 정해졌다. 법적 제재가 생기니 시장이 조금은 정화되는 느낌이 들었다. 2012년에서 2015년까지 사전심의를 받던 온라인 광고는 2015년 사전심의 제도가 위헌 판결을 받으며 자율에 맡겨지게 된다. 사전심의 제도가 폐지된다며 흥분된 목소리로 연락하던 대행사 담당자들이 기억난다. 하지만 2018년 SNS와 앱 광고를 포함한 사전심의 제도가 다시 부활했다. 새로운 매체를 활용해 또다시 심하다 싶은 광고가 범람하자 다시 사전심의 제도가 부활한 것이다.

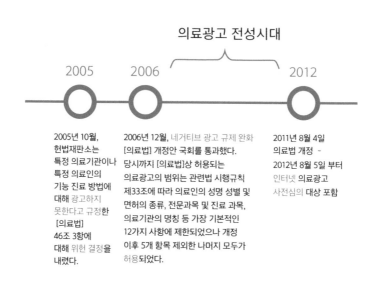

의료광고 전성시대

2005 — 2006 —————— 2012

2005년 10월, 헌법재판소는 특정 의료기관이나 특정 의료인의 기능 진료 방법에 대해 광고하지 못한다고 규정한 [의료법] 46조 3항에 대해 위헌 결정을 내렸다.

2006년 12월, 네거티브 광고 규제 완화 [의료법] 개정안 국회를 통과했다. 당시까지 [의료법]상 허용되는 의료광고의 범위는 관련법 시행규칙 제33조에 따라 의료인의 성명 성별 및 면허의 종류, 전문과목 및 진료 과목, 의료기관의 명칭 등 가장 기본적인 12가지 사항에 제한되었으나 개정 이후 5개 항목 제외한 나머지 모두가 허용되었다.

2011년 8월 4일 의료법 개정 – 2012년 8월 5일 부터 인터넷 의료광고 사전심의 대상 포함

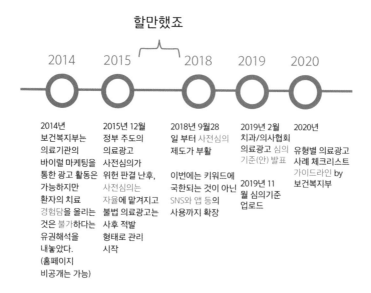

할만했죠

2014 — 2015 ——— 2018 — 2019 — 2020

2014년 보건복지부는 의료기관의 바이럴 마케팅을 통한 광고 활동은 가능하지만 환자의 치료 경험담을 올리는 것은 불가하다는 유권해석을 내놓았다. (홈페이지 비공개는 가능)

2015년 12월 정부 주도의 의료광고 사전심의가 위헌 판결 난후, 사전심의는 자율에 맡겨지고 불법 의료광고는 사후 적발 형태로 관리 시작

2018년 9월28 일 부터 사전심의 제도가 부활

이번에는 키워드에 국한되는 것이 아닌 SNS와 앱 등의 사용까지 확장

2019년 2월 치과/의사협회 의료광고 심의 기준(안) 발표

2019년 11월 심의기준 업로드

2020년 유형별 의료광고 사례 체크리스트 가이드라인 by 보건복지부

<의료법과 의료광고의 역사>

새로운 매체 출연으로 제도적 규제가 필요할 때는 광고 규제가 강화되기도 하고, 시장이 정체되고 자율성이 필요할 때는 규제가 느슨해지기도 한다. 2005년부터 규제 내용을 살펴보면 흐름이 보인다.

<2005~2022년 의료법 흐름>

그리고 역사적으로 이 흐름에서 기회를 잡은 병원이 광고를 통한 성장을 이뤄냈다. 2005년경, 당시까지 기본 정보 이외에는 광고를 할 수 없다는 규정에 대한 위헌 판정이 났다. 처음으로 병원도 적극적인 광고를 집행할 수 있는 환경이 마련된 것이다. 당시 3호선을 타고 신사역으로 출근하던 나는 '메트로'와 '포커스'라는 무료 신문에서 치과 광고를 자주 본 기억이 있다. 몇몇 '○플란트'라는 명칭을 쓰는 치과들이 임플란트 진료과목을 주력으로 광고를 진행했다. 그들의 신문 전면광고를 접할 때마다 광고비 단가를 계산하며 '치과가 돈을 많이 버는구나.'라고 생각했었다. 이때 광고를 집행한 치과가 성장할 수 있었던 주요 원인을 나는 의료광고법에 대한 이해였다고 판단한다. 광고 표현의 자유가 손에 쥐어지는 초기에 발 빠르게 시장을 점유한 것이다.

이후에도 유사한 사례를 온라인에서 찾아볼 수 있었다. 초기 표현이 자유로웠던 바이럴 마케팅으로 성장한 병원도 있고 SNS나

앱 광고로 규제를 피한 병원도 있었다. 광고주는 이런 흐름을 보는 눈을 가져야 한다.

나는 닥터리병원 마케팅을 할 때 의료법이 변하고 규제와 제한이 강해질 때마다 속으로 쾌재를 불렀다. 사전에 미리 의료법이 바뀔 것이라 예측하고 광고 표현을 법 테두리 안에서 했기 때문이다. 물론 법령이 강화되기 전에는 오히려 경쟁자 대비 효과가 미미하다고 느낀 적도 있지만, 법이 실제 강화되는 시점에는 내 세상이 온 듯 혼자 기뻤던 기억이 난다.

'돈의 속성'의 저자인 김승호 스노우폭스 대표의 사장을 키우는 강의 '사장학개론'을 들은 적이 있다. 수천억 자산을 가진 김 대표는 사업가들에게 이런 조언을 했다. "사업하는 사람은 절대 법에 위배되는 행동을 해서는 안 됩니다. 내가 가장 약하고 취약할 때 결국 나의 발목을 잡습니다." 나는 이 말에 동의한다. 의료광고법은 무조건 어렵고 나쁘다고 생각하지 말고 법을 지키면서도 좋은 광고를 만들겠다고 마음먹으면 분명 가능해진다.

02

의료광고 사전심의 대상은
한정돼 있다

원장님을 대상으로 마케팅 강의를 하다 보면 광고 심의라는 장벽으로 시작도 못하고 있다는 이야기를 하는 분들을 만난다. 보통 광고 사전심의 대상에 대한 오해를 가진 케이스다. 심의를 받지 않아도 진행해 볼 다양한 마케팅 도구가 존재한다는 점을 처음 병원 마케팅을 준비할 때는 모르는 경우가 종종 있다. 실제 사전심의는 매체비를 지불한 광고에만 국한된다.

홈페이지를 만들고, 블로그를 운영하고, 유튜브 영상을 만드는 데에는 사전심의가 필요하지 않다. 광고회사 입장에서는 너무도 당연해 설명할 필요조차 못 느낄 수 있지만 처음 마케팅을 접하는 의사는 차이를 구분하지 못할 수도 있다. 병원을 알리는 모든 마케팅에 사전심의가 필요한 것은 아니지만 유료 광고는 필수다. 그렇다면 유료 광고가 무엇인지 하나씩 살펴보자.

1) 사전심의 대상이 되는 매체비 지불 광고

광고 집행은 광고를 만드는 사람 입장에서 보면 크게 2가지 범주로 나뉜 업무를 실행하는 것이다. 첫째는 콘텐츠를 제작하는 과정이다. 다음은 만든 콘텐츠를 소비자에게 노출하는 과정이다. 이때 노출을 위해 비용을 지불하면 유료 광고가 된다. 포털이나 플랫폼 등에 우리 콘텐츠를 고객에게 보여주기 위해 비용을 지불했다면 유료 광고다.

예를 들면, TV, 신문, 라디오, 잡지에 실리는 광고가 모두 유료 광고다. 지상파 TV의 경우 15초를 노출하기 위해 수천만 원의 비용을 지불하기도 한다. 같은 개념이 온라인에도 존재한다. 이미 집행해 본 경험이 있다면 알겠지만 네이버에 파워링크가 있고 유튜브나 인스타그램에도 비용을 지불하고 콘텐츠를 노출시킬 수 있다. 이외에도 다양한 유료 광고 매체가 존재한다. 온라인 시장 진화에 따라 새로운 광고매체가 새롭게 출시되고 사라지기도 한다.

네이버를 기준으로 볼 때 브랜드 콘텐츠라는 상품을 통해 작성한 블로그를 비용을 지불하고 노출시킬 수 있다. 스마트플레이스를 광고로 노출할 수도 있다. 타인의 블로그에 우리 병원 광고를 배너 형태로 넣기도 한다. 모두 유료 광고다.

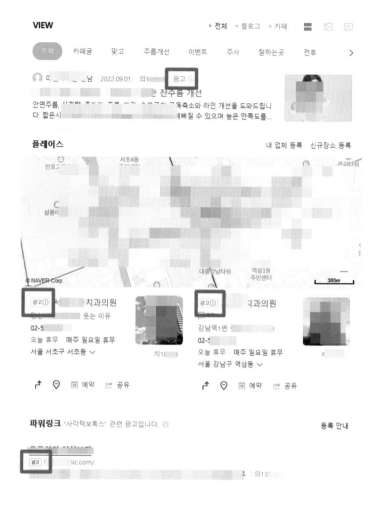

<유료 광고 집행 시 광고 표시 화면(출처 : 네이버)>

　네이버는 유료 광고 노출 시 '광고ⓘ'라고 표기해 이 콘텐츠가 비용을 지불한 광고임을 사용자에게 알린다. 구글 검색 결과에는 '스폰서'라는 표기가 뜬다. 이외 인스타그램이나 유튜브에도 '광

고'라는 표기가 붙는다. 이외에도 뉴스 기사를 보면 끈질기게 나를 따라다니는 배너 광고도 유료 광고에 포함된다.

2) 사전심의 받아 가며 광고를 해야 하는 이유

이렇듯 포털과 SNS 플랫폼 같은 매체사에 비용을 지불하는 광고에는 분명한 강점이 있다. 병원 마케팅을 해보며 내가 느낀 유료 광고의 장점 4가지는 다음과 같다.

첫째, 유료 광고는 성수기나 비수기를 구분해 광고물을 노출할 수 있다. 환자가 전화문의를 할 가능성이 적은 밤 시간에 광고를 끄거나 성수기에 광고를 집중할 수 있다. 시즌성이 존재하는 진료 과목이라면 시즌에 맞춰 광고를 집중할 수도 있다. 정리하면 우리 메시지를 노출시키는 시점을 비용으로 조절할 수 있다는 것이다.

둘째, 타깃 설정이 가능하다. 지역을 나눠, 내가 위치한 서울 또는 경기지역 사용자에게만 노출할 수 있다. 동네 치과가 미국 보스턴에 사는 누군가에게 광고를 노출할 필요는 없다. 유료 광고는 병원 주변 타깃에게만 노출할 수 있다. 고객의 검색 성향이나 나이대를 고려한 노출도 가능하다. 아마도 검색창에서 특정 물건을 구매하기 위해 검색을 하고 나면 관련 상품이 인스타그램과 유튜브 피드를 점령하는 경험을 한 적이 있을 것이다. 단, 현재는 개인정보 보호 등의 문제로 점차 타깃팅이 어려워지는 추세다.

셋째, 유료 광고는 CPC(Cost Per Click)라고 해서 고객이 광고를 클릭하고 우리 콘텐츠가 있는 페이지로 유입됐을 때만 광고비가 발생한다. 단순 노출만으로 비용이 발생하지 않는다. 결국 고객이 클릭 후 우리 콘텐츠를 보기 전에는 비용 발생이 없다는 뜻이다. 참고로 광고대행사는 광고 대행 커미션을 받는데 광고주가 별도로 지불하는 것이 아니라 광고매체비에서 10~15% 정도를 네이버 같은 매체사에게 받는다.

예를 들어, 천만 원을 광고매체비로 집행하면 네이버에서 광고대행사에 100만~150만 원을 페이백 해준다. 만일 병원이 직접 광고를 운영한다고 해도 같은 금액을 네이버에서 지급받는다. 일부 매체사는 할인 차원에서 쿠폰 형태로 비용을 일부 돌려주기도 한다. 경험이 많지 않은 상황에서는 대행사를 활용하는 것이 업무를 줄이고 효과를 극대화하는 방법이 될 수 있다.

마지막으로 온라인 유료 광고는 집행 시 광고 노출과 클릭률 등의 효과를 즉각 확인할 수 있다. 따라서 효과를 확인하며 더 효율적인 광고 방법을 찾아 나가는 것이 가능하다. 대행사를 통해 광고를 집행하면 퍼포먼스 마케팅이나 퍼널(Funnel), AB 테스트 등의 용어를 듣게 된다. 모두 이런 효과 측정을 바탕으로 더 좋은 방향을 찾기 위한 광고 효과 분석 기법들이다.

3) 사전심의 받는 광고 집행 시 주의사항

닥터리치과는 유료 광고 집행을 매우 소극적으로 운영했다. 물론 내가 직접 해서 비용이 들지 않는 마케팅만으로도 환자 유입이 충분하기도 했지만 다른 이유도 있었다. 당시 닥터리병원의 규모와 예산을 고려할 때 효과가 우수할 수 없다고 판단했기 때문이다. 광고는 역치(Threshold)라고 해서 최소 필요 예산이 있고 효과가 나타나기까지 묵묵히 비용을 투입해야 하는 기간이 있다. 단돈 10원이 아까웠던 나는 원장님 2명으로 운영되는 병원에서 그 비용을 들일 필요가 없다고 판단했다.

개원 6년 차에 인력을 충원하면서 드디어 광고비를 어느 정도 지출하기로 결정했다. 병원 확장을 계획 중이었기 때문이다. 이때 가장 먼저 한 것은 홈페이지 전면 개편이었다. 추가 성장을 위해서는 유료 광고 집행이 필요하고 집행하는 광고가 효과를 보기 위해서는 필히 광고를 통해 유입되는 환자를 놓치지 않을 홈페이지가 필요하다고 판단했다. 컨설팅 회사 6년 차 직원을 채용하고 나와 둘이 머리를 맞대고 기획만 6개월을 했다. 병원에 다양한 자료를 데이터베이스화하고 이제껏 본 적 없는 형태의 홈페이지를 만들기 위해 무던히 노력했다. 대략 1년 반의 시간이 소요됐다. 환자가 광고를 클릭하고 우리 홈페이지에 들어왔을 때 다른 병원 홈페이지와 비교해 차별성을 명확히 느낄 수 있다고 스스로 믿음을 가지고 광고를 진행하기 위해서였다. 단순히 유료 광고를 집행한다고 효과가 나지 않는다는 사실을 잘 알고 있다 보니 광고 집행 전 철저한 준비를 선행했다.

내가 볼 때 유료 광고에 대한 가장 큰 오해는 돈을 썼으니 환자가 올 것이라는 착각이다. 유료 광고는 단순히 매체에 비용을 지불하고 노출을 보장하는 것이지 효과를 보장하는 것은 아니다. 노출된 광고를 보고 환자가 그 광고를 클릭하고 접하게 되는 정보에 만족해야 환자 유입 가능성이 생긴다. 따라서 유료 광고를 한다는 것은 이전의 콘텐츠 제작 단계가 탄탄할 때 집행하는 것이 바람직하다. 환자를 설득할 콘텐츠가 있는데 그저 이를 노출할 방법이 없을 때 해야 효과를 발휘한다. 유료 광고 필수조건으로 광고 사전심의를 고심하지 말고 오히려 사전심의보다 우수한 콘텐츠 제작이라는 과제를 먼저 해결해야 한다는 점을 명심하자.

03

작은 병원 마케팅 실전 가이드 10 :
의료광고 사전심의

다음은 간략한 의료광고 사전심의에 대한 설명이다.

1) 어떤 광고를 할 때 사전심의를 받아야 하나?

앞서 몇 차례 설명한 것과 같이 홈페이지를 제작하거나 블로그 같은 바이럴 채널을 운영한다고 해서 광고 사전심의를 받진 않는다. 하지만 매체비를 지불하고 우리 병원이 제작한 콘텐츠를 노출할 때는 사전심의 대상이 될 수 있다. 물론 법률상으로 살펴보면 의료법 제57조 제1항 및 동법 시행령 제24조에 의거해 제시되는 광고 활동을 할 때 사전심의를 필요로 한다. 이를 하나씩 외우며 사전심의 대상을 확인하는 것보다 나는 매체비를 지불한 광고라면 심의 대상이라 생각하고 대응하라고 조언한다. 사전심의를 받지 않고 광고를 집행한 경우 최대 3천만 원의 과태료가 부과될 수 있으니 주의해야 한다.

2) 사전심의, 어디서 받나?

대한의사협회, 대한치과의사협회, 대한한의사협회가 각각 의료광고 심의위원회를 운영하고 있다. 각 사이트에서 심의 신청이 가능하다. 사전심의를 필요로 하는 광고를 집행할 때는 되도록 처음에는 광고대행사 도움을 받아 진행하는 것이 좋다. 하지만 스마트플레이스 광고 같은 간단한 광고 집행을 직접 희망하는 병원에서는 각 의료광고 심의위원회에 심의 신청을 해볼 수도 있다. 각 사이트에 필요한 모든 사항이 잘 설명돼 있다. 하루만 투자하면 충분히 스스로 진행할 수 있다.

3) 그래서 결국 무엇을 심의 받나?

심의위원회에서 심의하는 대상은 3가지다. 첫째, 심의를 받는 대상이 의료인인지 확인한다. 의료법상 의료인만 의료 광고를 할 수 있으니 당연한 부분이다. 의료기관신고필증과 사업자등록증을 제출해야 하는 이유다.

둘째, 광고 시안 내용을 확인한다. 광고를 진행할 메시지가 의료법을 위배하지 않는지를 확인한다.

마지막으로 메시지의 근거 자료를 요청하는데 병원이 주장하는 메시지 사실 여부를 확인하기 위함이다. 예를 들면, 의료인 정원을 확인하기 위해 보건의료자료 통합신고 포털 화면 캡처를 요구하거나 출신학교 졸업장, 인턴 레지던트 수료증 등을 첨부자료로 제출해야 할 수 있다.

결국 심의위원회는 의료인이 의료법에 의거해 근거 있는 이야기를 하고 있는가를 확인하는 곳이라고 생각하면 간단하다.

참고로 광고 소재에 따라 사전심의를 받지 않아도 되는 경우가 있다. 의료법 57조 의료광고의 심의를 살펴보면 광고가 오직 병원에 대한 기본 정보라 할 수 있는 명칭, 소재지, 전화번호, 진료과목, 의료인 성명, 성별, 면허 종류 정도만으로 구성되면 심의를 받지 않을 수 있다고 명시돼 있다. 환자에게 사실만을 전달하는 소재는 심의가 필요하지 않을 수 있다는 설명이다. 만일 심의 없이 진행되는 의료광고를 만난다면 이런 조건에 부합하는 광고 소재인지 살펴보자.

4) 심의 기간과 비용은?

사전심의위원회는 협회마다 월 2회 개최된다. 2023년 6월 기준으로 대한치과의사협회는 둘째, 넷째 주 화요일, 대한한의사협회는 둘째, 넷째 주 목요일마다 심의위원회가 열린다. 대한의사협회는 심의 신청 후 15일 정도 시간 여유를 가질 것을 추천한다. 심의 신청을 할 때 조건부 승인이나 불승인처리 가능성을 고려해 최소 1달의 여유를 가지고 심의 신청을 해야 한다.

심의 수수료가 발생하는데 비용은 부가세를 포함해 5만 5,000
원에서 22만 원 사이다. 심의 결과 통보에서 승인을 받으면 좋지만
조건부 승인이나 불승인처리가 될 경우 15일 이내 수정 시안이나
재심의 신청을 해야 하고 이때는 추가로 5만 5,000원의 비용이 발
생할 수 있다. 따라서 심의 신청 시에는 되도록 의료법을 지켜 승
인 가능성이 높은 시안을 제출하는 것이 적합하다.

제11장

대행사는
알 수 없는
마케팅 운영 노하우

01

이사님,
대행사와 컨설턴트는
다 사기꾼이에요

    지금까지 병원 마케팅을 운영하기 위해 필요한 브랜딩 전략을 수립하는 것부터 실제 작은 병원 매출에 도움이 될 법한 홈페이지 제작, 블로그와 카카오톡채널 운영 등에 대해 전반적으로 알아봤다. 누군가에게는 매우 당연한 이야기의 연속이었을 수 있고 누군가에게는 여전히 따라 하기 어렵다고 느끼는 부분이 있을 수도 있다.

    이제 내가 할 수 있는 조언은 하나다. 무작정 책의 내용을 할 수 있는 만큼 따라 해 보라는 것이다. 실제 종이 위의 글로 볼 때는 어렵게 느껴져도 해 보면 별거 아닌 부분도 많다. 특히 본인에게 어렵지 않고 할 만하다고 생각되는 부분이 있으면 그곳에 집중해 성장을 꾀하길 바란다. 그러면 그다음, 그리고 그다음 마케팅도 해낼 자신이 생긴다.

이번 장에선 내가 병원 내부 마케터로서 터득한 현장 운영 노하우를 소개한다. 병원 성장을 위해 마케팅을 시작하는 원장님들이 현장에서 겪을 수 있는 좌충우돌 돌파 작전이다.

병원 입사 2년 차로 내가 여전히 진료에 대해 배우던 시절 이야기다. 나에게는 치과 위생사 입장에서 진료실 업무에 대해 많은 지식을 전달해 준 똘똘한 이 팀장님이 있었다. 나는 그녀가 조금이라도 한가해지는 틈을 노려 쫓아다니며 업무나 환자 응대할 때의 특징 등 다양한 질문을 했다. 그녀는 매우 귀찮다는 표정과는 어울리지 않게 언제나 성심성의껏 나의 궁금증을 해소해 줬다. 강남의 대형병원 여러 곳을 거쳐 닥터리병원에 입사한 그녀는 설명하는 중간중간 본인이 접했던 다른 병원의 마케팅 실패 사례를 이야기해 줬다. 강 건너 불구경 마냥 흥미진진해 매번 귀를 쫑긋 세우고 그녀의 이야기에 빠져들었다.

그러던 어느 날 그녀가 매우 직설적으로 이렇게 말했다. "이사님, 병원에 오는 대행사나 컨설턴트는 다 사기꾼이에요." 수년간 대행사에서 일하다 퇴사한지 얼마 안 된 내 입장에선 입안을 떨떠름하게 만드는 말이었다. 그녀는 여러 병원에서 원장님들이 쓰는 컨설턴트와 함께 일해 봤지만 사기꾼 아닌 적이 없었고 단 한 번도 마케팅 효과를 본 적이 없다고 주장했다. 이후로도 마케팅을 대대적으로 운영한 병원에서 일하다 입사하는 직원이 생기면 종종 외부 전문가들을 어떻게 느꼈는지 물어봤고 정도는 덜하지만 이 팀장님과 비슷한 반응을 보이는 경우가 많다는 것을 알게 됐다.

병원이 집행한 마케팅이 효과를 보고 그로 인해 성장하기 위한 필수 요소 중 하나가 내부 스태프와 외주에서 투입되는 컨설턴트나 대행사의 협력이다. 두 집단에서 릴레이 경주처럼 업무가 운영돼야 한다. 첫 번째로 현장 의료진들은 먼저 마케터에게 충분한 정보와 아이디어를 전달해줘야 한다. 그러면 마케터들은 자신들이 보유한 모든 능력을 발휘해 병원의 좋은 이미지를 알린다. 다시 바통이 병원으로 넘어오면 데스크나 내부 직원들이 환자를 병원까지 자연스럽게 유인한다. 병원에 도달한 환자와 좋은 관계를 맺고 진료를 마무리한다. 마지막으로 이런 일련의 과정에 대한 정보를 다시 마케터에게 전달하면 마케터는 그 정보를 기반으로 더 효과적인 마케팅 방법을 찾는다. 이렇듯 두 집단이 환상의 궁합을 보여야 한다. 그런데 한쪽이 이런 극도의 거부반응을 보인다면 병원 원장님 입장에서 위기 상황이라 할 수 있다.

호기심에 이렇게 생각하는 원인에 대해 스태프들과 오랜 시간 이야기를 나누다 나름의 결론에 도달했다. 병원 내부 스태프들이 외부인을 사기꾼이라 표현할 때 그들의 속마음에는 나름의 이유가 있었다. 내가 찾은 가장 흔한 이유는 다음의 3가지다.

첫째, 우리 원장님이 외부의 타인에게 휘둘리는 게 불쾌하다. 나는 원장님께 대들고 심통을 부릴지언정 우리 원장님에게 손해를 끼치는 것처럼 보이는 외부인은 적대시한다. 나는 이 부분을 충분히 감안해서 그들의 이야기를 들어줄 필요가 있다고 본다. 의외로 직접 계약을 하고 갑의 입장에서 일을 맡길 때 보지 못하는 부분을 스태프들이 확인해 줄 때도 있다. 흥미롭게 외부인, 원장님,

직원, 이렇게 3자가 함께 할 때는 직원이 외부인이 아니라 원장님 편일 가능성이 높다. 그들이 과도한 적대심을 보인다면 무시하지 말고 다시 한번 외부인 성향을 살펴봐야 한다.

닥터리병원에 미국에서 온 A 컨설턴트가 몇 가지 개선을 만들고자 투입된 적이 있다. 그 누구도 거부반응을 보이지 않았고 성공적으로 필요한 결과를 달성했다. 이때 닥터리와 A 컨설턴트가 가장 신경 쓴 부분은 스태프들의 반응이었다. 잘 되자고 시작한 일이 오히려 거부반응만 일으킬 수 있다는 사실을 잘 알고 있었다. A 컨설턴트가 업무를 시작하기 전 스태프들에게 미리 상황을 알렸다. 어떤 목적으로 어떤 업무를 위해 어느 정도의 기간 동안 체류할지 정확히 전달했다. 그리고 일을 맡는 A 컨설턴트의 경력을 미리 소개하고 우리 병원에서 어떤 포지셔닝을 갖는지를 명확히 했다. 앞서 언급한 바와 같이 스태프들은 우리 원장님이 외부인에게 휘둘리는 상황에 쉽게 불쾌감을 표한다. 이런 문제가 발생하기 전에 대표 원장이 컨설턴트를 활용하는 것이고 휘둘리는 상황이 아님을 정확히 했다.

둘째, 서열구조가 명확하지 않은 외부인의 명령조 요구가 불쾌하다. 특히 컨설팅 목적으로 병원 내부로 침투하는 사람에게 주로 나타나는 부작용이다. 보통 한정된 시간 안에 성과를 거둬야 하는 외부인은 당연히 문제점이 확인되면 지적하고 개선을 시도하지만 이때 거부반응이 극에 달하는 것을 확인했다. 되도록 스태프들이 인지할 수 있게 서열을 명확히 해주는 것이 도움이 됐다. 투입된 컨설턴트가 어느 정도의 위치인지, 우리 조직의 누구와 서열이 비슷하고 누가 그에게 업무요청과 지시를 할 수 있는지 등의 구조를 명확하게 미리 전달할 필요가 있다. 병원에서 일하며 나는 의료기관은 광고나 마케팅을 하는 조직에 비해 서열이 매우 명확하다는 인상을 받았다. 처음에는 이런 부분이 좀 불편하다고 생각했지만 시간이 지나며 필요성을 느낄 수 있었다. 병원에 투입되는 컨설턴트나 마케터가 경험이 많지 않다면 이런 상황을 잘 알 수 없다. 문제가 발생하기 전에 미리 서열구조를 명확히 하자.

마지막으로 매출 상승이라는 성과가 그들의 몫으로 비치는 게 불쾌하다. 계약에 의해 기간을 두고 업무를 추진하는 외부인은 정해진 시간 내에 결과를 도출하기 위해 무던히 노력한다. 그리고 어느 정도 결과가 나오면 당연히 자신의 업적에 대해 주장할 수밖에 없다. 역지사지로 생각해 보면 매우 당연하다. 결과가 없다면 거래가 종료되는 것이 미래이기 때문이다. 하지만 내부자 입장에서 볼 때는 마치 자신들이 다했다는 듯한 표현으로 받아들여져 관계가 소원해지는 경향을 보인다. 나의 해결책은 우리 스태프가 스스로 클라이언트이고 광고주라는 사실을 인지하도록 도와주는 것이었다. 자신들이 외부 업체를 활용하고 성장 방향을 유도하고 프로젝트의 주인의식을 가진다면 외부업체가 성과에 숟가락을 얹는다고 불쾌해하는 일은 자연스럽게 줄게 된다. 베풀 수 있는 것은 주인이다. 우리 직원들이 베푸는 입장에 있음을 주지시켜보자.

외부업체를 활용하는 것은 병원 내부에 새로운 피를 수혈하고 없던 자극을 줘 활력을 만드는 좋은 방법이다. 단지 위와 같은 몇 가지 부작용이 발생할 가능성이 있다는 점을 고려해야 한다. 위 3

가지 원인에 대한 해결책이 무조건 정답이라고 할 수는 없다. 외부 업체를 활용할 때 생길 수 있는 부작용과 원인의 일부이니 이에 대해 고민해 보고 각 병원 상황과 원장님 성향에 따라 적합한 해결책을 찾아 나가길 바란다.

02

원장님,
개원 초기 할인과
덤핑은 필수입니다

얼마 전 오프라인 강의 중 몇몇 원장님에게 같은 질문을 여러 차례 받은 기억이 있다. 개원을 도와준 업체에서 개원 초 할인과 이벤트가 필수라고 조언하는데 정작 당사자는 해야 할지, 말아야 할지 판단이 서지 않는다는 고민이었다. 정답을 알고 있지만 답하기 쉽지 않은 질문이었다. 마케터 관점에서 장기적으로 볼 때 흔쾌히 시도해 보라고 답할 수 없는 질문이다. 특히 스스로 판단이 서지 않는 상황에서 이벤트와 할인은 독이 될 수 있다는 것이 나의 확고한 판단이다. 하지만 개원 초 어떤 마음으로 외부 컨설턴트의 제안을 거절하기 힘든 지를 잘 알고 있기에 무작정 반대만 할 수도 없는 난처한 질문이었다.

양심고백을 하자면 나도 닥터리병원 개원 초기에 업체가 요청한 스케일링 할인을 2주간 진행한 적이 있었다. '이게 아닌데...' 하는 배꼽 아래서 올라오는 '창자의 소리'를 무시하고 당장 매출에 눈이 멀어 제안을 승낙하고 말았다. 혹여 도움이 되지 않을까 하는 마음에 2주간 저가 스케일링 진료를 진행했다. 당시는 공단의 스케일링 보험 적용이 되기 이전이기에 저렴한 가격에 스케일링을 받으려는 환자들이 닥터리병원을 찾았다. 그리고 나는 그들의 눈빛을 보고 바로 이런 할인은 두 번 다시 하지 않기로 마음먹었다.

저렴하게 스케일링 받기 위해 모여든 환자들은 하나같이 눈빛에서 굳은 각오를 내뿜었다. '기필코 이 병원에서는 싸게 스케일링만 받고 도망가리라.' 그들의 내면의 소리가 내 귓가를 맴돌았다. 진료가 끝나고 몇 마디 말을 붙이면 동공이 흔들리며 뭐라고 변명을 하고 어떻게 이 병원을 벗어날지 고뇌하는 모습이 어처구니없고 헛웃음이 나기도 했다. 급한 마음에 내걸은 이벤트는 딱 그만큼의 가치를 하며 그에 어울리는 환자를 끌어들인다. 장기적으로 병원의 진성 고객을 모으고 탄탄한 브랜드를 구축해간다고 해도 성공을 장담할 수 없는데 불필요하게 나의 장기 고객도 안 될 그들에게 우리 스태프들의 소중한 노력을 헛되게 쓰지 않기로 했다. 이후 10년간 닥터리병원은 할인이나 이벤트가 없었다.

중요한 것은 의사결정이다. 무조건 싸게, 어떻게 해서든 박리다매로 병원을 운영하고자 결정했다면 그 결정에 맞는 전략으로 마케팅을 하면 된다. 문제는 아직 마케팅에 대한 확고한 개념이 정립되기 이전에 이벤트와 할인을 고민하는 병원에게는 나의 경험을 기반으로 조언해 보겠다.

만일 아직 정확한 의사결정을 내리지 못한 상황이라면 일단 우리 병원이 환자의 인식 속에 저렴한 덤핑 병원이란 인상을 남겨서는 안 된다. 사람의 첫 만남에서 인상이 중요하듯 환자에게 병원도 마찬가지다. 그 병원이 주는 첫인상이 고정 관념으로 오래 남을 수 있다. 심리학에는 초두효과(Primacy Effect)에 대한 연구가 오래도록 이어져왔다. 가장 유명한 연구는 솔로몬 애시가 진행한 연구다. 참가자에게 A와 B 두 사람을 소개하고 그 사람에 대해 어떻게 평가하는지에 대해 묻는 연구였다. A는 똑똑하고 성실하며 충동적이고 비판적이며 질투심이 많은 사람이고, B는 질투심이 많고 비판적이며 충동적이고 성실하며 똑똑한 사람이었다. 참가자들은 대게 A가 더 좋은 사람이라고 평가했다. A와 B가 결국 동일한 사람인데도 순서만으로 나타난 차이였다. 그만큼 인상을 만드는데 순서가 중요하다.

따라서 할인이나 이벤트를 진행한다고 해도 '아, 이 병원은 원래 싼 곳이야.'라는 인상을 남기지 않도록 주의해야 한다. 내가 추천하는 이벤트 운영의 필수요건 4가지는 다음과 같다.

첫째, 이벤트와 할인의 목표를 명확히 정하자. 예를 들어, 지역의 맘카페 가입자 100명에게 병원 개원 사실을 알린다거나 이벤트 진료과목을 미끼 삼아 다른 진료를 추천하는 것을 목적으로 하는 등 명확한 계획을 세워보자. 만일 지역 카페에 우리 병원에 대한 좋은 이미지를 심기로 했다면 추가적인 진료를 추천하기보다는 단순히 환자에 대한 친절한 응대와 사후관리를 목표로 삼을 수 있다. 반대로 불특정 다수를 병원으로 유인하는 미끼로 할인을 계획했다면 내원한 환자가 다른 추가적인 진료를 선택해 객단가를 높일 수 있도록 사전에 환자를 어떻게 설득할지에 대해 미리 계획을 세워야 한다. 단순히 요행을 바라는 마음으로 이벤트를 진행하면 수익에 도움이 되지 않는 환자를 응대하는데 불필요한 에너지 낭비를 하게 된다.

둘째, 장기적으로 병원의 주력 진료과목은 할인을 적용하지 않는다. 앞서 소개한 초두효과를 기억하자. 병원의 첫인상이 '싸다'로 고정되면 이후 아무리 노력을 해도 그 인식을 바꾸기 어려울 수 있다. 따라서 할인하는 진료과목 범주를 명확히 축소할 필요가 있다. 되도록 우리 병원 캐시카우나 고가 적용이 가능한 진료과목 할인은 피하고 최대한 부수적인 진료과목으로 국한하자. 병원이 조금 자리를 잡으면 할인이나 이벤트는 그 누가 조언해도 하고 싶지 않아진다. 이때를 미리 감안해서 한정된 진료에만 할인을 적용하자.

셋째, 이벤트와 할인에는 필히 명확한 명분과 기간 조건을 제시해야 한다. 추후 할인이나 이벤트가 당연한 병원으로 환자에게 인식되지 않기 위한 최소한의 노력이다. 나는 지금 이 글을 읽고 있는 병원이 할인 따위는 하지 않고 합당한 진료비를 받고 승승장구하기를 기원한다. 따라서 할인이 기필코 일시적이기를 바란다. 이런 가정에서 할인과 이벤트를 끝내기 위해선 명확한 종료일이 정해져 있어야 한다. 개원 초 3개월이든, 수험생 할인이든, 기간을 정하고 그 기간을 지키자. 또, 이벤트와 할인을 어떤 이유로 진행하는지 상대가 충분히 이해할 수 있도록 전달하는 노력이 필요하다.

마지막으로 이벤트 기간이 종료되면 관련 광고나 홍보물은 찾아서 삭제해야 한다. 인터넷에 지난 할인 내용이 산더미만큼 쌓여 있는 것은 쓰레기를 버리지 않은 것과 같다. 쓰레기는 상대에게 좋은 인상을 주지 않는다. 혹 이벤트나 할인을 지속해야 한다면 기존 홍보물을 삭제하고 새로운 명분과 기간을 설정해 다른 방법으로 환자를 설득하기 위한 노력이 필요하다.

닥터리병원에 할인이나 이벤트 문의를 하는 환자가 있으면 우리는 한결같이 같은 답을 했다. "환자분 걱정하지 마세요. 저희는 10년간 이벤트나 할인을 해본 적이 없어요. 다른 누구도 환자분보다 저렴한 비용으로 치료받는 일은 없어요. 걱정 안 하셔도 돼요." 흥미롭게도 할인 문의를 했던 환자는 오히려 할인이 없다는 말을 듣고 바로 내원하는 경향을 보였다. 환자가 걱정하는 것은 절대적 비용이 아니라 나만 높은 가격을 지불하는 것이라는 걸 이때 알게 됐다. 환자의 이런 마음을 이해하고 적절한 대응을 하기 바란다.

03

이사님,
오늘만 같았으면
좋겠어요

닥터리병원을 관리하던 시절 퇴근 시간이 되면 종종 스태프들이 "이사님, 오늘만 같았으면 좋겠어요."라는 애교 섞인 인사를 나에게 하곤 했다. 그러면 나는 이 문장을 머릿속에서 자동 번역했다. "이사님 제발 오늘 내원한 환자 같은 분들만 데리고 오면 안 될까요? 제발?"이라고 말이다. 그래서 이런 날이 나에게는 마냥 기쁜 날이 아니었다. 오히려 오늘을 유지해야 한다는 막중한 부담감에 어깨가 무겁고 다음날 할 업무가 머릿속에 착착 쌓여 퇴근 같지 않은 퇴근을 하는 그런 저녁이 되곤 했다.

하지만 지금 생각하면 참 행운이었다. 우리 병원에서 가장 이상적인 그날을 마케팅을 하는 내가 정확히 알 수 있었으니 말이다. 이런 날이 오면 보통 안도하고 축하하면서 원인 분석을 하지 않고 넘길 가능성이 높다. 하지만 10년 넘게 병원을 운영하며 이 좋은 날이라는 것이 흔하게 오지 않고 자칫 한 발만 잘못 내디디면 다시 오지 않는 그런 날이 된다는 것을 경험으로 알게 됐다.

만일 병원의 모든 직원이 이상적이라 생각하는 그날이 오면 바로 그때가 마케팅 효과가 제대로 발휘되는 시점이다. 나는 오히려 환자가 몰리기 시작하는 시점보다 이때가 더 중요한 시기라고 말하고 싶다. 환자가 과도하게 몰려 내원할 때는 매출을 올리기 어렵다. 경험 있는 분이라면 무슨 의미인지 잘 알 것이다. 병원 내부 인력이 충분히 감당하며 적절히 진료 퀄리티를 유지할 수 있는 정도로 환자가 시기적으로 분산돼야 한다. 또, 내원하는 환자층이 우리 병원 성향과 맞아야 한다. 불필요하게 궁합이 맞지 않는 환자가 마케팅을 보고 잘못 모이면 오히려 시간이 지나며 소모적 컴플레인과 분란이 생기게 된다. 이런 이유에서 바로 이 이상적인 날을 잘 분석해야 한다.

이런 최적의 샘플 날짜를 파악하는데 내부 직원의 '더듬이'보다 믿을 만한 게 없다. 스태프가 오늘이 바로 그 좋은 날이라고 이야기하는 것은 드디어 적절한 마케팅으로 필요한 환자를 병원으로 유인하고 있다는 증거다. 흥미로운 것은 내부 직원들이 매출이 좋지 않은 날을 절대 이상적인 날이라 평가하는 것을 10년 동안 본 적이 없다는 점이다. 열심히 일했고 충분한 매출이라는 결과가 주어진 바로 그 시점에 긍정 평가를 표출한다. 참으로 믿을 만한 최강의 더듬이다. 그러니 이제부터는 바로 이날을 반복하는데 주력하면 된다.

앞에서 여러 번 설명했듯이 광고 효과에는 역치라는 것이 있다. 어느 정도 마케팅 노력이 누적될 때까지는 큰 효과를 보이지 않다가 어느 순간 한꺼번에 효과가 터지는 시점이 있다. 결과적으로 광고나 마케팅 효과에는 시차가 존재한다는 의미다. 따라서 이상적인 바로 그날이 도래했다면 그 효과가 어떤 시점에 시작한 마케팅에서 얻어진 결과인지 분석해야 한다.

나는 우선 최근 6개월을 대략적으로 추정 기간으로 감안하고 분석을 시작한다. 물론 나만의 가설이지만 10년간 마케팅과 상담을 병행하며 알아낸 기간이다. 일단 진행한 마케팅의 주력 키워드를 살핀다. 당연히 그날의 매출과 환자 동향을 크로스 체크하며 실제 당일 내원한 환자가 검색했을 법한 키워드를 모두 찾아본다. 카카오톡 상담이나 온라인 상담 흔적이 남았다면 다시 한번 복기하며 환자가 우리 병원을 최종적으로 선택한 동기가 어디에 있는지 키워드로 도출해 본다.

대략적으로 키워드가 유추되면 이 키워드를 활용해 6개월간 어떻게 마케팅을 운영했고 가장 효과가 좋았던 커뮤니케이션 방법이 무엇이었는지 되짚어 본다. 당연히 하나의 광고로 환자가 유입됐다기보다는 아마도 대략 6개월이라는 기간 동안 운영된 광고 마케팅의 시너지 효과일 가능성이 높으니 포괄적으로 콘텐츠를 살펴본다. 처음에는 봐도 감이 잘 오지 않을 수 있다. 특히 통계를 보는 것이 익숙하지 않거나 병원 내부에서 꼼꼼히 매출표, 신환 보고서, 마케팅 보고서를 작성하지 않았다면 더욱 어렵게 느껴질 수 있다. 그래도 낙담할 필요는 없다. 처음으로 도래한 그날에는 우리가 어떤 부분에서 데이터 수집이 부족한지를 찾는 것만으로도 충분한 의미를 가진다.

시간이 점차 지나면 이런 이상적인 날에 대한 효과를 역추적해서 관찰하는 것이 습관이 된다. 그리고 점차 감각적으로 우리 병원에 필요한 마케팅 방향을 깨닫게 된다. 안타깝게도 이런 능력은 직원보다는 기업의 수장인 원장님 정도에게 주어지는 하늘의 선물인 듯하다. 누군가 대신하겠지 하는 생각보다 직접 감각을 키우는 것을 추천한다.

이렇게 이상적인 날을 기준으로 이전 6개월 동안의 마케팅 과정을 파악했다면 최대한 같은 패턴을 반복해 유사한 마케팅 전략을 수립하면 된다. 나는 마케팅팀에 입사하는 직원에게 이런 기간을 스스로 분석해 보도록 숙제를 내주곤 했다. 예를 들어, 2023년 6월 15일이 가장 이상적인 날이니 이전 6개월간 우리가 어떤 마케팅을 운영했는지 복습해 보라고 지시하면 직접 가르치지 않아도 배우는 바가 크다는 것을 경험으로 알게 됐다.

이런 기간 분석을 할 때 한 가지 주의할 점은 종종 계절이나 경기, 혹은 사회적 이슈가 영향을 미칠 때가 있다는 점이다. 따라서 특징이 존재하는 기간은 잘 메모해 뒀다가 다른 분석 시점이 오면 감안해 스터디해 보기 바란다. 나는 10년간 기간별로 어떤 마케팅을 했고, 어떤 사회적 이슈가 매출에 영향을 미쳤는지 매출표와 연결해 정리를 했다. 자료가 누적되자 스트레스 지수를 낮추는 신경 안정 효과를 선사했다. 장담하건대 갑작스럽게 매출이 줄거나 알 수 없는 불황이 닥칠 때 원인에 대한 이해가 있으면 마음의 위안이 된다는 것을 해 보면 알게 될 것이다. 미래를 대략이라도 예측할 수 있다는 것이 마음의 평온을 가져온다.

04

이사님,
여기저기에서
우리를 따라 해요

평생 사업을 하신 아버지는 고등학생 딸에게 종종 본인의 '원숭이 이론'에 대해 설명하셨다. 새로운 아이디어로 사업을 하다 보면 어느 순간 주변이 내 사업 아이디어를 따라 하는 원숭이로 가득해진다는 것이다. 이때 그들의 존재를 불쾌하게 받아들이는 것은 사업가 스스로가 하수라는 사실을 인정하는 것과 같으니 이런 생각을 경계해야 한다고 어린 딸에게 이르셨다. 원숭이가 많다는 것은 역설적으로 그만큼 내 사업 아이디어가 우수하고 성공적이라는 뜻이니 기뻐해야 한다는 것이다. 단지 원숭이보다 내가 먼저 움직이고 있고 우월하다는 사실을 다시 한번 스스로에게 상기시키고 따라올 테면 어디 따라와 보라는 마음으로 앞서가면 되는 거라고 말씀하셨다.

어느 날부턴가 직원들이 온라인에서 내가 만든 콘텐츠와 똑같은 내용을 찾았다는 제보를 했다. 따라 쓴 글도 있고 저작권 개념이 없는지 사진까지 그대로 가져다 쓰는 경우도 생겨났다. 원작자인 나보다 더 불쾌해하는 그들의 모습을 보며 기뻤다. 그만큼 우리의 오리지널리티에 가치를 두는 동료들의 마음에 일할 맛이 나기도 했다. 드디어 원숭이가 따라붙는 것을 보니 내가 옳은 방향으로 가고 있다는 확신도 들었다. 단지 병원 경영은 일반적인 사업과 조금은 다르다는 점이 걱정이었다. 사업은 성장 곡선이 가히 일직선에 가깝고 그 성장폭이 매우 크다. 하지만 병원 경영은 해보니 절대 그렇지 않다는 것을 알았다. 한정된 공간, 한정된 인력, 한정된 시간 속에 병원은 원숭이가 출연하면 시장을 나눠 먹어야 할 가능성이 높다는 분명한 차이가 있다.

후발주자인 원숭이 군단이 가장 많이 쓰는 전략은 단연 저가 전략이다. 비용으로 경쟁자의 고객을 뺏는 방법이 가장 쉽다. 후발주자는 선두주자보다 퀄리티 측면에서 당장은 우수할 가능성이 낮으니 당연히 비용을 낮추는 것은 그들 입장에서는 필수적이다. 선두주자이고 내가 만든 시장이라면 외부 침략을 당한 것처럼 느껴질 수 있다. 이때 감정에 휘둘리기보다 객관적으로 상황을 파악해 대응 전략을 수립해야 한다. 이제껏 잘 가꾼 내 땅을 온전히 넘겨줄 수는 없지 않은가.

마케팅을 공부하면 'Value for Money'라는 개념을 자주 듣게 된다. 간단히 설명하면 고객이 지불하는 비용 대비 브랜드가 제공하는 가치 정도에 대해 고민하고 만들어 가는 것이 마케팅이라는

478

것이다. 내 사부님은 항상 우리가 만든 광고를 보고 고객이 자신이 낸 돈 이상으로 구매하는 제품이나 서비스가 가치 있다고 생각해야만 성공한 광고 전략이니 늘 아이디어를 만드는 마지막에 이점을 스스로 고민하라고 가르쳤다. 이런 개념은 특히 경쟁자가 따라 붙을 때 더 집중해야 한다.

　다시 말하면 결국 선두에게는 두 가지 해결책이 있다. 가치를 높이는 방법과 가격을 낮추는 방법이다. 현재 의료계에선 후자인 가격을 낮추는 덤핑 전략이 더 흔하게 사용되고 있다. 치과계에서 임플란트는 다 함께 침몰하는 것이 아닌가 하는 우려가 들 정도다. 비용으로 경쟁자를 대응하는 전략은 끝이 없다. A가 비용을 낮추면 B, 그리고 C가 다시 비용을 낮춘다. 이런 저가 전략은 업종에 따라서는 적절히 활용하면서 회사 성장과 수익을 확보할 수도 있다. 애플의 전직 에반젤리스트 가이 가와사키는 자신들의 경쟁자인 델(Dell)컴퓨터가 이런 저가 전략으로 충분히 돈을 벌었다고 인정했다. 문제는 이런 방법이 의료계에 그다지 적합하지 않다는 점이다. 이는 의료인이라면 이미 잘 알고 있을 거다.

　나는 닥터리병원 마케팅을 시작한 지 6년 차쯤 된 시점부터 고민에 빠졌다. 닥터리병원 브랜드 콘셉트와 매우 유사하면서 추가적으로 저가를 강조하는 광고 홍보물이 넘쳐나기 시작했다는 것을 직감했다. 경쟁에 내몰린 더 많은 치과에서 심미치료, 특히 라미네이트 시술을 공격적으로 하기 시작했다. 진료수가는 닥터리병원의 50~60% 정도에 그쳤다. 가격 차이가 거의 2배가 되니 환자 입장에서는 당연히 고민이 될 수밖에 없다. 실제 닥터리와 많은 논의를 했다. 하지만 결론적으로 마케팅 교과서에 나오는 조언을 따르기로 했다. 가격이 아닌 고객이 느끼는 가치에 집중하기로 했다. 물론 무조건 싼 곳을 찾는 환자가 있다. 이런 환자는 우리와 인연이 없으니 굳이 설득하는 메시지를 전달할 필요가 없다고 판단해 고려 대상에서 제외했다.

우리는 이왕 치료받는데 제대로 된 진료를 받으려는 환자층이 존재한다는 사실에 집중했다. 두 시장을 모두 잡으려는 것은 두 마리 토끼를 다 잡으려는 것과 같다. 하나의 시장에만 집중하기로 했다. 그리고 제대로 치료받고 싶다고 생각할 만한 환자들이 원하는 요구사항에 집중했다.

환자 입장에서는 당연히 더 많은 비용을 지불하면 정말 그만큼 더 큰 가치를 얻을 수 있는지 궁금하다. 의료는 그 가치가 환자에게 잘 보이지 않으니 더욱 그렇다. 환자도 스스로 자신이 진료 퀄리티를 판단할 능력을 갖추지 못했음을 알고 있다. 이 점을 이용했다. 좋은 치과 진료 기준을 꾸준히 제시했다. 진료비용이 높을 수밖에 없는 이유를 되도록 설명이 아닌 이야기를 통해 전달했다. "명품 가방을 기계로 만든다는 이야기 들어 보셨나요? 사람이 한 땀 한 땀 손으로 만들어요. 명품이니까." 같은 표현을 여럿 만들어 활용했다. 환자를 설득할 방법은 이 같은 이야기와 함께 눈으로 차이를 보여주는 것이다. 비용이 높아 다른 곳을 찾아다녀도 자꾸만 우리가 생각나도록 만들기 위해서는 시각적으로 임팩트 있는 메시지를 전달할 필요가 있다고 판단했다.

고민을 하던 어느 날, 닥터리병원에서 벌어진 치아를 치료한 환자 사례가 경쟁 병원과 비교해 매우 많다는 생각이 떠올랐다. 벌어진 치아 사례를 종류별로 분리하니 대략 20가지였다. 각각의 종류별로 사례를 정리했다. 그리고 환자를 상담할 때 20가지 다른 유형의 벌어진 치아 종류를 보여주고 환자가 이중 어떤 치아 특성을 가졌는지를 설명하고 동일한 시술 사례가 얼마나 우리에게 많은지 보여줬다. 효과는 우수했다. 환자는 저가 병원을 선택하는 것을 포기하며 꼭 한마디를 더했다. "좀 비싸지만 그래도 여기서 하려고요."

후발주자가 생기고 경쟁이 늘어나는 것은 어떤 업계도 피할 수 없는 현상이다. 단지 덤핑 병원 문제를 해결하기 위해 무조건 그들의 게임의 룰을 따라가서는 문제를 해결할 수 없다. 선두주자라면 이미 가진 나만의 가치를 환자가 알 수 있도록 드러내는 것이 가장 효과적인 방어 전략이다. 내가 만난 병원들을 보면 특히 오랜 기간 한자리에서 성장해온 병원일수록 이미 고유의 가치를 보유하고 있었다. 단지 그 가치를 환자가 이해할 수 있도록 드러내는 능력이 조금 부족한 게 못내 아쉬웠다. 환자는 이야기로 풀어주거나 눈으로 보여주지 않으면 이해할 수 없다. 지금부터 여러분이 가진 그 가치를 전달할 방법에 집중해 보기 바란다.

05

실장님,
저 고래잡이 그만두고
멸치잡이 가요

마치 닥터리치과의 암호 같은 문장이었다. 출근길, 데스크 실장님을 보며 내가 종종 했던 이야기다. "실장님, 저 고래잡이 그만두고 멸치잡이 가요." 이렇게 말하면 그녀들은 바로 눈치채고 준비하겠다고 답했다. 고래잡이는 고가 진료과목을 주력으로 마케팅한다는 뜻이다. 반대로 멸치잡이는 저가 진료과목 환자를 모아오겠다는 얘기였다. 주로 현장에서 환자 반응과 뉴스를 보고 어떤 환자를 주력해서 타깃팅 해야 할지 감안해 고래잡이와 멸치잡이 중하나를 선택해 마케팅 활동을 했다. 이런 빠른 종목 변경 덕에 세월호 사태나 메르스 시기에 매출 하락을 겪지 않고 무난하게 넘길 수 있었다.

마케팅 예산이 크지 않은 병원에서 다양한 진료과목을 알리기 위해 한정된 예산을 사용한다면 효과가 미미할 수 있다. 앞서 소개한 바와 같이 고객에게 최소 3~7번의 동일 마케팅 메시지 노출이 필요하다. 같은 주제를 다른 표현 방식으로 여러 차례 전달해야 하는 이유다. 따라서 되도록 마케팅을 진행할 주제와 그 주제를 집행할 기간을 명확히 정하고 광고홍보 활동을 하는 것이 바람직하다. 나는 겨울방학 시즌을 맞아 치아교정 환자가 늘 것으로 예측되면 10월부터 미리 다양한 콘텐츠를 기획하고 제작하기 시작한다. 방학인 12월에 가망 고객이 온라인 검색을 하면 최소한 우리 콘텐츠가 3회는 노출되게 하는 것이 목표다. 12월에 환자를 모으기 위해 12월에 광고를 시작하는 것은 늦다. 참고로 내가 2개월 전에 시작하는 이유는 기존에 누적된 콘텐츠가 존재하기 때문이다. 누적된 마케팅 결과가 없다면 당연히 기간은 더 늘어나야 한다.

이렇듯 TPO(Time·Place·Occasion)를 감안해 마케팅을 집행할 때 나는 2가지 요소를 고려해 방법을 선택했다. 바로 병원 현장 상황과 뉴스다. 2014년 세월호 사태를 뉴스에서 접했다. 한참을 마음 아파하며 멍하니 뉴스를 봤다. 대한민국 전체가 슬픔과 우울함에 휩싸이는 느낌이었다. 다양한 매체에서 이 주제를 다뤘다. 시간이 지나도 인명 구조도 원인 규명도 속도가 지지부진하게만 느껴졌다.

대한민국의 슬픔을 함께 겪으며 다른 한편에서는 문제에 봉착할 수밖에 없었다. 확실히 상담도 줄고 내원 환자가 줄기 시작한다는 것을 느낄 수 있었다. 슬픔도 슬픔이지만 매출 하락은 해결해야 할 문제였다. 관련 뉴스를 다른 시각으로 바라봤다. 세월호 사태는 어른들 마음에 죄책감이라는 큰 상처를 남겼다는 것을 알 수 있었다. 어리고 미래가 밝은 아이들이 무수히 희생당했고 사회가 그들을 지켜주지 못했다는 죄책감이 컸다. 나는 당분간 죄의식을 겪고 있는 어른들이 자신을 위해 돈을 쓰거나 사치하는 것에 거부반응을 가질 거라고 판단했다. 마케팅 메시지는 되도록 아파서 어쩔 수 없는 질환 치료가 필요한 환자에게 집중했다. 질환의 경우 모든 연령층을 대상으로 메시지를 만들지만 심미치료는 젊은 타깃에게만 국한해 진행했다. 젊은 층은 상대적으로 죄책감이 없다는 판단이었다. 내 예상은 다행히 적중했고 주변에서 매출 하락 소식을 들었지만 닥터리치과는 매출을 유지하며 이 시기를 넘길 수 있었다.

2015년 안도의 한숨을 내쉴 때쯤 메르스 사태가 터졌다. 병원에 가서 병을 얻어 올 수 있다는 불안감이 대한민국을 감쌌다. 이번에는 병원들이 훨씬 적극적으로 이 문제에 대응하는 모습을 보였다. 소독과 멸균에 대한 메시지가 눈에 띄었고 환자 건강에 대해 얼마나 심혈을 기울이는지에 대한 메시지가 주를 이뤘다. 하지만 전반적으로 환자가 병원을 찾는 정도가 줄어드는 것은 어쩔 수 없었다. 닥터리병원도 환자 감소가 눈에 띄었다. 이번에는 이 시점에도 여전히 내원하는 환자를 유심히 살펴봤다. 일단 젊었다. 건강에 자신 있는 층이었다. 그리고 심미 환자가 많았다. 아무래도 사회적 분위기가 병원을 피해야 한다고 말하고 있기에 스케일링이나 충치 치료는 미뤄도 되는 명분을 제시했을 것이다. 결국 나는 이 시점에 젊은 층을 대상으로 심미치료 마케팅만 진행했다. 진료과목도 되도록 연령이 낮은 환자가 움직일 가능성이 높은 저비용 진료

위주의 시술에 집중했다. 이를 통해 메르스 시점에는 오히려 최고 매출을 올릴 수 있었다. 주변에서 요즘 병원이 어떠냐 물으면 미안한 마음에 좋지 않다고 말을 하며 지나갔던 기억이 난다.

2016년, 드디어 고래사냥을 시작했다. 그리고 가장 높은 매출 상승을 맛볼 수 있었다. 결국 병원도 환자 흐름을 파악해 마케팅 전략을 수립하는 것이 필요하다는 것을 경험으로 배웠다.

사회적 문제가 발생했는데 기존의 마케팅 방향을 고수하면 결과는 매출 하락으로 이어질 수밖에 없다. 하지만 상황에 맞춰 유연하게 대응하면 의외의 결과를 얻을 수 있음을 현장에서 깨달았다. 이후부터 나는 경제뉴스에 관심을 가지게 됐다. 경기가 호황일 때의 마케팅과 불황일 때의 마케팅은 분명 달라야 하기 때문이다. 이런 준비는 빠를수록 좋다. 이미 모두가 불황에 허덕일 때에 마케팅 전략을 변경하는 것은 늦다. 되도록 빠르게 상황을 확인하고 준비해야 한다.

경제 전문가들이 새로운 해는 불황이 이어질 것이라 이야기하면 나는 멸치잡이를 준비한다. 환자 입장에서 큰 비용을 쓰지 않아도 되고 병원 입장에선 꼭 필요한 진료과목만 집중해 마케팅 전략을 세운다. 객단가가 높은 환자 한 명이 아닌 객단가 낮은 다수의 환자를 공략한다. 경기가 회복되는 시기가 도래하면 빠르게 고래잡이로 종목을 전환한다. 결국 제대로 된 매출 상승을 이루려면 객단가 높은 고객을 모아야 한다.

물론 이런 전략에는 성공을 위한 기술이 하나 숨어있다. 데스크 상담자들과 진료실 스태프가 이런 마케팅 전략을 충분히 인식하고 하나의 팀으로 움직여주는 것이다. 데스크에 멸치잡이 사실을 알리면 데스크 상담자들은 내가 집행하는 마케팅 내용을 확인하고 상담에 반영했다. 진료실도 미리 멸치잡이로 유입되는 환자를 대응하기 위한 진료 준비를 해줬다. 하나의 팀으로 유입되는 환자를 대응했기에 효과가 우수했던 것이다. 팀워크가 없었다면 실속 없는 전략이었을 수도 있다.

이렇듯 어떤 고객을 어떤 시점에 공략할 것인지에 대한 판단은 대행사가 내려줄 수 없다. 일단 현장 분위기를 100% 이해할 수 없다. 사회적 이슈가 실제 병원 내원에 어떤 영향을 미치는지 현장에서 확인해 줘야 한다. 또, 전략 변경에 따른 결과를 그들이 책임질 수도 없다. 환자가 원하지 않는 진료를 추천하는 것과 유사하다. 따라서 만일 병원이 어느 정도 안전한 궤도에 있고, 또 다른 성장을 꾀하고 있다면 사회적 상황을 주시하며 병원이 나아갈 방향을 고민해 볼 필요가 있다.

06

실장님,
그 환자분은
고이 보내 드리세요

10년을 병원 마케팅과 데스크 상담을 병행하며 느낀 온라인 마케팅의 치명적 단점이 하나 있다. 인터넷에서 검색하고 내원하는 환자는 아무래도 일반적으로 주변에서 간판을 보거나 지인 소개를 받고 내원하는 환자보다 병원에 요구하는 기대치가 높다. 닥터리병원 초기 직원들 불만 중 하나도 이런 점이었다. 닥터리병원은 강남역에 위치하다 보니 대부분의 환자가 장거리를 이동해 내원하는 구조라 기대치가 더 높았다. "내가 차 타고 3시간이나 달려 여기까지 왔는데 이건 아니죠."라는 식의 이야기를 간혹 들었다. 아마도 마케팅을 통해 환자 유입을 경험한 원장님이라면 무슨 의미인지 바로 알 거다.

문제는 이런 환자의 요구가 합당할 때도 있지만 현실적으로 맞

쥐주기 불가능할 때도 많다는 것이다. 특히 온라인에서 여러 병원을 비교하며 상대적으로 얻을 것이 더 많다고 판단해 내원한 환자들은 더욱 요구사항이 까다로울 가능성이 크다.

여느 날과 비슷하게 업무를 보고 있는데 데스크가 시끌시끌했다. 직감적으로 '뭔가 일이 있구나.' 싶었다. 유니폼을 갈아입고 데스크로 향했다. 해외에 거주한다는 30대 초중반의 여자 환자였다. 어금니 충치로 인레이치료(치아부분 뗌)를 받았는데 치료 중 러버댐을 사용하지 않았으니 법적 대응을 하겠다고 했다. 본인이 해외에서 거주해 이런 세세한 상황을 잘 알고 있고 지인 치과 의사가 러버댐을 하지 않은 치료는 문제가 된다고 설명해 줬다는 것이다. 러버댐은 주로 신경 치료 시 사용하는 도구로 일반적인 충치 치료에는 사용하지 않아도 된다고 아무리 설명해도 막무가내였다. 퇴근 시간이 지났고 스태프들 표정에는 피로가 영역했다. 이미 환불까지 완료한 상황이었지만 시간 소비에 대한 보상을 받아야겠다는 것이었다. 그냥은 끝나지 않을 것 같아 내가 소리를 지르며 싸웠다. 지금까지 전 직원이 당한 말도 안 되는 내용에 대해 예의는 버리고 직설적으로 소리 지르며 따졌다. "법적 대응을 하든, 경찰에 고발을 하든, 마음대로 해라. 우리도 가만있지 않겠다."라고 전하고 진료 시간이 지났으니 나가라고 쫓아버렸다. 당시 우리에게 과실이라고 할 만한 것이 없다는 사실을 알고 있었다. 스태프들 말에 따르면 초반부터 왠지 불안해 모든 면에서 조심했다고 했다. 환불을 진행할 때도 병원 측 과실이 없지만 환불한다는 내용을 본인 손으로 쓰고 사인까지 했다. 고의적인 불순한 행동을 더 이상 참을 수가 없었다. 물론 그녀가 며칠 후 출국을 한다는 사실을 알고 있었다. 또, 급하면 나는 불미스러운 일로 퇴사 처리했다고 할 작정이었다.

그날 내 행동에 울분과 울화가 사그라지는 스태프들 표정을 봤다. 10년 병원 생활 중 동료들의 표정에서 그만큼 사랑이 느껴진 적이 없었다. 나는 그날 결심했다. 온라인 마케팅의 이런 문제를 완전히 제거할 수는 없어도 기필코 어느 정도를 최소화하리라 다짐했다. 내가 끌어온 환자로 원장님과 내 동료가 이런 식으로 부당한 대우를 받는 모습은 손이 떨리고 분노로 머리 위로 스팀이 솟아오르는 느낌이었다.

이미 마케팅이 활성화되기 시작한 시점부터 환자 컴플레인을 사전 차단하기 위해 닥터리병원은 많은 노력을 해왔다. 실제 직원들은 상대적으로 컴플레인이 거의 없는 편에 속한다고 이야기했다. 환자 응대는 모두 매뉴얼화 돼 있었다. 진료 전 동의서를 받는 과정을 꼼꼼히 챙겼다. 종이를 주고 사인을 요구하는 것이 아니라 상담실에 앉아 하나하나 내용을 읽어주고 궁금한 점에 대해 질문을 받고, 다양한 내용을 동의서에 적어서 설명한 후 사인을 받고, 그 사인한 동의서는 필요에 따라 환자에게 문자나 카톡으로 전송까지 했다. 또, 카카오톡으로 환자에게 주의사항을 전달하고 궁금증을 문의해 오면 즉각 대응하고 있었다. 내부적으로는 이미 할 수 있는 모든 대응이 진행 중이었다.

마케팅 측면에서도 까다로운 환자 비율을 줄이기 위해 이미 나는 여러 가지 방법을 시도했다. 특히 마케팅에 활용된 키워드와 콘텐츠가 어떤 환자 유입을 만드는지 분석해 문제가 되는 키워드와 콘텐츠를 지속적으로 제거했다. 이런 노력으로 문제가 되는 환자 유입을 확실히 줄일 수 있었다. 하지만 100% 차단은 어려운 일이었다.

내가 마지막으로 생각한 방법은 의외로 간단했다. 상담을 해보면 알지만 실은 문제가 될 환자는 첫날 이미 감이 온다. 배꼽 아래서 안 하고 싶다는 강렬한 느낌을 받을 가능성이 높다. 문제는 병원 당시 상황이나 실장님 매출 실적 때문에 환자의 비현실적인 요구를 들어주며 진료할 때가 있다는 점이다. 나는 실장님에게 이렇게 이야기했다. "실장님 느낌이 딱 오면 그때는 그냥 그분은 고이 보내 드리세요. 애쓰지 말고요. 내가 그냥 지금보다 신환을 좀 더 모을 게요." 실제 이렇게 말하고 신환 유입 수를 늘리는데 집중했다. 되도록 데스크와 지속적으로 대화하며 스태프가 진료하면서 보람과 즐거움을 느끼는 환자 유입에 집중했다. 그리고 이런 환자 수를 최대한 늘리기 위해 노력했다. 동시에 실장님은 환자 상담 시 안 되는 부분, 해줄 수 없는 부분에 대해 명확히 제시하고 불편한 환자를 우리 측에서 강제로 끌고 가는 것을 중단했다. 그러자 닥터리병원에 조금 더 평화가 찾아왔다.

마케팅이 활성화되고 효과를 보기 시작하면 필히 한 번은 거쳐야 할 과정이다. 이 시점이 되면 대행사나 스태프가 아닌 병원의 장이나 마케팅 총괄 담당자가 명확한 의사결정을 내리고 그에 맞는 전략을 찾아가야 한다. 이 방법이 온라인 마케팅 중단일 수도 있고 나처럼 최대한 우리가 보고 싶은 환자 숫자를 늘린 후 병원 내부에서는 거르는 방식이 될 수도 있다. 해보지 않은 상황에서는 막연하고 어렵게 느껴지지만 의외로 방향만 잘 잡으면 물 흐르듯 자연스럽게 일이 추진돼 상황이 편해지기도 한다. 선택할 시기에 선택을 미루면 그만큼 함께하는 모두가 힘들어진다. 마케팅 집행으로 문제가 생긴다는 것을 인지했다면 빠르게 대응하기를 추천한다.

07

원장님,
마케팅팀에 원하는 게 있으면
뭐든 말해보세요

내가 병원에 근무한지 대략 7년 정도가 됐을 때다. 7년간의 마케팅 데이터가 누적되니 계절별로 대략 환자 수와 매출을 미리 예측할 수 있었다. 고생해서 자료를 꼼꼼히 챙긴 보람이 있었다. 계절별 매출 변동 추이, 마케팅 키워드별 매출 변동 추이 등을 정리했더니 성수기, 비수기를 어떻게 대응할지와 위기 대처까지 모든 면에서 훨씬 편해졌다.

그러던 어느 날 이런 자료가 어디까지 우리 병원에 도움을 줄 수 있을지 궁금해졌다. 뭔가 더 대단한 용도가 있는데 아직 내가 모르는 게 아닌가 하는 막연한 의구심이 들었다. 퇴근길에 닥터리에게 질문을 하나 했다. "원장님 혹시 마케팅팀에 원하는 게 있으면 마음껏 요구해 보세요." 흥미롭다는 듯 잠시 고민하다 다음과 같은 답을 했다. "월 매출 ○○○○원, 월 신환 수 ○

○명, 진료과목은 질환 반, 심미 반, 질환 진료과목은 A, B, C, 그리고 심미는 D, E, F면 좋겠는데요." 어려울 수도 있지만 들어보니 또 가능할 수도 있다는 생각이 들었다. 해보겠다고 답을 하고 다음날부터 나의 사랑스러운 자료를 분석하기 시작했다.

일단 과거 데이터에서 닥터리가 원하는 진료과목이 유달리 많았던 시점을 찾았다. 그리고 그 시점 이전에 진행한 모든 관련 마케팅을 찾았다. 또, 닥터리가 원하지 않는 진료과목이 어떤 마케팅 운영 시 효과를 보였는지 찾아보고 원치 않는 진료과목의 마케팅 방법도 별도로 정리했다. 우선 원하지 않는 진료과목의 마케팅을 모두 제거했다. 되도록 효과가 좋은 블로그 포스팅까지 비공개로 돌렸다. 그리고 원하는 진료과목 마케팅에만 집중했다. 2달간 1차 운영을 하고 반응을 보고 전략을 수정해 2차 운영을 진행하고 다시 결과를 확인하고 3차 운영을 진행했다. 대략 이렇게 6개월이 흐르자 닥터리가 말했던 바로 그 목표점에 도달해 있었다.

당시 닥터리가 기존보다 매출을 줄이는 것을 원했기에 매출 목표를 맞추는 것은 어려울 것이 없었다. 신환 숫자가 더 늘기를 원했지만 저가 진료를 원하는 환자를 캐시카우로 계획했기에 마케팅적으로는 오히려 쉬운 상황이었다. 흥미롭게도 결과적으로 매출은 줄이고 순이익을 올리는 결과가 나왔다. 계획하고 운영했던 닥터리와 나도 결과에 좀 놀랐다. 일은 덜하고 돈은 더 번 결과였다.

이런 결과를 얻은 데는 몇 가지 원인이 있었다. 첫째, 닥터리병원이 자신 있는 소수의 진료과목에 집중했다. 환자 눈에 쉽게 경쟁 병원 대비 장점이 드러나는 진료과목만 선택적으로 마케팅을 했다.

둘째, 지출이 많지 않은 진료과목만 선택했다. 같은 시간을 투입해도 재료비 등이 덜 드니 수익률이 더 높아질 수밖에 없었다.

마지막으로 원장님과 스태프 모두 에너지 소비가 적은 진료과목에 집중했다. 신환 숫자는 늘지만 진료 자체의 에너지 소모가 적으니 결과적으로 닥터리뿐 아니라 모든 스태프가 전보다 근무하기 편해졌다고 평가했다. 이때 객단가가 높아 병원 매출에 도움이 될 것이라 막연히 기대했던 교정 진료는 중단했고 봉직의 원장님은 퇴사했다.

한 달이 마감되고 수익률을 확인하며 지금까지 너무 오랜 시간 불필요한 고생을 하고 있었다는 사실을 알게 됐다. 특히 교정 진료의 경우 수익이 수년간 마이너스였다는 사실을 이때 알았다. 오히려 다른 원장님들이 벌어서 교정 마이너스를 메우고 있었다. 지금까지 교정 마케팅을 위해 쏟은 나와 진료실의 노력을 생각하니 스스로가 한심하게 느껴졌다.

마케팅을 운영하며 신환 유입이 늘고 매출이 상승하기 시작하면 안도하느라 오히려 상세한 매출 구조와 순이익 상황을 놓치는 경우가 있다. 멀리서 찾을 것 없이 나와 닥터리가 바로 그 사례다. 환자가 늘고 매출이 상승한다고 무조건 유리하지 않다는 것을 깨닫는 순간이 오면 쓸데없는 노동이 억울해질 수 있다. 특히 마케팅을 한다는 것은 비용을 투자하는 것이고 진료를 한다는 것은 더더욱 강도 높은 노동이 투입된다. 만일 마케팅 효과가 눈에 띄기 시작한다면 미루지 말고 그 효과가 어디서 오는지, 순이익 정도가 어떻게 되는지, 혹시 제거해야 할 진료과목이 있는지 한번 꼼꼼히 살펴보기 바란다.

08

원장님,
드릴 말씀이
있어요

개원 전체 시기를 통틀어 언제 들어도 가장 무서운 말이 아니었나 싶다. 함께 일하는 직원이 "드릴 말씀이 있어요."라고 이야기하면 대개는 퇴사를 의미하기 때문이다. 의료계 전체가 구인난에 시달리고 있는 요즘 상황에 직원의 퇴사 소식만큼 겁나는 일은 없다. 떠나는 사람과 좋은 관계를 유지하며 아름다운 이별을 해야 하고 동시에 남은 직원들이 동요하지 않도록 상황을 잘 관리해야 한다. 입사 대기자가 줄지어 서있던 업계에서 온 내 입장에서는 이런 경험이 없어 어렵게만 느껴졌었다. 어느 날은 퇴사하겠다는 진료실 팀장님의 어깨를 두 손으로 부여잡고 우는 목소리로 "제발, 그러지 마, 그러지 마."를 수십 번 반복한 적도 있다.

문제에 봉착하면 성격이 급해 뭐라도 해야 하는 나는 개원 초기에 정말 다양한 방법을 시도해 봤다. 소문으로 효과가 있다는 방법은 단 한 가지도 빼놓지 않고 모두 해봤다. 평가 제도를 도입해 보기도 하고 인센티브 제도를 도입하고 근무시간도 다른 병원보다 줄이고 휴가도 다른 병원보다 더 줬다. 이미 해본 분은 알겠지만 약간의 도움은 받을 수 있겠지만 확실한 해답이 되지는 못한다. 결국 평소에 전원이 만족하는 근무처를 만들어야 한다. 물론 닥터리와 내가 이 부분의 권위자도 아니고 지금 책을 읽고 있는 모두와 똑같이 이 고민을 해온 작은 병원일 뿐이다.

여전히 추가 인력을 뽑기 위해 채용공고를 올리고 이력서를 살피던 어느 날 나는 '이 문제를 우리만의 해결 방식으로 개선해 보면 어떨까?'라는 생각을 했다. 다시 말해 내가 남들보다 조금 더 잘하는 마케팅이라는 도구를 직원 만족도를 높이고 퇴사자를 줄이며 좋은 인재가 찾아오는 병원을 만드는데 이용해 볼 수 있지 않을까 하는 발칙한 생각을 한 것이다. 나름의 시도를 1년간 해본 결과 예상보다 훨씬 만족스러운 결과를 얻을 수 있었다. 그 방법도 의외로 어렵지 않았다. 나는 크게 3가지 마케팅 방법을 통해 이 문제를 개선할 수 있었다.

첫째, 기존에 진행하고 있는 온라인 마케팅 도구에 타깃을 추가하는 방법이다. 기존에는 환자를 중심으로 마케팅을 운영했다면 주기적으로 우리 병원에 입사 가능성이 있는 의료인과 지금 현재 근무 중인 직원을 대상으로 콘텐츠를 만들기 시작했다. 환자는 오히려 약간의 광고쟁이 성향을 가미해 과장된 언어로 현혹할 수도 있지만 직원은 다르다. 되도록 이런 동료를 설득하고자 하는 메시지는 그들의 입에서 나온 이야기에서 주제를 찾아 활용했다.

　예를 들어, 닥터리치과에는 신입 직원이 언제든 참고할 수 있는 진료 매뉴얼이 있었다. 진료 과정을 하나하나 촬영해 수년에 거쳐 만든 매뉴얼을 컬러 인쇄 후 제본해 진료실에 비치했다. 이 매뉴얼은 특히 신입 직원에게 인기가 높았다. 신입 입장에서 선배를 귀찮게 굴지 않고 언제든 매뉴얼을 찾아볼 수 있다는 사실 때문에 매뉴얼 완성 이후 저연차 퇴사율이 현격히 줄었다. 나는 이 점을 온라인에서 자랑했다. 선배 눈치 보지 않고 언제든 일을 스스로 찾아보고 배울 수 있다는 장점을 저연차 직원이 사용한 문장을 그대로 활용해 마케팅에 적용했고 반응은 긍정적이었다.

　둘째, 연초에 추가 인력 고용 계획이 생기면 미리 사전에 준비를 시작했다. 일단 현재 닥터리병원 직원들에게 어떤 동료를 원하는지 물어보고 우리 병원 분위기와 원하는 인력 성향, 특히 성격적인 측면을 자세히 물었다. 그리고 함께 추가 인력에 대한 명확한 페르소나를 만들었다. 기존 스태프 희망 사항을 최대한 반영해 연차와 성격, 실력, 외모까지 과하다 싶을 정도로 페르소나를 내 머릿속에 명확하게 그렸다. 그리고 그녀를 유혹하기 위한 콘텐츠를 만들기 시작했다. 블로그에 그녀가 좋아할 만한 병원 소식을 올려 뒀다. 함께 여행 간 내용은 물론 병원 내부 일상에서도 그녀가 선호할 만한 내용을 노출시켰다. 또, 환자 대상 콘텐츠를 제작할 때도 그녀가 볼 수도 있다는 가정을 하고 그녀가 원할 만한 내용을 최대한 반영해 글을 작성했다. 1월 채용을 위해 10월부터 미리 작업했다. 결과는 놀라웠다. 정말 내 머릿속에 있던 그녀가 한꺼번에

둘씩이나 입사했다. 입사 후 그 많은 치과 중 우리 병원을 선택한 이유를 물으니 홈페이지와 블로그의 글을 보고 왔다고 말했다. 10 년간 닥터리병원에서 내가 이룬 마케팅 결과 중 가장 자랑스럽고 뿌듯했다.

마지막으로 마케팅을 활용해 근무 중인 직원 만족도를 높이기로 했다. 두 가지 방법이 머리에 떠올랐다. 첫째는 환자 상담을 쉽게 도와주는 것이고, 둘째는 환자의 컴플레인을 줄여주는 것이었다. 상담을 쉽게 하기 위해 환자가 진료 동의를 한 상태에서 내원하는 것을 목표로 삼았다. 한번 찔러보는 그런 상담을 힘들어한다는 것을 경험으로 알고 있었다. 환자 하나를 설득하는 여정을 감안해 오직 진료받기 위해 내원하는 환자를 유입하는 것을 목표로 마케팅을 집행했다. 단순히 병원 인지도를 높이는 노출 마케팅을 진행하는 것이 아니라 우리를 알게 된 환자가 꼭 우리 병원에서 진료해야만 하는 이유에 대한 정보를 꾸준히 제시했다. 이후 새로 입사한 실장님이 닥터리병원 환자는 대부분 진짜로 진료를 받으러 내원해서 참 편하다는 이야기를 했다.

설득이 덜 된 환자를 설득하기 위한 상담 자료를 외부에 노출된 마케팅 메시지와 연동해 제작 후 상담 실장님에게 전달했다. 어떤 메시지를 듣고 내원했는지 알고 만드는 상담툴은 확실히 효과가 뛰어났다. 상담툴을 완성하고 진료실 팀장님이 나에게 이런 이야기를 했다. "우리 병원 데스크는 개나 소나 볼 수 있잖아요." 드디어 내 목표가 달성된 것이다. 데스크에서 상담하며 그 자리가 얼마나 에너지 소진이 많은 자리인지 알게 됐다. 환자가 많으면 많아서 힘들지만 환자가 없어도 힘든 자리다. 그들의 피로를 줄이는 것을 마케팅팀 목표로 설정하고 나니 하나씩 해결책이 도출됐다.

데스크에서 상담하며 알게 된 사실 중 하나는 환자 컴플레인의 대부분은 사전에 정보를 고지하지 않았다는 불만에서 나온다는 것이었다. 수술 후 아플 수 있다면 미리 아프다 말해주고 출혈이 멈추지 않을 수 있으면 그럴 수 있다고 이야기를 해주기만 하면 컴플레인을 줄일 수 있다. 문제는 바쁜 진료실과 데스크에서 간혹 이를 놓칠 수 있다는 점이다. 이를 감안해 온라인에 수술 후 주의사항이나 관리 방법에 대한 정보를 충분히 작성하고 엑셀에 잘 정리해 데스크에 전달했다. 데스크 인력이 간단하게 카톡으로 환자에게 전달할 수 있도록 했다. 이를 통해 환자에게 하나하나 설명하느라 들이는 에너지는 물론 컴플레인도 줄일 수 있었다.

이런 3가지 노력의 결과 가장 안정적이고 함께 일하고 싶은 동료를 모을 수 있었다. 그들의 근무 만족도도 높아졌다. 세상이 바뀌어 이제 직원도 마케팅 대상이라는 이야기를 종종 듣는다. 사실이다. 하지만 그들을 대상으로 어떻게 마케팅을 진행해야 할지는 막연할 수 있다. 내 경험을 참고로 각각의 병원에 가장 적합한 내부 마케팅 전략을 수립해 보길 바란다.

09

선생님,
이걸 정말
다 해야 합니까?

병원 내부자를 대상으로 강의를 하다 이런 질문을 받은 적이 있다. "선생님, 지금 말씀하신 걸 정말 다해야 합니까?" 당시 나는 병원 마케팅 강의를 시작한 초기라 큰 욕심을 부렸다고 스스로 인정한다. 개원 업계가 얼마나 어려워지고 있는지 알고 있었고 내가 한 경험이 누군가에게 도움이 돼야 나의 '개고생' 세월이 의미를 가질 거라는 조급함이 있었다. 어떻게든 한정된 시간에 내가 아는 모든 것을 알려주고 싶었다. 그래서 내가 경험한 모든 정보를 10시간에 욱여넣었다. 그랬더니 공부라면 대한민국 1% 이내 전문가들도 따라오기 어려워했다.

결론부터 말하자면 연장이 많다고 모두 쓸 필요는 없다. 단지, 봉착한 문제에 따라 쓸 수 있는 연장이 무엇인지 알고만 있으면 된다. 닥터리병원은 강남 한복판에서 개원하다 보니 여러 위기와 난관에 봉착할 수밖에 없었다. 하지만 외곽에서 작은 병원을 운영할 때는 실제 겪지 않을 가능성이 높은 문제도 꽤 많다. 따라서 소개된 다양한 마케팅 도구 중 적절한 것을 선택하면 된다.

현재 스스로 봉착한 문제를 객관적으로 자세히 살펴보고 해결하겠다고 결심하면 가장 적합하다고 판단되는 도구를 하나씩 선택해 실험해 보면 된다. 선택하고 실행해 보면 맞지 않아 포기할 도구도 알게 되고, 큰 도움을 받아 지속적으로 활용할 수 있는 도구도 파악할 수 있다.

10년 동안 병원을 운영하며 위기에 봉착하고 해결해 본 경험으로 보면 문제는 순차적으로 일어났다. 환자가 없는 문제를 해결하면 환자가 늘어서 생기는 문제에 봉착하고, 환자가 늘어서 생긴 문제를 해결하면 매출을 더 늘려야 하는 문제와 마주했다. 매출이 늘면 순이익을 늘려야 하는 문제가 다시 나타났다. 문제를 해결하는 방법은 다양할 수 있다. 나는 마케팅이라는 무기가 문제의 해결책이 되기도 한다는 점을 소개했다. 반드시 나처럼 마케팅이라는 도구로만 문제를 해결해야 하는 것은 아니다. 단지 마케팅이라는 연장도 좋은 문제 해결 도구가 될 수 있으니 고려하고 필요할 때 활용해 볼 것을 추천하는 것이다.

'만일 닥터리와 내가 다시 개원한다면 여기 소개된 모든 마케팅 도구를 사용할까?'라고 스스로에게 자문해 봤다. 솔직히 꼭 그렇지는 않다. 개원한 위치와 시기, 내원 환자 특성에 따라 일부를 선택해 진행할 것이다. 경쟁이 심한 강남 같은 위치가 아니라는 가정에서는 아마도 소개한 내용 중 50~60% 정도를 진행하지 않을까 추측해 본다. 단지 할까 말까 고민되는 방법이 있다면 고민하는 시간을 아껴 최대한 빨리 실행부터 할 것이다. 이유는 간단하다. 해보기 전에는 무엇이 우리 병원에 맞는 방법인지, 그 누구도 알려 줄 수 없기 때문이다. 겪어본 분은 알겠지만 다른 병원에서 이미 성공한 마케팅 전략을 집행한 담당자가 우리 병원에 와서 다시 그 전략을 적용해도 실패할 수 있다. 우리 병원과 맞지 않기 때문이다. 나라면 도구와 나의 궁합을 알아보기 위해 빠르게 최소한의 예산으로 시도하고 빠르게 결정을 내릴 것이다.

마케팅은 그 어떤 상황에서도 그 자체가 목표가 될 수 없다. 오직 내가 목표한 종착역에 나를 데려다 줄 도구에 불구하다. 주객이 전도돼서는 안 된다. 이 책에 소개된 그 어떤 도구도 사용하기로 결정했다면 다시 한번 고민해 보자. 어떤 목표를 위해 왜 그 도구가 필요한 것인가에 대해 스스로 답할 수 있다면 그제야 비로소 예산과 노력을 투입할 가치가 생기는 것이다.

마케팅이 불편한
동네 병원 원장님들을 위하여

내가 다니던 몇몇 병원이 폐업했다. 자주 찾던 한의원 원장님은 경영에 어려움을 겪다 미국으로 이민 갔고 내분비과 전공 원장님은 두바이에 교수 자리가 생겼다며 떠났다. 얼마 전 7년을 다니던 가정의학과 원장님도 코로나19 팬데믹을 버티지 못하고 문을 닫았다. 모두 뛰어난 실력과 환자를 위하는 따뜻한 마음을 가진 대한민국의 진정한 의사들이었다.

안타깝지만 주위를 둘러보면 그렇게 드문 일이 아니다. 대한민국 국민 건강 증진을 위해 꼭 필요한 최전방의 소중한 인재들이 현장을 지키지 못하는 현실을 쉽게 목격한다. 의술만큼 스스로를 어필하는 마케팅 능력이 부족하다는 문제를 가지고 있기 때문일 때가 많다.

나는 우리나라 의료 현장에 꼭 필요한 그분들이 병원을 운영하고 좋은 의사로 자신의 자리를 지키는 데 도움이 됐으면 하는 바람으로 이 책을 썼다. 동네 작은 병원 하나하나가 지역의 건강을 지킬 수 있도록 그분들의 생존이 보장되었으면 하는 마음이다. 문제는 이런 병원의 생존을 위한 마케팅 기초를 어떤 의사도 학교에서 배워 나오지 않는다는 것이다. 오직 경쟁과 전투가 치열한 현장에서 싸우며 깨달아 가게 된다. 이러한 전투는 진정 마음 따뜻한 의사 선생님들에게 오히려 더 불리할 때가 많다. 눈앞의 환자에게 집중하느라 어떤 이미지로 우리 병원이 비치는지를 미처 생각하지 못하는 경우를 자주 본다.

　아무리 좋은 진료도, 환자를 위하는 마음도, 그들에게 전달되지 않으면 의미를 가지기 어렵다. 그리고 이러한 메시지는 단순하고 정돈되고 명확하고 반복될 때 효과를 갖는다. 이 책에서 명확한 메시지를 만들고 전달하는 방법에 대해 소개했다. 이 커뮤니케이션 방법들을 활용해 우리나라 동네의 작은 병원 원장님들이 좋은 의사로, 행복한 의사로 오랫동안 우리 곁에서 활동하기를 기원한다.

작은병원
생　　　존
마 케 팅

초판 1쇄 발행 2023년 6월 26일
　　 3쇄 발행 2024년 6월 26일

지은이　　김세희
발행인　　정진욱
편집인　　윤하루
디자인　　서승연

발행처　　라디오북
출판등록　2018년 7월 18일 제 2018-000161호
주　소　　(07299)서울시 영등포구 경인로 775
전　화　　0507-1360-8765
팩　스　　050-7078-8765
이메일　　hello.radiobook@gmail.com

김세희©2023

ISBN　　　979-11-90836-84-5

값　　　　38,500원

*라디오북은 라디오데이즈의 출판 전문 브랜드입니다.